Back to Basics

# 지금 중요한 것은
# 마케팅이다

신윤창 지음

 도서
출판 행복에너지

Back to Basics

# 지금 중요한 것은
# 마케팅이다

초판 1쇄 발행 2021년 2월 22일

지 은 이   신윤창
발 행 인   권선복
편   집   권보송
디 자 인   오지영
전 자 책   서보미
발 행 처   도서출판 행복에너지
출판등록   제315-2011-000035호
주   소   (07679) 서울특별시 강서구 화곡로 232
전   화   0505-613-6133
팩   스   0303-0799-1560
홈페이지   www.happybook.or.kr
이 메 일   ksbdata@daum.net

값 20,000원
ISBN   979-11-5602-869-7   (13320)

Copyright ⓒ 신윤창  2021

Back
to
Basics

신윤창 지음

# 지금
# 중요한 것은
# 마케팅이다
## MARKETING

도서
출판 행복에너지

# 추천사

**한상린** 한양대학교 경영대학 교수

이 책은 저자가 지난 30년간 치열한 현장에서 직접 체험한 영업과 마케팅 경험을 바탕으로 마케팅의 핵심 요소들을 알기 쉽게 쓴 입문서이다. 마케팅 환경분석부터 시장조사 및 브랜드 전략까지 본문에서 다루고 있는 다양한 이론적 배경과 풍부한 실제 사례들은 마케팅 전략의 주요 원리를 알고 싶어 하는 모든 이들에게 쉽고 재미있게 새로운 통찰력을 제공해 줄 것이다.

**김승중** 한국뷰티산업무역협회 부회장

마케팅 책은 흔히 학계의 저명한 이들이 제창한 내용을 소개하고 있고, 선진 외국의 사례가 있긴 하지만, 우리에겐 현실적으로 그리 와닿지 않는 경우가 많다. 이 책은 저자가 한국의 다양한 업계에서 직접 체험한 내용과 지식을 마치 수필처럼 읽기 편하게 써서, 마케팅의 주된 내용을 전하고 있어 매우 흥미롭다.

**김동식** 나무엑터스 대표이사

배우를 발굴하고 성장시키고 스타로 만드는 연예 기획사에선 기본적인 마케팅을 소홀히 하는 경우가 많다. 그러나 마케팅은 어느 분야에서도 반드시 필요한 전략이고, 그 대상이 사람이고 배우인 경우에도 정확히 적용된다. 그런 의미에서 가본적인 마케팅을 쉽게 설명한 이 책은 나무엑터스 직원들이 읽기에도 매우 도움이 된다. 마케팅이 어렵다고 느끼고 멀리하고 있는 분들은 이 책을 읽어보시기 바란다.


**정재필** KT 상무

마케팅은 어렵다. 시장을 둘러싼 많은 환경을 고려하고 분석하고, 적절히 대응하여 성공하고자 마케팅을 한다. 그래서 더욱 어렵다. 더구나 지금은 코로나로 인해 예전에 경험하지 못한 환경에서 마케팅을 해야 한다. 그동안 많은 기법들이 소개되었지만 현 시점에서는 잘 맞지 않는다. 그럴수록 기본을 다시 한번 돌아봐야 한다. 하지만 두툼한 여러 권의 이론서를 다시 꺼내보기가 겁난다. 그런데 마침 이 책은 저자의 다양한 경험을 바탕으로 다양한 마케팅 이론을 하나로 집결해서 재미있고 쉽게 설명하고 있다.

**이동한** 일동제약 CHC부문 CMO, 경영학박사

도대체 마케팅이 뭔지 궁금하시다면, 마케팅의 기본 개념들을 가장 쉽고 빠르게 이해하길 원한다면… 이 책을 딱 한 번만 읽어 보시라고 권합니다. 마케팅의 여러 이론 중에서 경영학과 저학년 전공자나 타 전공자들이 교양 과목처럼 수강하는 마케팅원론이란 과목이 있습니다. 이 책은 가장 **빠른** 시간 내에, 가장 쉽게 마케팅원론에 나오는 마케팅의 기본 개념들을 이해할 수 있도록 도와줄 것입니다.


**김연선** 함소아제약 HnB사업부문 총괄이사

이 책은 이론에 치우치기 쉬운 마케팅이 아닌, 살아있는 현장 마케팅 경험과 노하우로 자칫 놓치기 쉬운 부분까지 집어주는 섬세함이 돋보입니다.
탁상 교과서가 아닌 실전실무 경험으로, 재미있는 마케팅 성공 스토리가 초보자들에게도 쉽게 전달될 것입니다.

**박주민** 기업영업교육전문가 프론티어비즈 대표

한 치 앞을 알 수 없을 정도로 급격하게 변화해 가는 오늘날의 마케팅 환경 속에서 지속적으로 시장 내 지위를 유지해 가기란 여간 어려운 일이 아니다.

하지만 이런 때일수록 기본으로 돌아가라는 'Back to Basics'의 정신은 마케팅의 영역에서도 동일하게 요구받는다. 그런 면에서 볼 때 이 책은 마케팅의 기본 원리와 사례 등을 저자의 오랜 경험과 더불어 세세하고 친절하게 전달해 주어 읽기 쉽고 재미있다.

**박지연** 아세아항공전문학교 코칭교육원장

저자는 다양한 기업에서 마케팅 전문가로 근무하며 히트상품을 육성하였고, 특히 세라젬H&B 중국 법인장 시절엔 세일즈를 마케팅 전략으로 승화시켜 중국 내수시장에서도 큰 성공을 이룬 바가 있다. 그런 점에서 이 책은 실전에 활용할 수 있는 기본적인 마케팅 전략들이 재미있고 생생하게 펼쳐진다. 마케팅이 지루하고 힘들다면 일독을 권한다.

# 들어가는 글

경영학도였던 나는 1988년 첫 직장인 금성사(LG전자)에 입사하여 가전 영업으로 직장생활을 시작했다. 요즘은 사라진 금성사 가전대리점을 방문하며 매출과 수금을 하는 것으로, 일종의 대리점 관리 영업이었다. 금성사는 당시 압도적으로 업계 1위를 달렸던 선두업체로서 88올림픽의 특수로 호황을 누렸지만, 후발주자였던 삼성전자의 추격도 매서웠다. 그러다 이듬해인 1989년 갑작스런 노사분규로 6개월간이나 제품공급이 끊기자, 순식간에 삼성전자에게 1위의 자리를 넘겨줘야만 했다. 그리고 악몽이 현실이 되었다. 다시 1위를 탈환하기 위한 금성사의 밀어내기 영업은 모든 대리점 사장들을 미치게 할 정도였고, 나는 이런 아수라판 속에서 몸으로 부딪치는 영업에 회의를 느끼며 회사를 떠났다.

그때부터가 나의 마케팅의 시작이었다. 근성, 오기, 끈기… 이런 식의 영업이 아니라, 고객이 스스로 원하고 찾아서 자동적으로 영업이 이루어지게 할 수는 없을까? 그 후 나는 많은 마케팅 서적들을 탐닉하게 되었는데, 경영학과를 나온 나도 참 읽기 쉽지가 않은 딱딱하고 어려운 내용들이 많았다. 아마 그때부터, 언젠간 읽기 편한 마케팅 책을 쓰고 싶다는 막연한 생각을 했던 것 같다.

그 후 마케터로 새로 출발하게 된 나는 피어리스화장품, 애경산업, 필립스전자, 미니골드주얼리, LG생명과학, 세라젬H&B, 그리고 종근당건강 등의 다양한 업종에서 마케팅을 하며, IMF 환란과 글로벌 금융위기를 슬기롭게 극복해 냈다. 나는 그것이 성공적인 마케팅 덕분이었다고 단언할 수 있다.

그리고 최근 코로나19가 세계를 휩쓸며 많은 희생자를 낳고 있을 뿐만 아니라, 지구촌 경제상황을 꽁꽁 얼어붙게 만들어, 그 어느 때보다도 더 큰 위기를 맞이하고 있다. 그러나 이상하게도 이런 위기 속에서도 잘되는 곳은 항상 잘되고, 어려운 곳은 여전히 어렵다. 다들 포스트 코로나 시대를 얘기하며 비대면이니, 언택트Untact니, 더욱 빨리 현실화된 온라인 시대의 마케팅을 떠들고 있지만, 사실 코로나가 아니어도 이런 현상은 이미 오래 전부터 일어나고 있었다.

미국의 아마존은 2017년에 이미 시가총액 4,911억 달러로, 매출이 두 배 수준이었던 월마트의 가치를 추월하였다. 왜 그랬을까? 온라인과 오프라인으로 대변되는 세계적인 유통업계의 두 거물을 비교했을 때, 시가총액 즉, 미래를 반영하는 주식가치는 현재보다 미래에 아마존이 월마트보다 월등히 가치가 있다고 판단되었기 때문이다.

그러나 코로나19 때문에 이제 와서야 모두들 야단법석을 떨며 디지털 마케팅을 이야기한다. 블로그, 페이스북, 특히 유튜브…. 이것이 이 시대의 진정한 마케팅인 양 떠들어대고 있다. 하지만 그것은 장님이 코끼리 뒷다리를 만지고 그것이 코끼리의 전부인 것처럼 말하는 것과 다름 없다. 그래서 나는 마케팅도 다시 기본으로 돌아가야 한다는 신념으로 이 책을 쓰게 되었다.

코로나19로 거리두기를 하며, 사람과의 만남을 통제받은 지난 6개월 동안, 나는 마케팅 베이직을 위해 스스로 사람들과의 거리를 두며 글쓰기에 몰두하였다.

마케팅은 제품을 팔기 위해 하는 광고판촉만이 아니다. 그 근본은 소비자들의 마음속에 있다. 그래서 마케팅은 제품의 싸움이 아니라 인식의 싸움이라는 이 한마디는 기업이 신제품을 개발하기 훨씬 이전부터 시작되어야 한다. 일단 제품부터 만들고 판매를 강요하는 방식은 60~70년대 이전에나 통했다. 그런데도 지금도 이런 전근대적이고 근시안적인 마케팅이 이루어지고 있는 게 현실이다. 시대의 흐름, 환경의 변화, 고객의 니즈를 파악하고 그에 맞는 제품개발부터 마케팅적인 마인드로 시작해야 한다.

그래서 나는 이 책의 서두를 "진정한 마켓이란, 그리고 마케팅이란 무엇인가"라는 화두로 시작하여, 마케팅의 근간이 되는 환경분석과 STP 전략, 그리고 이를 실행하기 위한 4P Mix와 브랜드 전략까지, 가장 기본적인 마케팅의 원칙을 기업이 아닌 소비자의 관점에서, 지금 시대에 맞게 나의 경험과 생각을 녹여 담으려고 노력했다.

그리고 내가 강의할 때 사용하는 PPT 그림들을 삽입하면서, 강의하고 이야기하듯이 글을 썼기 때문에, 딱딱하지 않고 편하게 읽을 수 있기를 기대한다. 마지막으로 이 글을 통해 많은 중소기업의 경영자, 직장인, 자영업자, 그리고 마케터가 되기를 꿈꾸는 학생 및 취준생들에게 조금이나마 도움이 되기를 바란다.

**신윤창 올림**

# 목차

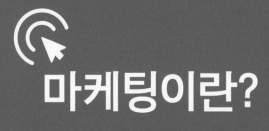

# 1 마케팅이란?

마케팅 하면 일반적으로 광고나 홍보, 판촉, 바겐세일 등을 떠올린다. 마케팅을 단순히 영업을 위한 판촉지원 정도의 부수적인 일로만 생각하고, 심지어 어떤 사람들은 마케팅과 영업을 구분하지 못하고 모두 같은 것으로 생각하기도 한다. 그래서 중소기업에는 여전히 마케팅부와 영업부가 따로 분리되어 있지 않고 합쳐져 있는 곳도 많다.

그러나 이는 잘못된 오해이다. 그 이유는 마케팅에 대한 제대로 된 교육을 받았거나 책을 읽어보지 않은 경우가 대부분이기 때문이다. 마케팅은 어렵고 힘들다는 어떤 선입관들이 작용하여, 대부분 마케팅이 공부하기 쉽고 재미있다는 사실을 가로막고 있는 것 같다. 그래서 지금부터 아주 기초적이고 쉽게 마케팅을 이야기해 보고자 한다.

마케팅이란 용어가 나온 지 수십 년의 세월 동안 대학 교과서에서부터 수많은 각종 마케팅 서적과 유명 마케팅 전문가들은 마케팅에 대한 정의를 각양각색으로 다양하게 내리고 있다. 실제로 마켓 4.0 시대, 디지털 마케팅이 대세를 이루어가고 있는 현재는 과거와 많이 달라졌다. 그러나 나는 우선 정공법으로 마케팅계의 구루Guru인 필립 코틀러Philip Kotler의 마케팅 원론Principles of Marketing을 바탕으로, 마케팅의 가장 기초적인 정의를 풀어서 살펴보려고 한다.

"Marketing is (1) human activity directed at satisfying (2) needs & wants through (3) exchange process."

해석하면, 마케팅이란 교환의 과정을 통해 니즈Needs와 원츠Wants를 만족시켜 주는 인간의 활동이라는 말인데, 의미가 마음속에 그리 쉽게 다가오지 않는 것 같다. 그래서 하나하나 풀어가며, 먼저 마케팅이란 영어 단어부터 단순하게 살펴보겠다.

'Marketing = Market + ing'이다. 영어 문법상 ~ing를 통해 동사가 동명사로 바뀔 수도 있지만, 나는 마케팅이 비록 명사임에도 불구하고 Market(시장)이 역동적으로 살아 움직이는 현재진행형이라 생각한다. 사실 이 내용은 영어공부 시간이 아니라 마케팅 공부 시간이니, 영문법과 다르게 해석하고 이해해도 좋을 것이다. 따라서 현재진행형으로 끊임없이 역동적으로 변하고 있는 시장에서의 모든 활동들, 그 자체가 바로 마케팅인 것이다.

# 인간의 활동(Human Activity)

그렇다면, 우리가 흔히 말하는 시장, Market은 어디에 있는 것일까? 흔히들 우리가 물건을 사는 곳은 마트, 백화점, 편의점, 인터넷 쇼핑몰, 홈쇼핑 등 온·오프라인으로 수많은 곳들이 존재하는데, 이런 곳들을 과연 시장이라 할 수 있을까? 그리고 과연 이런 시장들은 마케팅에서 말하는 역동적으로 움직이고 있는 곳일까?

그렇지가 않다. 이런 곳들은 진정한 시장이라 할 수 없고, 유통채널

Distribution Channel 또는 마켓이 이루어지는 특정한 장소Market Place라 할 수 있다.

마케팅에는 Product, Price, Promotion, Place의 4가지 전략적 요소를 결합하여 마케팅전략을 수행해야 한다고 해서, 4P Mix 전략이라는 것이 있다. 그중 Place에 해당되는 것이 유통채널, Market Place이다. 즉 이러한 Market Place는 마케팅이 말하는 진정한 의미에서 Market 이라고 할 수는 없다.

이런 장소들은 소비자들이 원하는 물건을 쉽게 살 수 있도록 편의를 제공하는 역할을 하는 마케팅의 한 부분일 뿐이다. 따라서 우리가 말하는 시장은 그런 특정된 장소가 아니라, 그 장소에 가는 사람, 소비자 그 자체라 할 수 있다. 마케팅에서 시장이란 사람의 마인드 속에 있다. 쉴 새 없이 변하는 소비자의 마음 속 시장에서, 브랜드와 제품을 자리 잡게 하기 위해 마케팅을 해야 한다. 그래서 마케팅은 제품의 싸움이 아니라 인식의 싸움인 것이다.

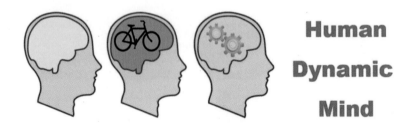

그리고 모든 행위에는 언제나 원인과 결과가 있듯이 기업이 행하는 모든 마케팅 활동의 결과는 항상 기업의 이윤과 직결되어야 한다. 최근에 거론되고 있는 기업의 사회적 책임CSR, 그린Green 마케팅 등의 활동도 근본적으로는 기업이 이윤이 나지 않으면 할 수 없는 일이다. 만약 결과

론적으로 기업이 이윤을 내지 못하고 손실만 보다가 자본금 다 잃고 빚만 지고 도산을 한다면, 아무리 멋지고 훌륭한 마케팅을 실시했다고 해도 소용없는 일이 된다. 수많은 과정이야 좋든 나쁘든 간에, 결국 기업이란 이익을 내야 존재할 수가 있는 것이다.

그렇다고 나쁜 짓해서 돈 벌라는 말은 아니다. 돈이 목적이 되라는 말도 아니다. 근본적으로 매출을 해서 이익이 나야 기업이 지속적으로 돌아갈 수 있다는 것을 말하는 것이고, 그래서 마케팅이 필요한 것이다.

# 니즈와 원츠(Needs & Wants)

소비자의 니즈Needs란 말은 이젠 전문적인 마케팅 용어를 떠나, 일반적인 말로 보편화되었을 정도로 흔한 말이 되었다. 이젠 마케팅 분야가 아닌 곳에서도 "고객의 니즈가 뭔데?"라는 질문이 자주 등장하고 있을 정도다.

과거에는 소비자의 니즈를 만족시킨다는 게 꽤 쉬운 일이었다. 아니 어쩌면 니즈란 말도 없었다. 1970년대 이전만 해도 그냥 새로운 제품만 만들면 무조건 다 팔리던 시절이 있었으니 말이다. 그때는 마케팅의 시대가 아니라 생산판매의 시대였다. 경쟁도 치열하지 않고 제품도 다양하지 않았다. 지금 많은 세계적으로 유명한 제조판매 기업들은 이 시대에 독점적인 지위를 차지하며 성장하여, 지금의 위치까지 온 경우가 대부분이다.

우리나라만 해도 삼성은 지금의 CJ인 제일제당의 백설표 밀가루와 설탕으로 성공하여 지금의 삼성그룹이 되었으며, LG는 럭키치약으로 대박을 쳐서 대기업 그룹이 되었다. 실제로 내가 어렸을 때만 해도 치약이 아닌 소금으로 이빨을 닦던 사람들도 많았으며, 치약이란 오직 럭키치약 하나뿐이었다. 그러니 소비자의 니즈 따위는 알 필요도 없었다. 그저 만들면 다 팔렸으니까….

　나는 드라마 '응답하라 1988'의 시대적 배경이었던, 1988년에 금성
사에 입사를 했었는데, 지금의 LG전자이다. 당시 신입사원들은 입사
후 그룹연수를 받을 때 창업주이신 구인회 회장의 일대기를 읽도록 했
는데, 그때 안 사실은 놀랍게도 LG그룹의 시작이 동동구리무였다는 것
이다. 지금의 화장품 영양크림을 옛날에는 크림의 일본식 발음인 구리
무라고 불렀는데, 옛날 약장사처럼 사람이 북을 치고 마을 재래시장들
을 돌아다니며 팔았기 때문에, 북소리가 "동동"거려서 동동구리무라고
불렸다.

당시 동동구리무를 팔던 락희상사는 화장품을 담을 용기가 필요해서 플라스틱 통을 개발하고자 럭키화학으로 재탄생되었다고 한다. 만약 구인회 회장께서 이런 발상의 전환을 하지 않았다면, 어쩌면 LG는 여전히 작은 화장품 회사에 머물러 있었을지도 모른다. 그리고 플라스틱을 만들기 위해선 석유도 필요하니 정유회사가 만들어지고, 그렇게 개발된 플라스틱을 화장품 용기로만 사용하기 너무 아까우니, 플라스틱을 많이 사용하는 전자회사인 금성사도 만들어, 한국 최초의 라디오와 최초의 TV도 개발되어 나왔다. 대한민국 최초의 라디오, 최초의 TV에 당시 소비자의 니즈를 파악한다는 것은 절대 불필요한 일이었을 것이다.

그러나 1990년대 들어 점점 경쟁사들이 늘어나고 독과점의 시대는 사라지게 되었으며, 소비자의 선택의 폭도 넓어지기 시작했다. 기업이 신제품을 만들면 무조건 팔렸던 시대는 지나갔고, 소비자의 니즈를 파악하고 만족시켜야만 하는 마케팅의 시대가 도래한 것이다. 기술도 점점 평준화되어 언제든지 비슷한 제품들이 금방 출시되는 시대가 되다보니, 이처럼 점점 더 복잡하고 다양화된 시장에서 고객을 만족시킨다는 일은 더욱 어려운 일이 되어버렸다.

그렇기 때문에 기업은 소비자의 니즈와 원츠를 찾기 시작했다. 이젠 남과 비슷한 제품으로 소비자의 니즈를 만족시켜 줄 수가 없기 때문이다. 마케터들은 항상 'Unmet Needs'를 발견해야 한다고 말을 하는데, 직역하면 아직 만나지 못한 니즈… 즉, 기업이 발견하지 못한 소비자의 니즈를 말하는 것이다. 소비자의 숨겨진 니즈를 발견하기 위한 끊임없는 탐구생활이 곧 마케팅의 출발점이 된 것이다.

마케팅은 말 그대로 영어이다. 그 말은 곧 마케팅이란 것이 미국에서 탄생했음을 이야기해 준다. 우리나라가 1980년대로 들어서면서 본격적인 마케팅이 이루어지기 시작했다면, 미국은 1950년대부터 마케팅의 시대가 열렸다. 그런데 왜 하필이면 1950년대부터일까? 마케팅의 역사는 제2차 세계대전과 연관이 되어 있다. 그런 점에서 소비자들의 니즈와 원츠Needs & Wants를 찾게 되었던 마케팅의 발달과정을 잠시 살펴보겠다.

## 1) 마케팅의 발달과정

앞서 우리나라 LG의 사례처럼, 과거 산업혁명과 근대화를 통한 경제의 발전에 따라 새로운 신문물이 쏟아져 나왔던 시대는 어느 나라나 있다. 그때는 생산만 하면 팔리던 시기이므로 마케팅이란 게 필요도 없었다. 아니 마케팅이란 말도 없었다. 상품의 수요가 공급을 초과하니 공급이 곧 수요이기 때문이다. 그때 기업의 경영활동의 중심은 생산 지향적으로서, 대량생산을 통해 생산성을 향상시키고 원가를 절감하여 생산효율성을 높이는 한편, 더욱 소비자를 많이 만나기 위해 유통범위를 넓히는 데 있었다.

그러다 보니 경쟁자들도 생기고 품질문제가 대두되기 시작했다. 기업은 소비자들이 품질이 더 좋은 제품을 살 것이란 생각에, 경쟁자보다 더 나은 품질의 제품을 제공하기 위해 품질 지향적 경영을 하기 시작했다. 그러나 여기서 그들이 간과한 것은 생산자가 생각하는 품질은 고객이 생각하는 것과 다를 수 있다는 사실이다. 자칫하면, 소비자의 본원적인 니즈를 만족시켜야 한다는 것보다는 제품의 품질만 좋으면 무조건 남들보다 잘 팔릴 것이란 착각을 하고 품질개선과 생산에만 집중하게 된다.

그러자 1930년대, 미국에서는 제품 공급과잉 사태가 벌어졌다. 품질 좋게 만들었는데도 안 팔리니 어쩌란 말인가? 이제부터는 소비자들의 관심을 자극하고 강력한 판매노력을 기울이지 않으면, 소비자들은 자발적으로 제품을 구매하지 않는다고 생각하게 되었다. 따라서 경영자의 주된 관심은 유통의 확대로서, 강력한 영업활동과 광고를 통해 구매를 자극하는 판매 지향적 경영을 하게 되었다. 즉, 소비자들이 원하는 잘 팔릴 수 있는 것을 만드는 것이 아니라, 이미 만들어진 제품들을 무슨 수를 써서라도 무조건 파는 것이 최고였기 때문에 "제품은 구매되는 것이 아니라 판매되는 것이다Goods are sold, not bought!"라는 말도 나올 정도였다.

여기까지가 산업혁명 이후 1930년대까지 미국에서 일어난 일이다. 그러나 아시다시피 1930년대는 2차 세계대전이 한창이었던 때이다. 독일의 침공으로 유럽은 쑥대밭이 되었다. 공장들은 파괴되었고 기업은 붕괴되었으며, 피난민들은 직장과 집을 잃고 먹고살기도 힘든 시대였다. 그렇다면 그들은 도대체 어디서 필요한 제품을 구했을까? 바로 미국이다.

미국 제품들은 그들에게 없어선 안 될 필수품이었다. 1941년 일본이 진주만을 습격하면서 미국 또한 전쟁에 참여하게 되었다. 그리고 미군들의 통조림이나 옷가지들은 유럽에서 날개 돋친 듯 팔리기 시작했다. 붕괴된 유럽 덕분에 미국의 기업들은 큰돈을 벌었다. 우리나라 한국 전쟁 때 일본이 엄청 돈을 벌고, 베트남전쟁 때 우리나라가 돈을 벌었던 것처럼, 안타깝게도 전쟁의 참사는 이웃국가에겐 큰 시장이 될 수도 있다.

그러나 전쟁이 끝나고 1950년대 들어 양상은 급변하기 시작했다. 이젠 팔 곳이 없는 것이다. 소비자들의 교육수준 및 소득수준의 증대로 욕구(니즈)는 다양화되어 서로 다른 개성에 맞게 이질화된 반면, 공급은 과잉되고 경쟁은 더 치열해졌으며, 천편일률적으로 똑같은 대량생산 제품에 대한 구매저항이 일어나기 시작했다. 이제는 고객이 원하는 제품을 생산, 판매해야만 한다는 고객 중심적 개념과, 어느 기업도 전체 시장의 모든 고객을 만족시킬 수 없으므로, 잘하는 것을 선택하고 집중해야 이익을 낼 수 있다는 시장 중심적 개념이 생기기 시작했다.

기업들은 소비자들이 제품 자체가 아니라, 자신의 문제 해결에 관심을 갖고 있으며, 그러한 문제를 보다 효과적으로 해결해 주는 수단을 선호한다는 사실을 알게 되었다. 그리하여 고객의 충족되지 않은 니즈를 발견하고, 그것을 효과적으로 해결할 새로운 수단을 개발 및 제공함으로써 고객만족을 창출하고, 그 대가로 매출성과와 이윤을 증가시킬 수 있다는 마케팅 지향적 콘셉트가 나오게 된 것이다.

그 후 1970년대까지만 해도 미국의 기업은 마케팅을 잘해서 이익을 내고 고용을 창출하며 국가에 세금만 잘 내면 좋은 기업으로 여겨졌다. 그러나 기업의 활동들이 자원을 고갈하고 환경을 오염시키며, 빈부격차를 크게 하고 저소득층을 착취하는 등, 사회적 문제를 초래하게 되었다. 그래서 기업의 이익을 사회와 소비자의 복지에 연결시켜 기업이 장기적으로 소비자와 사회와 더불어 공생하고 번영하도록 마케팅을 해야 한다는 기업의 사회적 책임CSR을 강조하는 사회 지향적 마케팅이 대두되었다.

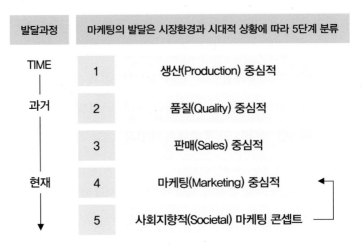

| 발달과정 | 마케팅의 발달은 시장환경과 시대적 상황에 따라 5단계 분류 | |
| --- | --- | --- |
| TIME | 1 | 생산(Production) 중심적 |
| 과거 | 2 | 품질(Quality) 중심적 |
| | 3 | 판매(Sales) 중심적 |
| 현재 | 4 | 마케팅(Marketing) 중심적 |
| | 5 | 사회지향적(Societal) 마케팅 콘셉트 |

## 2) 니즈(Needs)

니즈Needs를 영어 그대로 번역하면 일반적으로 '필요'라고 하지만, 마케팅에서는 인간의 근원적인 욕망으로 접근한다. 그런 점에서 단순히 필요한 것이 아니라 반드시 필요한 '욕구'라고 보는 게 적절하다. 욕구는 인간이 행복해지기 위해 충족되어야 하는 가장 기본적인 조건들로, 평상시 활성화되지 않은 상태로 마음속에 내재되어 있다가 어떤 자극을 받으면 불쑥불쑥 튀어나온다.

인간의 욕구를 다루는 학문은 주로 심리학이다. 마케팅에서는 소비자들이 특정 브랜드나 제품을 구매하는 행동에 어떤 심리적 욕구와 동기가 있는지를 연구하기 위해, 상당부분 심리학을 차용해 왔다. 그래서 마케팅 전공과목 중에 하나인 '소비자 행동론'에서는 본격적으로 소비자들의 동기에 대한 심리학을 다루기도 한다.

그런 점에서 인간욕구에 대한 가장 기초적인 이야기로, 심리학자 매슬로Maslow가 주장한 '욕구 5단계설'을 얘기하지 않을 수가 없다. 매슬로는 인간의 행동이 기본적 욕구에 의해 동기화되어 행동하게 되는데, 다음과 같은 피라미드 구조의 다섯 단계가 있다고 했다.

자아실현의 욕구
(Self-actualization)

존경의 욕구(Respect)

애정과 소속의 욕구(Love and Belonging)

안전의 욕구(Safety)

생리적 욕구(Physiological)

그 첫 번째가 의식주와 같은 인간의 가장 근본적인 욕구를 해결하는 것부터 시작된다. 일단 인간도 근본적으론 동물들처럼 먹고 자고 살아야 하기 때문이다. 최근 코로나19 사태를 보면, 사람들은 일을 할 수 없고 먹고살기 힘들어지면, 일단 그다음의 어떤 욕구도 생각나지 않는다. 그래서 정부에서 바이러스 때문에 나오지 말아라 해도, 어떻게든 나와서 돈을 벌려고 한다. 의식주와 같은 가장 근본적인 생리적 욕구가 해결되어야, 비로소 개인적, 경제적 문제와 건강을 생각하고, 재해 등으로부터 안전해져야겠다는 욕구가 생기는 것이다.

나는 중국과 한국에서 코로나19 때문에 자가격리 14일을 두 번이나 했다. 문밖을 나가지 못하고 사회와 격리된 생활은 진짜 인간으로서 할 수 있는 일이 아니었다. 그게 고작 14일이었는데도 말이다. 이처럼 인간은 조직과 사회에 소속되고자 하는 욕구가 강하다. 범죄를 저질러 감빵에 가서 아무리 슬기로운 감빵생활을 한다고 해도, 사회와 격리된 죄인의 삶은 인간의 사회적 소속의 욕구를 하지 못하게 함으로써 벌을 주게 되는 것이다.

잘 먹고 잘 살고, 직장에도 다니면 뭐하나? 맨날 꼰대상사에게 혼나고 인정을 못 받는다면… 이렇게 심하게 당하는 사람은 못 살겠다고 스스로 목숨도 끊는 경우도 있다. 인간은 사회적 소속이 되었다고 행복해지는 게 아니라, 그 사회에서 인정을 받고 존중을 받아야만 행복해진다. 그래서 돈 좀 있는 졸부들은 지위, 명성, 위신 등을 내세우며 외적으로 출세한 걸 자랑질한다. 그러나 이렇게 남에게 존중받고 싶어서 외적으로 보여주는 것들은 낮은 수준의 존중감이다. 실제로 사람은 남들이 알아서 존중해 주고 본인 스스로도 존중self-respect할 수 있는 높은 수준의 내적 존중감이 필요하다. 이런 것들은 경쟁력, 자신감, 독립성, 자유로움 등을 통하여 나타날 수 있다.

마지막으로 사람은 자신의 역량을 최고로 발휘하여 창조적인 경지까지 자신을 성장시켜, 스스로 자신을 완성해서 꿈을 실현하는 자아실현 Self-actualization의 욕구를 위해 살아간다. 고대부터 많은 철학자들이 이런 단계를 이야기해 왔지만, 솔직히 예수님, 부처님 빼고 과연 누가 자아실현을 했을지는 잘 모르겠다. 물론 욕심을 버리고 스스로 만족하며 작은 꿈을 이루고 있는 수많은 사람들이 있다. 결국 내려놓을 줄 알아야 마지막 자아실현의 욕구를 달성할 수 있지 않을까 생각한다. 그러나 이 시간은 철학시간도 아니고 심리학 시간도 아닌, 너무도 세속적인 마케팅 시간이므로, 인간의 끊임없는 욕구가 행동의 동기를 만든다는 점만 이해하고 넘어가야겠다.

참고로 매슬로우의 욕구단계는 일반적으로 순서대로 일어나지만, 모든 사람이 이와 같은 과정을 순서대로 거치면서 가장 높은 단계까지 가는 것은 아니다.


## 3) 원츠(Wants)

원츠Wants는 인간의 기본적인 욕구인 니즈Needs를 충족시키기 위한 구체적인 수단에 대한 열망이다. 즉, 소비자들은 욕구를 해결하기 위해 특정한 제품과 서비스를 구입하고자 원하는데, 이것이 바로 원츠이다. 예를 들어, 열심히 운동 후 목마른 사람의 욕구가 갈증을 해소하고자 하는 것이라면, 이를 위해 시원한 삼다수가 될지, 코카콜라가 될지, 아니면 게토레이 같은 스포츠 드링크가 될지, 소비자가 마시고 싶은 것은 다양한 원츠로 바뀌어 하나의 제품을 선택하게 만든다.

좀 더 구체화해 보겠다. 나는 기업의 임원이자 작가이자 겸임교수도 하다 보니, 업무뿐만 아니라 강의 자료도 만들고 글도 많이 쓰는 편이다. 예전엔 글을 쓰는데 펜과 노트만 있으면 되었지만, 나중엔 타자기가 필요했으며, 지금은 PC가 반드시 필요하다. 그런데 PC는 크게 데스크톱과 노트북으로 나뉜다. 그럼 과연 나는 어떤 PC가 필요할까?

만약 내가 게임을 좋아하는 사람이었다면, 고성능 그래픽과 CPU, 그리고 대형 화면의 모니터가 있는 데스크톱 PC를 원했겠지만, 나는 출장도 많고 일도 해야 하고 글도 써야 해서, 집이나 밖이나 어디서든 이동하면서 사용할 수 있는 PC가 필요하기 때문에, 당연히 나의 니즈는 노트북 PC이다. 즉 나의 PC에 대한 니즈(욕구)는 '이동성'에 있다.

그러나 같은 노트북이라도 원츠는 달라질 수 있다. 만약 노트북을 가지고 다니면서, 일도 하고 남는 시간엔 영화나 TV 보기를 원한다면, 노트북이라도 화면이 15인치 이상의 큰 게 좋을 것이다. 또한 고화질의 동영상이 끊김 없이 돌아가는 고성능 CPU와 동영상을 잔뜩 담을 수 있는 대용량 하드디스크HDD가 있다면 금상첨화일 것이다.

반면 나는 이동하면서 작업하기를 원하므로, 가능하면 무게가 가볍고 사용하기 편하게 화면터치 기능이 있기를 원했다. 그래서 선택한 것이 LG gram 14인치 터치이다. 따라서 같은 이동성의 니즈로 노트북을 선택한다 해도, 원츠Wants는 사람에 따라 다를 수밖에 없다. 니즈가 반드시 있어야 할 기본적 욕구라면, 원츠는 부가적으로 그 뒤를 따르는 더욱 구체적이고 세밀하게 원하는 욕구로 표출되는 것이다.

한 사람일지라도 상황에 따라 원하는 건 달라질 수가 있다. 그래서 나는 데스크톱도 있고, 노트북도 있고, 태블릿도 있다. 이렇게 기업은 소비자의 수많은 니즈와 원츠를 만족시키기 위해, 다양한 제품 포트폴리오를 만들 수밖에 없다.

옛날 럭키치약처럼 한 제품만 대량생산해서 팔아도 대박이 난다면 참으로 기업하기 쉬울 것이지만, 지금은 무엇이 잘 팔릴지도 모르는 다양한 니즈에 대응하기 위해 다품종 소량생산을 하면서 SKU(Stock Keeping Unit, 품목) 수가 늘어날 수밖에 없다. 따라서 끊임없는 신제품 개발비용과 원가상승을 안고 가야 하는 기업의 입장에서, 다양한 소비자들의 니즈와 원츠를 만족시켜야 하는 마케팅은 점점 더 복잡하고 어려운 일이 되어가고 있다.

## 4) 니즈는 만들어지는 건가?

지금 우리는 엄청난 신제품들의 홍수 속에 살고 있다. 그런 제품과 서비스들은 소비자들도 전혀 몰랐던 것들도 많다. 에디슨이 전구를 발명하기 전까지 사람들은 촛불만 알고 있었으며, 포드 자동차가 나오기 전까지는 말이나 마차가 가장 중요한 교통수단이었다. 그리고 최근 이 세상에 아이폰이 나오기 전까지 스마트폰에 대한 소비자들의 니즈는 과연 존재했을까?

스티브 잡스는 누구도 생각하지 못했던 스마트폰을 만들었고, 그 때문에 아이폰이라는 특정 제품을 향한 소비자들도 스스로 알지 못했던 니즈를 창출했다고 볼 수 있을까? 그렇다면 스티브 잡스 같은 혁신적인 발명가, 창업가, 마케터는 세상에도 없었던 새로운 니즈를 만들 수 있는 것일까?

그렇지 않다. 이에 대해 필립 코틀러Philip Kotler는 다음과 같이 말하였다.

"Marketers do not create needs. Needs preexist marketers."

마케터는 니즈를 만드는 것이 아니라, 이미 존재하고 있는 니즈를 찾아 소비자도 몰랐던 것Unmet Needs을 인식하도록 유도하는 역할을 하는 것이다.

인간의 기본적인 욕구인 니즈는 인간 본성으로 타고나는 것으로서, 기업이 새롭게 창출하는 것이 아니다. 기업은 단지 욕구를 효과적으로 충족시킬 수단으로서 제품과 서비스를 제공할 뿐이다. 그리고 소비자는 기업이 제공하는 제품들이 자신의 욕구를 충족시켜 줄 것이라는 인식하에서, 교환이라는 과정을 통해 자유의사에 따라 구매 여부를 결정하는 것이다.

아무도 스마트폰을 가지고 싶다는 니즈를 가지고 태어나지는 않았지만, 인간은 태어나면서부터 사회적으로 소속되고 존중받고 싶은 욕구를 가지고 있어서, 귀로 소리나 음악을 듣고 눈으로 그림(사진과 영상)을 보며 입으로 이야기를 하면서 항상 소통하길 좋아하는 니즈를 가지고 있다. 그래서 멀리 떨어져 있어도 소통을 할 수 있는 유선 전화기가 나왔다가, 선이 없어 간편한 무선 전화기와 이동하면서 소통할 수도 있는 핸드폰으로 변화했으며, 나중엔 핸드폰 안에 이미 존재했던 디지털 음악MP3을 담고, 역시 이미 존재하고 있는 디지털 카메라를 넣으면서 핸드폰은 계속 진화해 왔다. 아이폰은 이미 나와 있던 그런 핸드폰 안에 큰 액정을 달고, 이미 존재하고 있던 컴퓨터 기능과 인터넷을 하나의 기기에 담은 것뿐이다.

이전부터 올인원 타입의 기기들은 많이 존재해 왔다. 과거엔 TV 따로, VTR 따로가 불편해서 '텔레비디오'도 나왔었고, 요즘은 세탁기 따로, 건조기 따로가 불편하니 두 개를 합친 것도 나오고 있다. 마케터들은 이렇게 고객도 몰랐던 니즈 속에서 더욱 편의성을 찾아 새로운 원츠Wants를 창출해 내고 있다. 스티브 잡스 또한, 인간의 기본적인 니즈를 충족시킬 한 가지 방편으로 아이폰이라는 원츠를 창출했을 뿐이다.

마찬가지로 메르세데스 벤츠는 자동차라는 당연한 교통수단의 니즈와 더불어 존중을 받고 싶어 하는 사회적 지위라는 니즈를 충족시켜 주지만, 사회적 지위에 대한 니즈를 창출한 것은 아니다. 그래서 한국에서 그랜저를 탔던 나도 중국에선 법인장이라는 지위를 고려하여 벤츠를 탔었다. 또한 볼보는 안전이라는 니즈를 발견하고 안전한 자동차라는 콘셉트로 성공하였지만, 안전이란 니즈는 기업이 만든 것이 아니라 인간의 타고난 욕구였다.

이런 과정에서 소비자들의 니즈는 개인의 특성에 따라 홀로 형성되기도 하지만, 집단적인 영향을 받아 공동체에 속하고 싶은 욕구로 나타나기도 한다. 최근 학생들 겨울 교복과도 같은 검은색 롱패딩을 안 입으면 왕따가 될 것만 같은 공동체적 영향으로 온 거리가 뒤뚱거리며 걷는 검은 펭귄들의 물결이 되기도 했던 이유이다.

## 교환(Exchange)

　일반적으로 교환이란, 어떤 사람에게 필요한 것을 주고 그 대가로 자신이 원하는 것을 얻는 행위로서, 가장 기본적인 교환은 단순히 사람들이 재화와 용역을 거래하면서, 비용을 최소화해서 효용을 극대화하고자 하는 상호작용이다. 이러한 사고방식은 1776년 아담 스미스가 『국부론』에서, 국가는 시장의 흐름에 개입하지 않는 대신 시장은 '보이지 않는 손Invisible hand', 즉 가격에 의해 자동으로 효율성을 유지하게 된다고 주장한 합리주의적 사고방식에서 기인한다. 경제적 인간Economic Men으로서 사람들은 원래 이성적으로 행동하고, 교환에 대한 만족감을 극대화하려고 노력한다는 것이다. 이런 교환 방식은 '고객↔판매자', '도매상↔소매상' 또는 이런 식의 단순한 상호거래만을 의미한다.

　그러나 실제로 교환은 이렇게 단순하게만 일어나지 않는다. 적어도 세 명 이상의 참여자들 속에서 복잡하게 연결되어 나타나고 있으며, 반드시 쌍방이 주고받는 것이 아니라, 각각 일방적으로 주기만 하는 교환도 가능하다. 예를 들면, 버스 회사(B)가 그 지역의 백화점(A)에게 버스 정류장에서 기다리는 탑승객(C)들의 편의를 위하여 다수의 벤치를 기부

할 것을 요청해서, 백화점이 벤치를 제공해 주었다. 이때 탑승객들은 백화점의 벤치에 쓰인 광고를 보게 되고, 나중에 백화점에 방문해서 제품을 구입할 수도 있다. 그럼 여기서 교환은 과연 탑승객(C)과 백화점(A)만의 거래를 뜻하는 것일까? 분명 버스회사와 백화점 간에도 교환은 이루어진 것이 틀림없다. 즉, 'A→B→C↔A' 형태의 교환이 이루어진 것으로서, 반드시 돈을 주고 어떤 물건을 사는 것만이 교환인 것이 아니다.

교환은 또한 실물적인 물건의 거래만도 아니다. 예를 들어, 그냥 TV를 보는 것만으로도 보이지 않는 교환이 발생할 수 있다. 즉, 사람들은 TV프로그램에 관심과 지지(시청률)를 제공하고, 엔터테인먼트, 즐거움, 제품 정보 등의 서비스를 제공받으면서 교환이 이루어진다. 내가 즐겨봤던 TV 방송 중, '책 읽어드립니다'라는 프로그램이 있다. 일주일에 한 편씩 좋은 책을 알기 쉽게 풀어주는 독서 프로그램이라서, TV를 보다 보면 소개된 책을 사서 직접 읽고 싶은 마음이 생겨, 책을 구입하는 경우도 있다. 또한 방송시청 중에 나오는 TV광고를 보고 제품을 구입할 수도 있다. 회사는 광고를 위해 돈을 지불하고, 광고대행사는 TV광고를 대행하며 일정 비율의 수수료를 얻게 된다. 사람이 TV를 본다는 것만으로 TV광고라는 거래가 형성된 것이다. 즉, TV와 이루어진 무형의 교환이 간접적인 유형의 교환을 유발하여, 사람과 TV 프로그램 사이에도 교환이 이루어진 것이다. 이처럼 교환은 적어도 세 명 이상의 상호관계를 의미하며, 각 당사자는 적어도 하나의 직접적인 교환에 관여하게 된다.

앞서 말한 매슬로의 욕구 5단계설처럼 인간의 욕구는 다양하고 복잡하다. 과거 먹고살기 힘들었을 때는 의식주에 국한된 가장 기본적인 욕구면 충분했을지도 모른다. 그래서 합리적이고 이성적인 경제적 인간을 가정했을 것이다. 그러나 인간은 반드시 이성적이지만은 않은 존재이다. 1994년 '게임이론'으로 노벨 경제학상을 수상한 존 내쉬John Nash는 "인간은 편견 덩어리이며, 최선이 아니라 차선을 선택하는 것이 좋을 때도 있다"고 하였다. 존 내쉬는 우리에겐 러셀 크로우 주연의 영화 '뷰티풀 마인드'로도 잘 알려져 있다.

그래서 마케팅 분야에선 사람의 행위가 경제적 인간이 아니라 다음과 같은 마케팅 인간으로 재정의되었다.

① 인간은 때때로 이성적이고, 때로는 비이성적이다.
② 인간은 외적인 요인뿐만 아니라 내적인 요인에 의해, 그리고 가시적인 보상뿐만 아니라 무형적인 보상에 의해 동기부여가 된다.
③ 인간은 실용주의적이기도 하지만, 심리적이고 사회적인 측면을 수반하는 상징적인 교류도 한다.
④ 인간은 불완전한 정보에 직면해 있지만, 할 수 있는 한 최선을 다해 사회적 경제적 교환과 관련된 비용과 편익을 무의식적으로 계산하고 최소화하려고 한다.

⑤ 마케팅 인간은 이익을 극대화하기 위해 노력하지만, 종종 교환에서 최적의 이득보다 적은 수준에 머물기도 한다.

⑥ 교환은 합법적, 윤리적, 규범적, 강압적, 그리고 유사한 다수의 개인 및 사회적 제약을 받는다.

가장 쉬운 사례가 명품 브랜드이다. 인간이 이성적으로 최소의 비용으로 최대의 효과를 얻으려 한다면, 명품가방은 절대로 팔리지 않을 것이다. 그러나 인간은 사회적이고 존중을 받고 싶은 욕구를 표출하기 위해, 고작 작은 가방 하나에 매우 비싼 대가를 지불한다. 그런 점에서 인간은 제품 그 자체만 교환하는 것이 아니라, 감성적이며 상징적인 교환도 한다고 할 수 있다.

상징적 교환은 둘 또는 그 이상의 당사자 간의 심리적, 사회적 또는 다른 무형의 실체를 상호교환하는 것을 의미한다. 상징은 객체, 단어, 사진 또는 복잡한 행동 그 자체뿐만 아니라, 다른 아이디어나 느낌 같은 감성적인 것들도 의미하는데, 이 모든 것을 함축적으로 포함하고 있는 것이 바로 브랜드이다. 이렇게 소비자들은 단순히 제품을 구입하는 것이 아니라, 의도적이든 아니든 상징도 함께 사고 있다. 즉, 사람들은 제품이 할 수 있는 것뿐만 아니라, 제품이 의미하는 것을 위해서도 물건을 사는 것이다.

마케팅 교환은 실용주의적이고 상징적인 측면을 모두 포함하는 복합적인 것이라서, 둘을 분리하여 이야기하는 것은 매우 어렵다. 따라서 마케팅 교환의 창조와 해법은 소비자들의 다양한 욕구를 충족시켜 주기 위해, 상징적이고 실용적인 교환을 어떻게 잘 조합하느냐에 달려 있다.

# 전사적 마케팅 전략(Holistic Marketing Strategy)

공급과잉의 시장 속에서 소비자는 날로 까다로워져 가고, 글로벌 시장개방과 함께 모바일과 온라인을 통해 경쟁력 있는 제품들이 전 세계적으로 경쟁을 하며, 날로 심화되는 경쟁구조는 가격파괴 현상을 가져오고 있다. 세계적으로 유명한 컨설팅 기업인 맥킨지는 '마케팅, 중년의 위기Marketing's mid-life Crisis'라는 보고서를 발표하며, 종종 제 역할을 다하고 있지 못하는 마케팅 기능이 조직의 비효율을 낳고 있다는 비판을 제기하였다. 더욱이 새로운 가치관을 가진 신세대 소비자들이 끊임없이 등장하며, 이제 마케팅은 마케팅 부서 한곳에서만 해서는 경쟁에서 살아남을 수가 없을 만큼 중요해졌다. 이제는 전사적으로 고객을 향한 전략적 마케팅 경영이 이루어져야 고객들의 감춰진 마음을 진정으로 들여다볼 수가 있다.

영국의 이코노미스트Economist지는 'Brand Manager의 종말'이란 칼럼에서, 소비재 기업의 전통적 성장 방식인 브랜드 전략만으로는 범용화가 진전되는 시장 환경에서 살아남기 어려울 것이라고 경고하며, "고객중심 경영시대에 마케팅은 개별기능이 아니라, 전사에 체화되어야 하는 가치이다"라고 역설하고 전사적 마케팅 전략Holistic Marketing Strategy을 강조하였다.

마케팅은 참신한 광고 메시지와 이벤트, 판촉 같은 단순한 고객 커뮤니케이션 차원뿐만 아니라, 제한된 자원을 가지고 다양한 고객의 니즈를 효율적으로 만족시켜 줄 수 있는 혁신이 필요하다. 즉, 시장 트렌드를 짚어낼 수 있는 통찰력으로, 혁신적인 제품과 유통채널을 발견하고, 제품을 개발, 생산하고 그것을 고객에게 전달하는 사업 활동의 전 과정에 있어서 고객 가치를 개선해야 한다.

전사적 마케팅 전략이란, 기업 내의 여타 기능적 부서들의 조화를 이끄는 것이다. R&D, 생산, 재무, 인사총무 등 마케팅과는 전혀 상관없는 부서들과의 협조와 조화를 유지할 때에, 마케팅 활동의 4P(제품, 가격, 유통, 촉진) 요소가 유기적으로 조정되어 마케팅은 극적인 효과를 기대할 수 있다. 그래서 전통적으로 고객 가치가 강조되어 전사적으로 잘 체화된 기업들은 단순 기능에 머무는 마케팅을 불필요한 것처럼 여기고, 마케팅이 체화되지 못한 기업은 그러한 변화를 주도하지 못하는 마케팅에 실망하게 되는 것이다.

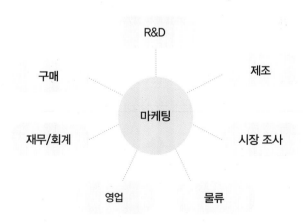

마케팅 전략은 장기적인 것이 대부분이다. 따라서 지금 현재를 위한

것보다는 미래를 위한 것이 되어야 한다. 그런 의미에서 당장의 단기적인 전술이나 정책보다 앞서는 상위 개념이라고 할 수 있다. 그래서 전사적 마케팅 전략은 항상 우리가 미래에 도달하고 싶은 점인 미래의 목표를 수반해야 한다.

그런데 우리가 어디를 가려고 한다면 분명히 현재 출발점이 있어야한다. 현재 내가 처한 위치가 어디인지를 알아야 미래의 목적지에 도달할 수가 있을 것이다. 그것이 바로 지금 우리가 처한 현상을 파악하고 분석하는 일인 환경분석이라고 할 수 있겠다. 환경분석을 한 후에 목표를 정할 수도 있다. 이렇게 출발점과 도착점이 정해졌으면 이젠 어떻게 가야하는가를 결정할 수 있을 것이다. 해외에 가려면 비행기를 타거나 배를 타야 하겠고, 해외에 도착해서도 택시를 탈지 지하철을 탈지 계획의 수립이 필요하다. 그리고 마지막으로 수립된 계획에 따라 실행을 하면 된다.

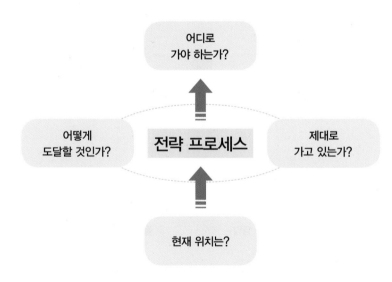

그러나 실행을 했다고 끝난 것은 아니다. 어떻게 목표에 도달할 것인지, 실행이 이루어지는 동시에 제대로 가고 있는지를 피드백Feedback을 하는 선순환 구조가 반드시 이루어져야 한다. 전략은 상황에 따라 언제든지 바뀔 수 있으며, 계획이 제대로 실행이 되는 경우는 세상에 단 한 번도 없기 때문이다. 우리를 둘러싼 환경이 수시로 변화하는 만큼, 피드백을 통해 제대로 가고 있는지를 항상 점검해서 수정하고 보완해야만 한다.

이렇게 네 가지를 총체적인 체계로 생각하는 방식을 전략적 마인드라고 할 수 있다. 즉, 과거처럼 마케팅이라고 해서 광고, 홍보, 판촉 같은 한 단면만을 행하는 것이 아니라, 현재의 환경을 분석하여 미래의 가능성을 예측하고, 경쟁우위를 확보하기 위해 의사결정을 하고 실행해야만 하는 일인 것이다. 그러니 이걸 어찌 마케팅 부서 한 곳에서만 할 수 있겠는가? 미래를 대비한 신제품도 개발해야 하고, 돈도 필요하고, 새로운 인력의 배치도 필요하다. 이는 마이클 포터M. Porter가 주장한 기업경영의 가치사슬Value Chain 전반에 걸친 일이기 때문에, 전사적인 전략이 필요한 일이다.

가치사슬이란 기업경영의 가치창출에 직접 또는 간접적으로 관련된 일련의 활동·기능·프로세스를 의미하는데, 경영전략 전문가인 마이클 포터Michale Porter는 이를 주 활동primary activities과 지원활동support activities으로 나누어 모델화하였다. 포터는 제품의 생산·운송·마케팅·판매·물류·서비스 등과 같은 현장업무 활동을 주 활동이라 하고, 구매·기술개발·인사·재무·기획 등 현장을 지원하는 제반업무를 지원활동이라고 했다. 그런데 전사적 마케팅 전략은 주 활동의 일부인 마케팅에서 벗어나, 가치사슬의 주 활동과 지원활동을 모두 포함하는 전사적인 개념의 마케팅 전략이 이루어져야 함을 의미한다.

## 마이클 포터의 가치사슬(Value Chain) ●●

Support Activities: 지원활동

| Firm Infrastructure: 기업 하부구조 | |
|---|---|
| Human Resource Management: 인적 자원 관리 | Margin |
| Technology Development: 기술 개발 | |
| Procurement: 조달 활동 | |

| Inbound Logistics 내부 물류 | Operations 제조, 생산 | Outbound Logistics 외부 물류 | Marketing & Sales 마케팅, 영업 | Services 서비스 | 이윤 |
|---|---|---|---|---|---|

Primary Activities: 본원적 활동

    따라서 전사적 마케팅 전략에서 브랜드 매니저BM는 브랜드에 한해선 CEO와 같은 권한이 있어야 한다. 마케팅이 마케팅 부서에 국한되어서는 안 된다고 하면서 그런 권한과 책임이 없다면, 말로만 전사적 마케팅이며 허울 좋은 소리일 뿐이다. 물론 각 부서에는 팀장이 있고 임원이 있으며, 회사의 정점에는 CEO가 있다. 마케팅 BM이 그들이 되어야 한다는 말이 아니다. 먼저 그들부터 고객 마인드, 마케팅 마인드로 의식이 전환되도록 해야 하고, 브랜드 성공을 위한 전략의 중심에 마케팅이 있어야 하며, 마케터는 그만큼의 역량과 함께 권한과 책임도 따라야 한다는 것이다.

    그러나 과연 자기 자리만 지키기 급급하고, 대충 하루 업무만 때우고

●●

넘어가려고 하는 직장인 속성이 이런 BM 체제를 이룰 수 있을까? 나는 그런 마케팅을 해봤던 사람이다. 그게 가능한 것은 전사적 회사 시스템이 그렇게 돌아갔고, 모든 임직원이 마땅히 BM의 역할을 받아들였으며, 무엇보다도 우선 CEO가 그렇게 했기 때문이다. 결국 전사적 마케팅 전략의 운영은 CEO 하기 나름인 것이다.

# 2

# 환경분석

# 환경의 변화

  공급과잉의 시장 속에서 소비자는 날로 까다로워져 가고, 글로벌 시대에 기업에서 마케팅하기 가장 어려운 이유는 세상의 변화에 대한 이해 부족 때문이다. 많은 경영자들은 세상의 변화와 흐름, 특히 최근의 과학기술이 가져다주는 변화에 대한 이해가 부족하며, 집단지성들이 부딪히는 현상을 제대로 해결하지 못한다. 또한 과거에는 원인과 결과가 단순하였다면, 현재는 문제가 크고 복잡해서 3개 이상의 원인들이 상호작용을 일으키며 문제를 발생시키는데, 이에 대한 복잡한 방정식을 풀지 못한다.

  이는 리더들이 가지고 있는 소위 "라떼는 말이야" 같은 고질적이고 편향된 주관적 방식을 버리지 못하기 때문이다. 스마트폰과 인터넷, 그리고 SNS로 이루어지는 집단지성의 발현은 단지 IT산업에 국한된 남의 일이 아니다. 마케터는 많은 고객들의 니즈의 파편들을 한곳에 모아 하나의 창조적 아이디어로 만들기 위해서 시장을 이해하려는 노력이 필요하다. 그러기 위해서는 변화와 흐름에 빠르게 대처하고 복잡계의 현실에서 다각적으로 사고하는 능력을 키워야 한다.

  그리고 이를 빠르게 습득하기 위한 가장 쉬운 방법은 스스로 직접 해보는 일이다. 유튜브, 인스타그램, 페이스북, 심지어는 틱톡 같은 숏 클립 동영상까지도, 인스턴트적으로 생성되는 수많은 생각들 중에서 버릴 것은 버리고 받아들일 것은 받아들이면서, 세상의 흐름에 변화되는 자신을 발견할 수 있어야 한다.

세상은 변하고 있다. 그리고 수억 년의 세월 동안 지구에는 수많은 생물들이 나타나고 사라져 갔다. 찰스 다윈의 진화론에 대해서 흔히들 약육강식弱肉强食이란 말을 많이 한다. 약육강식이란 '강强한 자가 약弱한 자를 잡아먹는다'란 뜻으로, 생존경쟁의 살벌함을 말하고 있다.

그런데 만약 약육강식의 법칙이 이 지구를 지배하였다면 지금 지구는 누가 지배하고 있을까? 어쩌면 가장 강했던 공룡의 세상이 되었을지도 모르겠다. 하지만 공룡은 빙하기라는 혹독한 추위를 견디지 못하고 멸종하였으며, 지금 지구는 인간을 비롯하여 수많은 변화를 극복한 생물들이 함께 살아가고 있다.

결국 다윈의 진화론은 자연선택에 의한 적자생존適者生存과 자연도태自然淘汰를 얘기하고 있는 것으로써, 강자가 살아남는 게 아니라, 환경에 적응하여 변화하는 자가 도태되지 않고 살아남을 수 있다는 것이다.

이렇게 자연 생태계가 변화해 왔듯이 인간이 사는 세상도 끊임없이 변화하고 있는데, 그 변화의 속도가 엄청나다. 과거 원시사회에서 농본사회를 거쳐 산업혁명을 통한 생산판매 위주의 산업사회를 이루었으며, 이제는 디지털경제 시대를 맞이하여 두뇌 중심의 사회, 즉 창조적 사회인 뇌본사회에 도래하였다. 아래 미국의 GDP 기준 부문별 경제비중 그래프에서도 2000년대 들어 디지털 경제가 산업경제를 앞지르는 것을 볼 수가 있다.

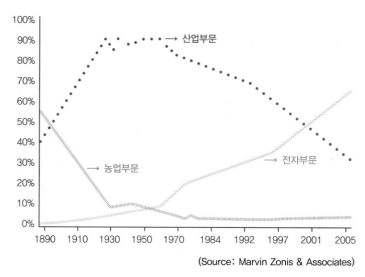

부문별 경제 내에 차지하는 비중(미국 GDP의 퍼센트)

농업경제 → 산업경제 → 디지털경제

→ 산업부문

→ 농업부문

→ 전자부문

(Source: Marvin Zonis & Associates)

그리하여 ICTInformation and Communication Technology에 AI(인공지능)기술이 추가되면서 빅데이터 분석이 가능해지고 단순한 일은 사람이 아닌 기계가 대신할 수 있는 시대가 도래하면서, 최근 4차 산업혁명이란 말은 어느 산업분야에서나 빠지려야 빠질 수 없는 주요 화두가 되고 있다.

4차 산업혁명을 세 가지 키워드로 요약하면, AI를 통한 초지능성, 전 세계가 하나로 연결되는 초연결성, 그리고 이를 통한 예측 가능성이라 할 수 있다. 특히 초연결성은 사람과 사람, 사람과 기계, 기계와 기계 등 모든 것이 서로 긴밀하게 연결되어 지능화된 네트워크를 구축하고 새로운 가치를 창출해 내는 초연결사회Hyperconnected Society를 의미한다.

4차 산업혁명은 인류가 전혀 경험하지 못한 빠른 속도의 획기적 진보 기술로, 전 세계 전 산업 분야에서 파괴적 기술Disruptive Technology에 의해 대대적인 산업의 재편을 이루고 있다. 특히 일자리에서의 변화는 매우 심각하게 예상되고 있어서, 세계경제포럼에서 향후 약 700만 개의 일자리가 없어지는 한편, 새로운 일자리는 200만 개가 창출될 거라 하며, AI가 대체할 단순하고 반복적인 일자리들은 향후 사라질 위험이 있을 것이라고 경고했다.

특히 모바일 스마트폰을 통한 ICT의 발전으로 소비자들은 이제 직접 오프라인 상점에 가지 않고도 손쉽게 쇼핑을 하는 새로운 소비행태를 보여주고 있다. 이러한 모바일 유통과 소셜 커머스Social Commerce의 성장은 전통적인 유통환경에서도 옴니채널Omni-channel과 O2OOn-line To Off-line 같은 혁신적인 모델들의 성공의 기반을 이루고 있다.

옴니채널은 오프라인 환경과 온라인 및 모바일 환경이 융합된 새로운 유통경로로서, 다양한 정보기술과 VR, AR 및 IoT를 기반으로 소비자와의 스마트한 상호작용 속에서 상거래가 이루어지도록 할 것이다. 따라서 향후 정보기술의 진화와 함께 국내외 상거래 환경도 이와 같은 진정한 옴니채널 기반의 스마트 커머스Smart Commerce 시장으로 변화될 것으로 전망된다.

만약 외식을 하러 가는 경우, 무엇을 먹을지 정하고, 맛집을 찾고, 가격을 비교하고, 매장에서 주문과 결제까지 이르는 여러 복잡한 과정을 거쳐야 했던 것을, 이제는 스마트폰 어플 하나로 모든 것이 해결되는 O2O 시대인 것이다. '요기요'나 '배달의 민족' 등은 지역을 기반으로 앱을 통해 음식을 배달하는 대표적인 O2O 서비스 기업이다.

이러한 변화는 인구구조의 변화에도 영향을 끼쳤다. 과거에는 30~40대 결혼한 주부들이 소비의 핵심이었다면, 지금은 2030 싱글족들의 소비가 증가하고 있으며, 100세 시대를 맞아 자식들에게 돈을 물려주고 가난해진 노인들이 아닌, 그동안 축적된 자산을 마음껏 자신을 위해 소비하고자 하는 Gold Senior들이 늘어나고 있다. 또한 디지털 산업의 발달로 젊은 나이에 백만장자가 된 Young Rich가 증가하고 있고, 이렇게 젊은 나이에 돈은 많지만 일이 바빠서 제대로 쇼핑을 하지 못하고 온라인에서 엄청난 소비를 하고 있는 'Money-Rich & Time Poor족'들도 탄생하였다.

이런 영향으로 안일했던 오프라인 매장들은 부진을 초래하였다. 오프라인 매장을 기반으로 성장한 브랜드는 새로운 변화에 무감각하고 과거의 관행만 되풀이하다가 오프라인 매장의 현실을 더욱 어두워지게 하고 있다. 반면, 아마존은 디지털 온라인 쇼핑몰에 머물지 않고, 온·오프라인을 연결하는 다양한 시도와 기술적 혁신을 통해 미국에서 가장 큰 기업 가치를 가지고 있는 1등 회사가 되었으며, 반대로 오프라인 매장을 내고 있다.

재미있는 것은 온라인에서 시작한 업체는 어김없이 매장에 무선신호 기반의 분석 장치를 기본으로 설치하여, 온라인에서처럼 통행량, 방문객, 체류 시간 등 중요한 정보를 분석해서, 기존의 오프라인 매장과 차별화되는 온-오프라인 융합의 혁신적인 모델을 만든다는 것이다. 온라인과 연결될 때 오프라인 매장은 온라인에서 줄 수 없는 가치를 제공하는 공간이 된다. 특별히 체험과 경험이라는 가치에 집중할 때 매장은 차별화하고 빛을 발하기 시작한다.

아마존의 아마존고와 알리바바의 허마셴성은 아마도 지구상에서 가장 발전된 형태의 매장일 것이다. 아마존고는 소비자가 쇼핑을 한 뒤 그냥 걸어 나오면 자동으로 결제가 이뤄지는 기술을 도입한 무인매장이며, 허마셴셩은 온라인 주문 시 30분 내로 배송을 받을 수 있는 O2O 기반 매장이다.

두 매장의 공통점은 매장에 들어가서 나올 때까지 경험이 주로 스마트폰으로 이루어진다는 것이다. 사람으로서의 고객보다 스마트폰으로서의 고객이 더 의미가 있는 매장이다. 집에 돌아가더라도 고객은 스마트폰으로 다시 쇼핑하기 때문이다. 스마트폰으로 하는 쇼핑은 모두 기록이 남는다. 그렇기 때문에 매출이 오르거나 내릴 때 고객이 어떤 지점에서 만족하지 못하는지 알 수 있다.

우리를 둘러싼 환경은 너무도 급속하게 변하고 있다. 그래서 마케터들은 세상을 바로 보기 위해 부단한 노력을 해야 하는데, 특히 학문적 사고, 호기심, 탐구욕 등을 게을리하면 안 된다. 그러기 위해서는 끊임없이 독서를 통해 종합적인 지식도 쌓아 나가야 하지만, 이와 더불어 실천을 통해 얻게 되는 손지식이나 야생의 사고 등에 관한 것도 알아야 한다.

# 3C: Customer, Competitor, Company

마케팅 전략수립 과정의 첫 번째 단계는 환경의 변화에 대응하기 위한 마케팅환경 분석이다. 2,500년 전 손자병법에서도 싸움에 이기기 위한 전략으로, 지피지기백전불태知彼知己百戰不殆란 말을 하였다. 즉 '적을 알고 나를 알면 백 번 싸워도 위태롭지 않다'란 뜻이다. 흔히들 지피지기백전백승知彼知己百戰百勝으로 알고 있는데 이는 잘못된 말이다. 손자병법을 자세히 보면, 아래의 글과 같다.

"적을 알고 나를 알면 백 번의 싸움에도 위태롭지 않다. 적을 모르고 나를 알면 한 번은 이기고 한 번은 진다. 적도 모르고 나도 모르면 싸울 때마다 반드시 위태롭다. 적을 알고 아군을 알면 승리는 위태롭지 않고 그 위에 지리와 천시까지 안다면 싸움은 전승할 것이다."

바로 전략 수립의 선행 단계로 수천 년 전에 살았던 손자도 환경 분석을 강조했던 것이다.

마케팅 전략이란 기업이 처한 다양한 내·외부적인 환경변화에 따른 시장기회 모색을 통하여, 브랜드의 전략적 경쟁우위를 차지하기 위한 활동이다. 즉, 환경 분석을 통하여 기업이 처한 외부적인 기회와 위협, 기업 내부적인 강점과 약점을 파악하여 경쟁사보다 우위를 확보하기 위한 것이다.

마케팅에선 기업을 둘러싼 환경으로 흔히들 '3C'를 얘기한다. 즉, 경쟁 우위를 발견하기 위해서는 고객Customer, 경쟁자Competitor, 자사Company에 대한 올바른 인식부터 시작해야 한다는 것이다. 하지만 최근 유통회사의 영향력이 제조사를 압도하는 시대에 와서는 고려해야 할 네 번째 'C'를 하나 더 추가한다면, 그것은 바로 Channel, 유통이다. 따라서 고객의 마인드, 경쟁자의 동향, 회사가 처한 위치와 함께 유통 동향이 함께 분석된다면 최상의 환경 분석이 될 것이다. 이를 통해 "나는 어디로 어떻게 갈 것인가?"를 도출할 수 있으면 그것이 바로 마케팅 전략의 시작이다.

# SWOT 분석

　전략은 현재가 아니라 미래의 비전에 대한 의사결정이다. 그래서 전략적 의사결정은 항상 불확실성의 위험Risk의 연속선상에 있다. 뭐든 확실한 상황하에서는 정확하고 측정 가능한 정보를 통해 기대되는 결과에 대한 명확한 예측이 가능하나, 불확실한 위험한 상황하에서는 결과를 정확히 예측하기 어렵다. 그러므로 환경 분석을 통해, 불확실성의 정도, 변화의 예상 속도, 그리고 이로 인해 야기될 수 있는 결과들에 대해 예측하고 평가하여 대비할 수 있어야 한다.

　어떠한 변화는 점진적으로 일어나며, 예측은 불가능하지만 인식은 가능하다. 우리는 그러한 변화들이 어떤 영향을 미칠 것인지 쉽게 판단할 수 없지만, 그것이 가져오는 광범위한 효과는 상대적으로 쉽게 이해할 수 있다.

　마케팅 학자 로널드 데이는 "많은 기업들이 제품 개발 프로세스상의 선행 단계, 즉 고객 니즈 파악 활동의 부실로 제품 실패를 경험하는 경우가 많다"고 하였다. 그래서 콘셉트의 구상 단계에서 고객 중심의 제품 개발이 이루어진다면, 시행착오를 줄이고 시간을 단축하여 보다 성공적인 신제품이 탄생될 수도 있을 것이다.

하지만 아무리 많은 조사를 하여도 고객 통찰은 매우 어려운 일이다. 그 이유는 ①고객도 자신의 니즈를 잘 알지 못하는 경우가 많으며(특히 신기술 제품), ②고객은 니즈를 알더라도 잘 표현하지 못하는 경우가 많고, ③고객은 자신의 니즈를 표현함에 있어서 솔직하지 않게 응답하는 경향이 있기 때문이다(사회적 당위성의 법칙에 따른 응답 존재). 하버드 경영대 잘트만 교수가 "인간의 사고는 95%가 무의식중에 일어나며, 나머지 5%조차도 언어로써 표현할 수 없는 경향이 많다."고 말했듯이, 마케터는 인간의 95%를 차지하는 무의식을 찾아내기 위해 끊임없는 노력을 해야 한다. 그래서 무엇보다도 먼저 기업 관점에서 고객 관점으로의 전사적인 고객마인드 전환이 이루어져서 객관적인 환경 분석을 통한 고객에 대한 이해가 이루어져야, 고객 통찰력이 생겨 제대로 된 마케팅 전략을 수립할 수 있을 것이다.

제대로 된 환경 분석을 위해서는 충분한 정보를 확보해야 하기 때문에, 기업은 다양한 마케팅 조사를 통해 각종 데이터와 정보를 수집하고 있다. 데이터는 관찰이나 측정을 통해서 수집된 사실Fact 또는 값Value들이 정리되어 있는 것을 의미하며, 정보란 적절한 의사 결정을 할 수 있도록 수집된 데이터를 해석하고 가공한 형태를 의미한다. 그러므로 기업의 성공적인 마케팅 전략은 단순한 데이터가 아닌, 마케팅 전략 수립에 필요한 가공된 정보를 올바르게 파악하는 것이 그 무엇보다도 중요하다.

이렇게 올바른 정보를 수집했다면, 본격적으로 SWOT 분석을 통해 전략적 방향을 도출할 수 있다. SWOT 분석은 강점Strengths, 약점Weaknesses, 기회Opportunities, 위협Threats의 이니셜을 붙인 것으로서, 기업을 둘러싼 외부환경의 기회와 위협, 기업 내부 역량의 강점과 약점을 분석하여, 신제품 출시 및 기존 제품에 대한 시장에서의 가능성을 파악하고, 강점을 강화하거나 약점을 보강하는 등의 마케팅 전략적 방향을 제시해 준다.

① 외부환경 분석: 특정 제품(신제품 및 기존 제품)에 영향을 미치는 정치, 경제, 사회, 문화 등의 거시환경과 제품이 속한 산업 내 고객의 트렌드, 경쟁사 현황, 기술의 변화 등의 산업환경이 있다.

외부환경이란 우리가 통제할 수 없으며 어쩔 수 없는 상황이다. 정부의 법규, 사회적 트렌드, 스마트폰의 비약적인 기술 발전, 경쟁사의 신제품이나 마케팅 전략 등은 내가 바꾸고 싶어 바꿀 수 있는 것들이 아니다. 따라서 외부환경의 변화는 기업에게 위협Threat이 될 수도 있고 기회Opportunity가 될 수도 있기 때문에, 기업은 외부환경 분석을 통해 위협을 사전에 예측하고 피해 가도록 해야 하며, 시장의 기회를 발견하여 공격적인 시장 침투 또는 확대 전략을 수행할 수가 있다.

외부환경에는 기본적으로 제품에 잠재적으로 영향을 미칠 수 있는 거시적인 환경요인으로서, 'STEP Model'이 있다.

- 사회문화 환경Socio-cultural: 인구통계, 소비자 트렌드, 라이프 스타일
- 기술 환경Technological: 기술적 변화 및 트렌드(사용자 편리성, 제품의 축소화/경량화, ICT, AI, 모바일 기술발전 등)
- 거시경제 환경Economic: 국내외 경제지표, 산업 전반적 추세(시장의 크기, 점유율, 성장추세)
- 정책규제 환경Political Regulatory: 법률의 변화, 외교정책, 정부규제

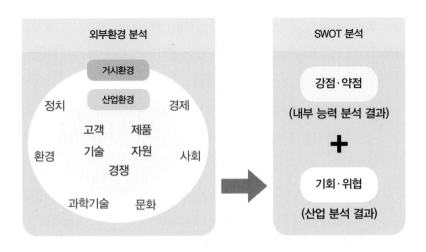

② 내부환경 분석: 기업이 보유하고 있는 자금력, 기술력, 유통력, 마케팅력, 인적자원 등의 내부적 역량이 산업 내에서 경쟁사에 비해 차지하고 있는 정도로서, 기업의 강점Strength과 약점Weakness으로 평가된다. 따라서 외부환경과 달리 내부환경은 기업의 노력에 의해 통제할 수 있는 변수들이므로, 기업은 강점을 강화하고 약점을 보강하여 경쟁 우위를 확보하는 노력을 할 수가 있다.

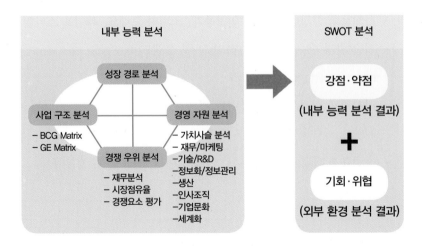

SWOT 분석에 반드시 주의할 점이 있다. 우리가 통제할 수 없는 외부환경변수의 기회를 마치 강점인양 오인한다거나, 회사의 혁신적인 신제품 개발이라는 강점을 시장의 기회요인으로 오인하는 것이다. SWOT 분석에서 이를 잘못 배치하면 기회를 잡고 강점을 강화하는 기본 전략적 방향이 잘못될 수 있다. 따라서 외부환경과 내부환경을 헷갈리면 안 된다.

최근에는 마케팅 부서뿐만 아니라 R&D, 생산, 관리부서 등, 다른 부서에서도 사업계획서를 만들 때 SWOT 분석이 안 들어가면 이상할 정도로 많이들 사용하고 있다. 하지만 대부분이 생각나는 대로 대충 적은 것으로서, 엄청난 자료와 리서치를 바탕으로 만들어진 제대로 된 한 장짜리 SWOT 분석표를 보기는 쉽지가 않다.

앞서 환경 분석은 바로 마케팅전략 수립의 선행단계라고 말했듯이 '환경 분석→SWOT→전략 방향→전략 수립→실행'이라는 연결선상에 놓여 있어야 한다. 즉, 환경 분석에 근거한 SWOT 분석이어야 하며, SWOT 분석에 근거한 전략이어야 한다는 것이다. 남들이 다 하니까 마지못해 SWOT 분석표 한 장 올려놓고, 막상 전략은 엉뚱하게 흘러간다면 그것은 제대로 짜인 전략이라고 볼 수가 없다.

# SWOT - 전략적 방향 도출

　환경 분석에 의해 SWOT 분석이 완료되었으면, 이에 근거하여 마케팅 전략의 방향을 도출해야 한다. SWOT에 의한 전략적 방향은 일반적으로 아래와 같이 모식화할 수 있다. 아래의 표에서, 네 가지의 경우 중 단 한 가지만 해당되는 사례는 거의 없을 것이다. 어떤 상황에 처해 있든 네 가지의 경우는 경중의 차이가 있을 뿐이지 모두 동시에 나타날 것이다. 따라서 시장의 기회를 잡고 강점을 강화하며 약점을 보완하는 한편, 각종 외부 위협을 회피할 수만 있다면 최상의 전략이 될 것이다.

| | 내부적 강점(Strength) | 내부적 약점(Weakness) |
|---|---|---|
| 외부적 기회 (Opportunity) | SO: 강점을 무기로 기회를 살리는 전략<br><br>●시장/제품 다각화<br>●시장 선점 전략<br>●추가 투자<br>●기회 이익 극대화 | WO: 약점을 보완해서 기회를 살리는 전략<br><br>●약점의 보강<br>●핵심 분야 강화<br>●전략적 제휴 |
| 외부적 위협 (Threat) | ST: 강점을 무기로 위협을 피하는 전략<br><br>●강점 극대화<br>●위협의 회피→ 기회로 전환<br>●시장 침투<br>●제품 확장 | WT: 약점을 보완하고 위협을 피하는 전략<br><br>●철수 여부 검토<br>●집중화 전략 |

하지만 기업의 자원은 한정되어 있기 때문에, 그 모든 것을 동시에 할 수는 없다. 여기서 말하는 자원이란 단순히 자금만을 말하는 것이 아니다. 돈, 사람, 시간, 조직구조, 업무 프로세스 등을 통틀어 자원이라고 할 수 있다. 그래서 마케팅 전략은 한정된 자원으로 최고의 효과를 끌어낼 수 있도록 하는 선택과 집중의 연속이라고 할 수 있다.

전략의 선택과 집중에서 가중 중요한 점은 가장 잘하는 것, 잘할 수 있는 것을 선택하여 집중하는 것이다. 즉, 위 표에서 시장의 기회(O)에 부합하는 나의 강점(S)을 더욱 강화하는 전략(SO)이 그 어떤 것보다 우선되어야 한다. 따라서 그 무엇보다도 SO에 집중하며 WO와 ST를 어느 정도 보강할 수 있다면, 최적의 전략적 방향을 도출할 수 있다.

가장 중요한 SO전략의 사례는 수도 없이 많다. 그중 내가 다녔던 회사였던 미니골드 사례를 들어보겠다. 미니골드는 14K Gold 전문 패션 주얼리를 표방하는 브랜드이다.

과거만 해도 금은 순금이어야만 했다. 아이 돌반지, 결혼예물이나 자산 가치로서 금이 인식되어 왔기 때문에, 순금으로 젊은 여성들이 치장을 한다는 것은 사치스러운 일이었다. 그러나 직장 여성이 늘고 패션 시장이 확대되면서, 패션으로서의 골드 주얼리의 시장기회를 발견한 미니골드는 브랜드 네임 그대로 순금이 아닌 저렴한 14K 골드를 이용하여 젊은 층을 타깃으로 하는 패션 주얼리 시장을 창출하였고, 김희선, 장동건이라는 당시 떠오르는 신예 스타를 모델로 기용하는 공격적인 마케팅을 실시하여 시장을 확대하는 데 성공하였다. 시장의 기회를 발견한 미니골드는 실버 액세서리로 이미 인정을 받았던 강점인 디자인력과 개발

능력 및 수많은 종로 공방 네트워크를 활용하여 제품을 수급하는 능력을 더욱 강화해서, 다양한 패션 주얼리 시장을 선도할 수 있었다.

WO전략 사례도 역시 내가 다녔던 LG생명과학과 다국적 제약사인 노바티스의 전략적 제휴를 들어 보겠다. LG생명과학은 CCB Calcium Channel Blocker 방식의 고혈압 브랜드인 '자니딥'으로 전국의 수많은 개인의원에 오랫동안 강한 영업력을 가진 고혈압 시장에 강한 회사였지만, 고혈압 시장이 신약성분인 ARB Angiotensin II Receptor Blocker 방식으로 전환되는 시점에서 ARB 신약을 보유하지 못하고 있었다.

반면 외국기업인 노바티스는 '타렉'이란 브랜드의 ARB 고혈압 신약을 보유하고 있었지만, 한국에서 영업력이 부족해서 주로 대형 종합병원에 영업을 집중했기 때문에, 전국적인 소규모 의원으로 영업을 확장할 수가 없었다.

즉, 고혈압 시장의 트렌드가 ARB로 바뀌면서 시장의 큰 기회가 존재하였음에도 불구하고, 두 회사는 모두 강점과 약점을 동시에 보유하고 있었기 때문에 좀처럼 시장을 확대해 나가지 못했다. 그래서 양사는 약점을 보강하기 위해, 노바티스의 ARB 신약을 LG생명과학에서 개인의원 시장에서만 판매하는 제휴를 맺어, 노바티스는 LG생명과학을 통해 개인의원 시장으로 판매를 확대할 수 있었으며, LG생명과학은 ARB 신약을 확보하여 기존의 영업조직을 유지하며 매출을 증가시킬 수 있게 되어, 양 사가 Win-Win할 수가 있게 되었다.

이처럼 외부적 환경인 시장의 기회(O)를 놓치지 않기 위해 회사의 내부적인 약점(W)을 보강하면, 약점이 곧 강점(S)으로 변하여 강한 경쟁력을 가질 수도 있다. 이번 사례는 타사와의 전략적 제휴를 통해 약점을 보강한 것이지만, 꼭 이런 것만이 대안은 아니다. 내부적으로 부족한 자금력, 인력, 마케팅 등의 약점을 하나씩 보강해 나간다면, 시장에서 경쟁력을 점점 확보해 나갈 수 있을 것이다.

단, WO전략은 SO라는 전제가 있어야 시너지를 창출한다. 시장의 기회가 크고 뭐든 강점이 있어야, 약점을 보강할 구실이 되기 때문이다. 많은 회사들이 불나방처럼 화장품시장에 뛰어들었다가 망가지고 나가는 경우도 아무런 강점도 없이 시장의 기회만 바라보고 들어오기 때문이다. 종근당건강의 경우도 화장품의 '화'자도 모르는 회사지만, 유산균 제품의 성공과 이를 통한 자금력이라는 강점이 있었기 때문에, 부족한 화장품 인력을 늘려 유산균 화장품을 만들고 마케팅을 강화할 수 있었다. 유산균이 히트하기 전엔 화장품 사업의 콘셉트도 없이 수년간 이리저리 헤매다 시간과 돈만 소비했던 전력이 있다.

ST전략 사례는 내가 애경산업에서 근무 당시 출시했던 여드름 전용 화장품인 에이솔루션a-Solution 브랜드로 알아보겠다. 여드름이 치유된다는 콘셉트의 화장품은 약사법 및 화장품법에 위반된다. 그래서 많은 회사들이 본격적으로 여드름 화장품 시장에 진입하지 못했고, 설사 제품을 출시하였다 해도 광고나 홍보를 자제하여 소비자에게 크게 인식되지 못했다. 한마디로 정부의 규제라는 위협(T)요인이 너무 강했다.

애경에서도 마찬가지였다. 내가 여드름 화장품을 하겠다고 제안했을 때만 해도 내부적으로 큰 반대에 부딪쳤었다. 따라서 이런 엄청나고 단단한 벽을 무너뜨릴 수 있는 방법을 강구해야만 이 기회의 땅에 발을 내밀 수가 있었던 것이다.

그때 공교롭게도 화장품에 관심이 많았던 아주의대 피부과 이 교수와의 산학협동안이 회사에 제시되면서, 나는 바로 이거다 하는 생각에 여드름 화장품을 기업이 아닌 대학연구의 성과로 풀어 나가야겠다고 생각했다. 그리하여 정부의 법규를 회피하기 위해 직접적인 광고보다는 저명한 대학병원 피부과 교수를 앞장세워, 산학협동으로 대학에서 여드름 화장품이 개발되었다는 홍보를 대대적으로 했다. 각종 신문과 9시뉴스에까지 기사가 다루어졌고, 그 결과 소비자상담실 전화가 마비될 정도로 엄청난 문의가 쇄도하였다.

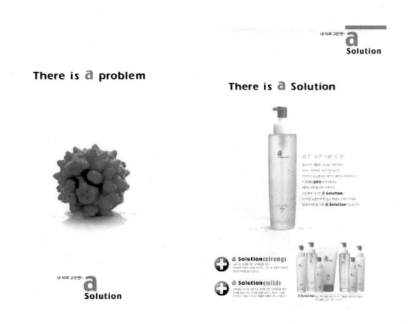

그리고 광고에서도 여드름을 직접적으로 표현하지 않고 여드름의 상징인 멍게를 앞장세워 여드름이란 말 대신 피부사춘기란 말로 여드름을 간접적으로 표현하며 이를 해결해 주는 화장품으로서 에이솔루션a-Solution을 강조하여, 대성공을 이루었다.

결국 정부의 규제는 강한 위협으로서 모든 기업이 어려워하는 숙제이지만, 이를 회피하고 해결할 수 있다면 그렇지 못한 경쟁사에 비해 오히려 큰 기회가 될 수 있는 것이다. 이것이 바로 ST전략의 큰 묘미라고 할 수 있겠다.

WT전략은 시장의 기회보다는 위협이 많고 기업의 약점이 많은 상황이므로 가능하면 안 하는 것이 좋다는 것을 보여준다. 이미 시장에 진입했어도 들어간 비용이 아까워서 계속 자금을 투여하면 더욱 더 깊은 수렁에서 헤어 나오지를 못하게 된다. 따라서 그동안 들어간 비용은 매몰비용Sunk Cost으로 정리하고 사업을 철수하여 자신이 잘할 수 있는 강점이 있는 분야에 더욱 힘을 쏟는 것이 올바른 일이다. 36계 병법에서도 도망가는 것이 상책일 수도 있다고 했다. 더 큰 도약을 위해 일보 후퇴를 하는 것이야말로 가장 어렵고 힘든 결정일 것이다.

2000년 8월 나는 선배와 작은 화장품 회사를 창업하여 3년간 운영을 하였다. 초기 신제품 개발비용 및 유통 개발 비용으로 자본금 10억 원은 2년 만에 바닥이 났고 3년 차에 들어가서는 차입경영을 하게 되었다. 가장 큰 문제는 적은 자본금(W)으로 치열한 경쟁시장(T)에 뛰어들었다는 것이었다. 이럴 때 취할 수 있는 방법은 집중화 전략으로 적은 비용의 특화제품을 개발하여 경쟁이 치열하지 않은 작은 틈새시장Niche Market에서 성공을 거두고 점점 확대해 나가는 것이다.

그러나 대기업 임원 출신이었던 선배(당시 대표이사)는 대기업에 있었던 방식으로 전국으로 유통을 확대하며 영업사원을 증가시키는 한편, 다양한 신제품을 개발하게 했다. 이 때문에 선배와 나는 많은 갈등을 하였지만 나도 어쩔 수 없이 조금만 더 해보자는 일말의 기대로 일을 진행한 결과 회사는 끝내 망하였고. 나도 수억 원이라는 큰돈을 빚지고 말았다. 내 인생에서 최초의 실패치고는 헤어나기 힘들 정도의 너무도 뼈저린 아픔이었다. 그래서 WT 전략은 때론 안 하는 것이 상책일 수도 있다는 것을 알려준다.

# 마케팅조사 3
## Marketing Research

# 객관적 조사와 분석

환경 분석을 위해서 가장 필수적인 것이 마케팅 조사Marketing Research 이다. 원래 SWOT보다 이전에 했어야 할 대목이지만, 보다 자세히 이야 기하기 위해 따로 챕터로 분리했다. 먼저 마케팅 조사에 대한 이해를 돕 기 위해, 멀고 먼 남태평양 제도 어느 섬에 신발을 판매하고자 하는 홍 콩의 한 신발회사 이야기를 해보겠다.

그 회사는 시장조사를 위해 해외거래를 많이 해본 '바이어Buyer'를 섬 에 보냈는데, 그는 조사를 대강 하고 나서 곧바로 다음과 같은 이메일을 보냈다.

"이 섬의 사람들은 신발을 신고 다니지 않습니다. 그래서 여기에는 신 발시장이 없습니다."

미심쩍었던 회사는 다음으로 '판매원Salesman'을 보냈는데, 판매원은 다 음과 같은 정반대의 이메일을 보냈다.

"이 섬의 사람들은 신발을 신고 다니지 않습니다. 그래서 여기에는 앞으로 엄청난 시장이 있을 것입니다."

이렇게 조사자에 따라 정반대의 의견으로 갈려 국가가 망할 지경에 처했던 상황을 우리는 조선시대 역사에서도 발견할 수 있다. 임진왜란 이전, 당시 일본은 도요토미 히데요시가 어지러웠던 일본을 통일하고 자신의 힘을 과시하려던 때로서, 도요토미 히데요시는 조선은 물론 명나라까지 공격할 생각을 가지고 있었으나, 조선은 일본의 침략에 대비하지 못하고 동서로 갈려 당파싸움이 더욱 치열하기만 했다.

그러다 일본의 심상치 않은 상황에 대해 알아보기 위해 서인 황윤길과 동인 김성일을 일본 통신사로 파견하였지만, 일본을 살피고 돌아왔던 신하들의 입장은 일본이 '침략한다'와 '침략하지 않는다'로 나뉘어졌고, 결국 받아들여진 것은 침략하지 않을 것이라는 동인 김성일의 주장이었다. 김성일이 당파싸움 때문에 일부러 거짓 보고를 한 것은 아니었다. 다만 사대주의와 일본을 왜구로 업신여겼던 그의 관점이, 똑같은 상황을 봐도 다른 조사결과를 만들었던 것이다.

7년간의 전쟁이란 참극이 있었는데도 불구하고, 조선의 사대주의자들은 정신을 못 차렸다. 임진왜란 후에 왕이 된 광해군은 세작(스파이)들을 통해 후금(청)의 세력이 강해지는 것을 느끼고, 명과 함께 중립정책을 통해 팽팽한 양다리 외교를 하였다. 광해군이 수시로 후금과 교류하며 국가 간 정세를 객관적으로 잘 파악했기 때문이다. 그러나 명나라 사대주의자들은 오랑캐인 후금과 교류를 하는 것은 임진왜란 때 조선을 구해준 명에 대한 배신이라며 이를 반대했다가, 결국엔 인조반정을 일으켜 광해군을 몰아내고 명에 충성하고 후금을 배척하는 외교를 하여 병자호란을 야기시켰다. 잘못된 관점과 조사로 인해 또 한 번 나라가 망할 지경에 이른 것이다. 결국 인조는 남한산성에서 항쟁하다가 항복하고 삼전도의 굴욕을 당하였다.

이런 역사적 사실에서도 우리는 제대로 된 조사와 객관적 사실에 입각한 관점이 얼마나 중요한지를 알 수가 있다. 그럼 홍콩의 신발회사는 어떤 결론을 내렸을까?

상반되는 보고를 접한 회사는 다시 세 번째 사람을 보냈는데 이번에는 '마케터Marketer'였다. 이 마케팅 전문가는 부족의 추장과 원주민들을 면밀히 면담하여 마침내 다음과 같은 이메일을 보내왔다.

"이곳 사람들은 신발을 신지 않습니다. 그래서 그런지 그들은 발병을 앓고 있습니다. 제가 추장에게 신발을 신으면 발병을 없애는 데 큰 도움이 된다는 것을 알려주자 그는 열광했습니다. 그는 부족의 70% 정도가 한 켤레에 10달러 가격이면 신발을 살 것으로 추산했습니다. 따라서 우리는 첫해에 5,000켤레의 신발을 팔 수 있을 것으로 예상됩니다. 신발을 섬으로 가져오고 유통체계를 갖추는 데 드는 비용은 켤레당 6달러 정도가 들 것이므로, 우리가 이곳에 투자를 하면 첫 해에 2만 달러의 수익을 올릴 것입니다. 이는 우리에게 20%의 투자수익률ROI을 가져다줄 텐데, 이는 우리의 정상적인 ROIReturn On Investment 15%를 초과하는 수치입니다. 이 시장에 들어오면 생길 높은 가치의 미래 수입은 말할 필요가 없으므로, 얼른 이 사업을 추진할 것을 권고합니다."

사례를 보았듯이 시장을 바라보는 관점에 따라 시장조사의 프로세스 및 결과도 달라진다. 또한 이번 사례를 통해 논리적인 시장조사에 대해

훈련된 사람과 그렇지 않은 사람의 차이를 볼 수도 있다. 결국 마케터는 단순히 눈으로 보이는 시장 상황을 보고 판단한 것이 아니라, 진정으로 고객이 원하는 마음 속 깊은 니즈에 대해서도 파악을 하여, 막연한 가능성이 아니라 수치로 표현된 수요예측과 사업성 검토까지 하였다.

여러분이 CEO라면 누구 말을 신뢰하겠는가? 이 사업을 하는 것이 타당하겠는가?

당연히 마케터 의견을 듣고 사업을 하는 것이 맞을 것이다. 그러나 아무리 마케팅 조사를 했다고 하더라도, 조사자 또는 해석자의 주관적 관점이 개입된다면, 잘못된 조사의 결과를 초래할 수가 있다. 그래서 마케팅 조사에는 다음과 같은 두 가지 키워드Key Word를 명심해야 한다.

① GIGO(Garbage-In Garbage-Out)

불필요한 정보가 너무 많아지면 의미는 더욱 적어지듯이, 정보는 어떻게 모으고 사용하느냐에 따라 독이 되기도 하고 득이 되기도 한다. 이런 측면에서 올바른 정보 파악을 위해 무척 중요하게 생각하는 말이 바로 'Garbage-In, Garbage-Out'이다. 즉, 쓰레기를 넣으면 쓰레기가 나온다는 말이다. 모든 정보는 인풋Input에 의한 아웃풋Output으로 나타난다. 결과에는 원인이 있듯이 모든 정보에는 데이터가 있고, 잘못된 데이터의 입력은 잘못된 정보를 초래하고 잘못된 의사결정과 판단을 가져온다. 집을 지을 때도 설계도가 필요하고, 이에 따라 땅을 파고 기초를 다지듯이, 정보를 수집하기 위해서도 전략의 초기 계획단계부터 추구하는 목적이 무엇인지가 명확히 파악되어 조사가 설계되어 쓰레기가 아닌 양질의 데이터가 확보되어야 한다.

② Let Data Talk

어떤 주장이 힘을 얻고 상대방을 설득하기 위해서는 막연한 주장이 아니라 숫자가 뒷받침해 줘야 한다. 숫자는 말에 신뢰라는 힘을 준다. 계급장이 짓누르는 파워에 밀리더라도 소신 있게 자신의 주장을 발표할 수 있는 힘이나, 잘못된 주장을 잘못된 것이라고 진정으로 말할 수 있는 용기나, 상급자 입장에선 부하직원의 발표가 옳거나 그른지 판단할 수 있는 통찰력도 모두 숫자로 이루어진 논리적인 뒷받침 아래서 가능한 일이다. 확실한 근거를 바탕으로 가지고 있다면 두려울 것이 없다. 빠른 의사결정에 강한 실행이 남아 있을 뿐이다. 결국 이 모든 건 올바른 마케팅 조사가 이루어져야 가능한 일인 것이다.

# 마케팅 조사(Marketing Research)의 이해

마케팅조사Marketing Research에 대해 얘기할 때, 흔히들 시장조사Market Research와 함께 혼용해서 쓰는 경우가 많다. 그러나 마케팅조사와 시장 조사는 그 의미와 범위가 다른 것이므로, 이에 대한 정확한 이해가 필요 하다. Wendy Gordon & Roy Langmaid는 그들의 저서 『Qualitative Research』에서, 시장조사란 일정한 질문 절차를 통해 제품이나 서비스 의 소비자 또는 최종 사용자의 행동과 태도에 관한 정보를 수집하는 프 로세스라 했으며, 필립 코틀러는 유명한 『Principles of Marketing』에 서 시장조사란 회사가 당면한 특정 마케팅 상황에 관한 데이터를 체계 적으로 기획, 수집, 분석, 보고하는 것이라 말했다. 즉, 시장조사가 일 정한 제품이나 서비스의 특정 시장에 대한 정보를 알아내는 것이라고 한다면, 마케팅조사는 시장조사보다는 더 큰 범위의 의미로서, 회사의 전략적 의사결정을 위해 제품과 서비스를 마케팅하는 데 있어 정확하고 객관적이며 체계적인 방법으로 자료를 수집/기록/분석하는 목적 지향 적인 활동이다.

따라서 마케팅조사의 핵심 목표는 아래와 같은 'UMEP'으로 정리할 수 있다.

- 이해Understanding : 고객 행동을 유발하는 잠재적 동기와 태도의 이해
- 측정Measuring : 시장 내 발생되는 현상을 정량화하는 작업
- 해석Explaining : 정량적 데이터를 논리적/정성적으로 기술
- 예측Predicting : 시장과 소비자의 니즈 또는 반응을 이끄는 변화의 동인을 예측하고, 앞으로 발생할 수도 있는 새로운 마케팅 전략의 결과를 해석.

즉, 마케팅조사의 목표는 소비자에 대한 정확한 이해를 통해, 소비자를 만족시켜 주는 제품과 서비스를 제공함으로써, 궁극적으로는 소비자에게 가치와 편익을 제공하여 성공적인 마케팅 결과를 이끌기 위한 것이다. 마케팅조사의 목적은 실제 시장현황을 파악하고, 창의적 아이디어를 창출하며, 이를 과학적으로 검증하여, 올바른 마케팅 의사결정에 도움이 되는 객관적이며 정확한 정보를 수집하여 제공하기 위함이다. 따라서 우리는 마케팅조사를 통해 다음과 같은 결과를 얻을 수 있다.

문제해결측면
- 시장 상황을 객관적으로 반영, 잘못된 의사결정을 내릴 가능성을 줄일 수 있음
- 비용과 시간이 많이 소요되나, 의사결정의 효율성과 효과성을 증가
- 과학적이고 체계적인 방법으로 문제해결이 가능

의사결정자의 입장
- 체계적이며 객관적인 정보에 의한 올바른 의사결정이 가능
- 개인적 판단에 따른 오차를 최소화할 수 있음
- 불확실성을 감소시켜 자신 있는 의사결정이 될 수 있음

# 1차 자료와 2차 자료

마케팅조사를 위해서는 가장 우선적으로 자료Data를 구해야 한다. 그런 자료가 모여 분석과정을 통해 가공되어 의사결정에 유용하게 된 것을 정보Information라고 한다. 따라서 마케팅조사의 가장 근간이 되는 자료는 어떤 것이지를 살펴보겠다.

자료에는 1차 자료Primary Data와 2차 자료Secondary Data가 있다. 1차 자료는 직접 조사를 통해서 구한 자료이고, 2차 자료는 이미 여러 공신력 있는 기관이나 정부, 언론, 조사기관, 논문, 연구발표 등에서 발표하여 나온 자료를 의미한다.

## 자료의 종류 ●●

### 1차 자료(Primary data)
시장성과나 서베이, 고객의 사용 태도(A&U), 가격민감도, 광고 콘셉트 등의 정보를 시장조사를 통해 획득

●1차 자료 획득 방법: 시장조사의 일반적인 순서
시장조사 기관 선정 → 시장조사 설계 → 시장조사의 실시 → 최종보고서 수령

**2차 자료(Secondary data)**
- 기업 내외부에서 이미 간행된 관련 정보(중장기전략, 재무제표, 사업전략 등)
- 정부, 기관자료, 보도자료 등의 정보(통계청, 증권사, 각종 협회, 신문보도 등)
- 시장리포트
  - Datamonitor, Euromonitor, Nielson Data, IMS Data 등

1차 자료는 주로 조사기관을 활용하여 큰 비용과 시간을 소모하기 때문에, 조사를 시작하기 전에 마케팅 의사결정에 진정으로 필요한지, 해결해야 할 문제가 무엇인지, 조사의 목적이 명확한지, 어떤 소비자의 의견이 필요한지 등을 잘 검토해야 한다. 따라서 1차 자료를 위한 조사를 시작하기 전에, 먼저 손쉽게 구할 수 있는 기존에 나와 있는 데이터들인 2차 자료의 수집이 매우 중요하다.

2차 자료는 기업 내/외부에서 이미 간행된 정보, 언론에서 발표한 기사, 증권분석가Analyst가 발표한 현황 및 전망, 통계청, 심평원, 재경부 등 정부기관 발표 자료, 대학원생이나 대학교수들의 연구 논문, 동종업계 경쟁사 고시 자료, 특정 산업의 협회에서 발표한 자료 등을 수집하거나, 여러 회사를 위해 조사된 전문 조사업체의 조사자료(IMS Data, Datamonitor, Euro Monitor, Nielsen Data, TNS 등)를 구입하거나 인터넷을 통해 무료로 공개된 자료를 다운받아 활용할 수도 있다. 이런 2차 자료의 수집을 통해 기업은 신규 또는 기존 사업의 타당성을 예측하고, 마케팅 의사결정을 바로 할 수도 있으며, 2차 자료를 통해 세워진 가설을 검증하기 위해 추가로 마케팅조사를 직접 수행해서 1차 자료를 수집 및 분석하여 최종적인 의사결정을 할 수도 있다.

그러나 중요한 것은 조사를 통해 반드시 찾고자 하는 본질을 파악할

수 있어야 한다는 것이다. 작가 이외수는 『하악하악』에서 다음과 같이 말했다.

"산은 정지해 있으되 능선은 흐르고 있고, 강은 흐르고 있으되 바닥은 정지해 있다. 그대가 두 가지를 다 보았다고 하더라도 아직 산과 강의 진정한 모습을 보았다고는 말하지 말라. 산은 산이 아니고 물은 물이 아니다."

마케팅조사를 통해 마케터는 보이지 않는 이면까지도 보아야만 한다. 그때부터 그동안 보지 못했던 역동적인 산과 고요한 물을 만남으로써, 고객 스스로도 잘 알지 못하는 진정한 속마음을 찾아낼 수 있을 것이다. 따라서 환경 분석에서 2차 자료의 분석은 시간과 비용의 절약뿐만 아니라, 정확한 1차 자료를 수집하기 위해서도 더욱 중요하다.

현재 나는 마케팅 박사과정 중에 논문 4편을 발표했는데, 이런 학술 논문에서도 이미 발표된 논문을 분석하는 문헌연구(2차 자료)를 바탕으로 해서, 새로운 가설을 설정하는 일이 가장 우선된다. 그 후, 가설이 참인지 거짓인지를 입증하기 위해 조사과정을 통해 1차 자료를 모아 분석해서 결과를 도출하는 것이, 사회과학 분야에서의 기본적인 논문 작성 패턴이다.

조사의 목적 달성을 위해 GIGO가 되지 않기 위해선, 조사를 통해 얻어 내야 하는 정보의 내용을 정확히 규명해야 한다. 이것도 좋고, 저것도 좋다는 식의 불분명한 문제의식, 혹은 과다한 욕심은 전체 조사의 질을 떨어뜨릴 수가 있다. 한 번의 조사에서 얻어질 수 있는 자료는 분명한 한계를 가지므로, 그 한계 속에서 가장 효과적으로 목적을 달성하기 위해 2차 자료의 수집을 통한 가설의 설정 및 검토가 중요한 것이다.

그러나 일반적으로 말하는 마케팅조사를 칭할 때는 1차 자료의 수집으로 대변되고 있다. 그만큼 가장 중요한 조사방법으로서, 2차 자료의 수집도 궁극적으로는 1차 자료의 수집을 위한 예비단계라 할 수도 있다. 따라서 다음부터 나오는 마케팅조사 방법들은 바로 1차 자료 조사로 이해해 주기 바란다.

# 정량조사와 정성조사

마케팅조사에는 정량조사Quantitative Research와 정성조사Qualitative Research가 있다. 정성조사와 정량조사는 서로 반대되는 강·약점이 있으므로, 정성조사와 정량조사를 동시에 수행하는 것이 바람직하나, 프로젝트의 목적이나 상황, 예산이나 시간적인 제약 등에 따라 두 가지 조사방법 중 한 가지만 진행해도 무방하다.

과거 나는 새로운 브랜드를 론칭하기 위해 단 한 번의 조사에서 멈추지 않고, 브랜드의 시장성 및 가능성을 알아보기 위한 소비자의 제품 사용실태를 파악하는 A&U조사(Attitude & Usage Test − 정량조사)를 하였다. 여기에 더해 소비자의 깊은 속마음을 파악하기 위해 FGI(Focus Group Interview − 정성조사)도 많이 하였으며, 바로 제품이 출시되기 직전에는 시제품을 소비자가 직접 집에서 사용해 보게 하고 의견을 받는 HUT(Home Using Test − 정량조사)도 하였다.

산업마다 다르겠지만, 지금은 시장 트렌드가 너무 빨라 이런 걸 다해서 제품을 출시하면 너무 늦는다는 구실로 마케팅 조사를 생략하는 경우가 많은데, 시간과 비용과 노력이 가능한 여건이라면, 주요 브랜드 론칭에서는 반드시 해볼 필요가 있다.

## 1) 정성조사(Qualitative Research)

정성조사는 확률적 기초에 근거를 둔 샘플이 아닌, 적은 인원의 소비자들을 대상으로 하여, 직접 보고 들으면서 그들의 니즈나 원츠를 심층적으로 조사하는 것이다. 따라서 정성조사는 대규모의 정량조사를 실시하기 전에, 예비적 정보 수집을 통해 가설을 수립한 후 정량 조사로써 검증하고자 할 때, 또는 정량조사의 결과에서 불투명한 점을 더 깊이 찾아내고자 할 때 등, 다음과 같은 경우에 사용하면 좋다.

- 형식에 얽매이지 않고 자유로운 질의응답.
- 합리적인 설명이 불가능하거나 피상적인 내용에 대한 답변.
- 정량조사의 사전 단계, 가설의 발견, 예비적 정보의 수집, 사전 지식이 부족한 경우.
- 가설의 질적 검증 및 의미의 확인.
- 소비자를 깊이 이해하려는 시도.
- 다량의 샘플링이 어려운 경우, 신속한 조사.

정성조사는 현 시장 내에서 소비자 니즈의 발견, 기존 제품의 개선 방향, 신제품 아이디어의 수집 및 개발 방향에 대한 힌트 발견, 소비자 특성 간 니즈의 차이, 향후 시장변화에 대한 예측, 콘셉트 수용도 및 개선점의 발견, CF에 대한 평가 및 개선 방향 파악, 용기 및 상표명에 대한 평가 혹은 아이디어 수집, 새로 참여하려는 분야의 제품과 생활에 대한 전반적인 정보 수집을 목적으로 활용된다.

그러나 정성조사는 수치로 명확하게 제시되지 않을 뿐만 아니라, 작은 표본으로 인해 신뢰도와 타당성이 부족하여 조사결과에 대한 설득력이 약하고, 조사자의 자질에 따라 영향을 많이 받기 때문에 조사결과의 해석이 주관적일 수도 있어서, 조사결과를 전체 시장에 일반화할 수 없는 한계점이 있다.

정성조사는 그 시장과 목적에 따라 다음과 같은 방법이 있다.

－ 면접법: 표적집단 심층면접법Focus Group Interview, 심층 면접법In-depth
Interview, 일대일 면접법One-on-one Interview

－ 관찰법: 관련된 사람, 행동, 상황 등을 관찰하여 자료 수집

－ 투사법: 직접적인 질문이 아니라 간접적인 자극물을 사용해서 응답
자의 의견이 투사되도록 하는 조사방법으로, 응답자의 태
도, 의견, 동기, 행동을 파악하는 데 유용함.

이 중 기업에서 가장 많이 활용하고 있는 FGI와 In-depth Interview
를 간단히 알아보겠다. 구체적인 조사방법은 생략한다. 대부분 전문 리
서치 회사를 통해 하는 게 좋고, 직접 할 경우 더욱 자세한 교육과 훈련
이 필요하다.

① 표적집단 면접법(FGI: Focus Group Interview)

7~8명의 참석자를 대상으로 비구조화된 설문 가이드라인을 가지고
전문 모더레이터Moderator라 불리는 숙련된 사회자의 진행에 따라 약 2시
간 동안 진행하며, 참석자들 간의 상호작용과 자유로운 대화 분위기에
서 무의식적, 자연적인 표현 방법을 통해 폭 넓고 심층적인 정보를 수집
하는 방법이다.

- 표적집단의 토론진행과정을 실제로 관찰함
  → 즉각적인 반응 등 깊은 정보를 끌어낼 수 있음
- 보고의 신속성, 가격의 저렴함 등의 장점이 있음
- 브랜드 이해, 구축에 유용하게 사용됨
- 표적집단 내에 강하고 지배적인 응답자로 인해 부정적인 상호작용이 있을 수 있음

## ② 심층면접법(In-depth Interview)

비체계적인 방법으로 응답자들로부터 조사주제에 대한 정보를 수집하는 방법으로, 조사자와 응답자 간의 1대 1 대면접촉에 의해 응답자의 잠재된 동기, 신념, 태도 등을 발견하는 데 사용한다. 이 방법은 비용과 시간이 많이 필요하며, 조사원의 면접능력에 따라 조사결과의 신뢰도와 타당성이 크게 변하고, 편견 오류가 개입될 여지가 많은 단점이 있으나, 응답자의 폭넓은 의견이 반영되므로 문제점을 파악하거나 설문지 설계를 위한 탐색조사에 많이 사용된다.

내가 LG생명과학에 근무했을 때 주로 했던 시장조사 방법이 심층면접법이었다. LG생명과학은 의사 처방에 의해 판매되는 전문의약품을 취급했기 때문에, 신제품(신약)에 대한 고객의 의견을 듣기 위해서는 전문가인 의사들 의견을 수렴해야만 했다. 그래서 나는 FGI보다는 전문적인 지식이 있는 훈련된 직원들이 1:1로 의사들을 직접 찾아가서 심층면접을 하도록 하였다. 의사와 같은 매우 바쁜 특정 분야의 전문가라면, 조사기관을 통해 하는 것보다는 훈련된 직원이 직접 하는 것이 더욱 좋다. 물론 객관성의 결여라는 단점이 있지만, 전문가 집단은 조사원이 비전문가일 경우, 그들이 사용하는 용어부터 다르기 때문에 커뮤니케이션에도 문제가 있을 뿐만 아니라, 조사원을 무시하고 바쁘다는 핑계로 많은 시간을 할애하여 주지 않는 경향이 있기 때문이다. 그래서 많은 제약회

사에서 약사들을 채용하여, 전문 약사들이 영업부터 신약허가, 마케팅 등 다양한 업무를 소화하고 있다.

- 개인적이거나 민감한 주제에 대해 각 개인들의 반응을 철저히 이해할 필요가 있는 경우에 주로 사용
- 집단토론과 병행하여 많이 사용됨
→ 회사 내부의 문화 등을 조사할 때 상급관리자에게는 심층면접, 중간 및 말단 직원으로 구성된 토론집단 등을 이용
- 관찰면접, 동행활동, 소비자워크숍, 2인 심층면접, 3자/3인조, 기호분석, 전화 면접 등이 있다.

## 2) 정량조사(Quantitative Research)

정량조사란, 말 그대로 양적인 계산을 통해 정보를 수집하고 분석하는 조사 방법으로서, 우리가 흔히들 접하는 인구센서스 조사, 시청률 조사, 선거 시 행하는 전화조사 및 출구조사 등이 모두 정량조사에 속한다. 최근에는 인터넷을 통해 다양한 정량조사를 하고 있는데, 이는 빠른 시간 내에 적은 비용으로 행할 수 있는 장점이 있지만 인터넷을 잘 사용하지 않는 소비자까지 대표하기는 어려우므로, 조사의 목적과 타깃에 따라 적절하게 활용해야 한다.

정량조사는 많은 수의 응답자를 대상으로 조사를 하여 수치적인 결과를 도출하기 때문에 표본의 대표성이 매우 중요하다. 즉, 한정된 자원으로 모든 사람을 대상으로 조사할 수 없기 때문에, 일부의 표본이 전체를 대표할 수 있도록 선정하는 것이 무엇보다도 중요하다. 이런 점에서 정량조사의 반은 조사 설계라 해도 과언이 아니다. 초기 정확한 조사 설계가 이루어져야 정확한 표본의 선정, 정확한 설문지 작성, 정확한 조사

수행이 가능하기 때문이다.

이렇게 표본을 선정하여 수집된 데이터는 컴퓨터로 통계적 분석을 한후, 조사 목적에서 제기된 문제나 이슈에 대해 객관화된 검증할 수 있는 정보 또는 제안으로 가공되어 중요 의사결정의 결론을 이끌어낼 수 있게 된다. 따라서 정량조사는 다음과 같은 경우에 많이 활용된다.

- 가설검증을 통한 확정적인 결론 획득
- 시장 세분화, 목표시장 선정
- 시장 경쟁상황 및 소비자 태도 및 행동 파악
- 소비자 특성별 니즈의 구조와 차이
- 바람직한 콘셉트, 용기, 상표명 등의 선정

그러나 정량조사는 시간이 오래 걸리며, 비용이 많이 소요되는 단점과 함께 현상이나 원인에 대한 심층적인 정보를 얻는 데 한계가 있기때문에, 필요에 따라 상호보완적으로 정성조사와 함께 활용하는 것이좋다.

# STP전략 4

콘셉트와 차별화(Concept & Differentiation)

시장 세분화(Segmentation)

표적고객(Targeting)

포지셔닝(Positioning)

# 콘셉트와 차별화(Concept & Differentiation)

마케팅 전략의 가장 기본적인 것은 STP이다. 한마디로 시장을 세분화Segmentation해서 목표고객Targeting에게 우리 브랜드를 깊이 인식하도록 만드는 포지셔닝Positioning까지 일련의 전략적 과정이라고 할 수 있다. 그리고 이런 마케팅 전략에 반드시 따라오는 말이 콘셉트Concept와 차별화Differentiation이다.

마케터들은 흔히들 브랜드 또는 제품을 얘기할 때, 콘셉트가 무엇이라는 말들을 자주 한다. 하지만 콘셉트의 의미가 무엇이냐고 묻는다면, 쉽게 정의를 내리지 못하고 제품의 특장점을 주절대는 경우가 허다한데, 그런 것은 콘셉트라 말할 수가 없다.

콘셉트에는 항상 차별화가 내포되어 있어야 한다. 차별화가 안 되고 단순히 남의 것을 따라 하는 미투Me-Too 제품에는 콘셉트가 있다고 말할 수 없다. 왜냐하면 그런 미투 제품의 콘셉트는 바로 오리지널 제품의 콘셉트기 때문이다. 따라서 콘셉트는 반드시 경쟁사와 비교해 다른 어떤 것Something Different, 즉 경쟁사와 비교해서 상대적으로 다른 나만이 가지고 있는 본질적인 속성이 있어야만 한다.

하지만 무조건 다르기만 하면 되는 것은 아니다. 남들과 다르다고 해서 차별화가 된다면, 세상은 이상한 물건들로 가득 차 버리고 말 것이다. 다르되, 타깃 고객의 니즈Needs를 만족시켜 주며 경쟁제품보다 뛰어나야만 할 것이다. 즉, 다르다는 의미는 반드시 경쟁사를 기준으로 달라야 하며, 그냥 다른 것이 아니라 경쟁적으로 우위를 점할 수 있는 '다름'이어야 한다.

예를 들어 마케팅 사례에 자주 나오는 볼보Volvo 자동차의 콘셉트는 '안전Safety'이다. 볼보도 처음에는 럭셔리하고 주행력이 좋은 자동차로 포지셔닝했었지만, 이미 소비자의 인식에 자리 잡고 있는 것은 '럭셔리=벤츠'와 '주행=BMW'였기 때문에, 결과는 대실패로 이어졌다. 그래서 고민 끝에 볼보가 찾아낸 것은 성공한 사람 중 자신과 가족의 안전을 중요시하는 사람으로 타깃을 좁히고, 이에 집중하여 그들의 인식 속에 안전을 심어 넣기 위해 독특하고 재미있는 광고 캠페인을 지속적으로 진행하는 전략이었다. 그 결과는 대성공이었다. 그래서 지금까지도 'Volvo=Safety'라는 공식이 성립되고 있다.

결론적으로 콘셉트란, 경쟁자에 비해 상대적으로 경쟁적 우위가 있는 차별화된 속성이다. 이를 위해서 가장 중요한 것은 시장 중심, 소비자

중심의 관점으로 접근하는 것이다. 일반적으로 신제품 개발의 관점이 어디에 있느냐에 따라 콘셉트는 달라질 수 있다. 제품개발이라는 측면에서 제품의 성능, 효과와 같은 본질적 속성은 R&D에서 개발을 한다. 하지만 R&D는 주로 제품적 측면만을 보기 때문에, 새로운 기능 또는 품질에만 집중하여 시장에서 소비자들이 요구하는 것과 다른 방향으로 진행될 수도 있다. 일반적으로 기술 중심의 회사들 대부분이 이런 오류에 빠져서, 신기술에 의해 신제품만 개발되면 성공할 수 있을 것이라는 착각으로 수많은 벤처 회사들이 반짝 나타났다가 사라져 갔다.

대기업도 예외는 아니다. 내가 몸담았었던 LG생명과학은 신약개발에 수백억 원의 자금을 투여하여 한국 최초로 미국 FDA에 허가를 받은 항생제인 팩티브FACTIVE라는 신약개발에 성공을 하였다. 그러나 세계적 신약개발의 성공으로 다국적 제약사와 제휴하여 수천억 원의 매출을 당장 올릴 것만 같은 기대와는 달리 LG생명과학은 뜻대로 되지 않았다. 팩티브는 퀴놀론계 항생제로서 폐렴과 만성 기관지염에 매우 효과가 좋은 제품으로 큰 반향을 일으켰지만, 아직도 그리 많이 사용되고 있는 실정은 아니다. 그 이유는 호흡기계 질환 치료제인 항생제는 사용하면 할수록 내성이 생겨 점점 더 강한 약을 처방해야 하는데, 팩티브같이 강하고 빠른 항생제를 1차로 처방을 하면 내성이 생겼을 경우 그다음 대안이 없기 때문이다. 즉, 약한 항생제를 쓰면서 이에 내성이 생기거나 심한 호흡기 질환으로 발전하지 않으면 팩티브를 처방할 수가 없는 것이다. 이렇게 시장상황을 고려하지 않고 새로운 기술의 더 좋은 효능, 효과의 신제품만 나오면 대박이 터질 것이라는 기대는 잘못된 것이다.

그래서 기술 중심적이고 기업 중심적인 마인드로 콘셉트와 차별화를 꾀하는 것이 아니라, 시장을 분석 예측하고 경쟁적 우위를 확보하기 위한 차별점을 찾아내는 시장 중심적 마케팅 관점의 콘셉트에 의해 제품 개발이 이루어져야만 한다. 사실 이렇게 한다 해도, 치열한 경쟁 속에서 전 세계에 쏟아지는 신제품들 중에 10% 이하만이 성공한다고 하니, 새로운 콘셉트의 개발은 쉬운 일이 아니다.

콘셉트는 이렇게 환경 분석을 통해 시장에 기반을 두고 기업의 내부 관점이 아닌 기업 바깥에 있는 소비자 관점The view from the outside이 기반되어야 한다. 그리하여 고객의 깊은 마음속 숨겨진 진실을 찾아내는 과정이 바로 마케팅의 중요한 핵심인 것이다. 또한 콘셉트는 혼자 설정하는 것이 아니라 상대적인 것이다. 그래서 콘셉트를 만들 때는 항상 경쟁자를 조사분석해야 한다. 그런 점에서 너무도 유명한 코카콜라와 펩시콜라의 콜라전쟁 사례를 들어 펩시콜라의 콘셉트를 설명해 보겠다.

펩시콜라의 콘셉트는 무엇일까? 다시 말하면, 펩시콜라가 코카콜라에 비해 경쟁적 우위를 차지할 수 있는 것은 무엇일까? 이를 알기 위해서 과거 그 둘의 콜라전쟁의 역사로 돌아가야 한다.

코카콜라는 1886년, 펩시콜라는 1898년에 탄생했다. 마케팅 선도자의 법칙처럼 제일 먼저 시장에 진입한 코카콜라가 펩시콜라에 비해 압도적으로 시장을 점유했다. 결국 펩시는 1934년 코카콜라의 반값으로 판매하는 극단적인 가격전략을 통해 시장 점유율을 단숨에 14%로 끌어올리는 데 성공하였다. 그러나 코카콜라는 제2차 세계대전으로 해외에 참전한 미군에 콜라를 독점 공급하면서 펩시콜라를 다시 따돌렸다. 코카콜라는 참전 군인들에게 마치 '성수'처럼 인식될 정도로 브랜드 파워를 강화하여, 심지어는 군인들에게 코카콜라 뚜껑이 전쟁의 기념품처럼 소장되기도 했다. 그 결과 2차 세계대전이 끝난 1950년대 말, 코카콜라는 펩시콜라보다 5배의 매출을 기록했다.

1970년대 펩시는 '저렴한 음료'라는 이미지에서 탈피하고 코카콜라의 압도적인 시장 점유율을 극복하기 위해, 소비자에게 눈가리개를 씌우고 펩시와 코카콜라를 맛보게 한 후, 더욱 맛있는 콜라를 구분하게 하는 '펩시 챌린지Pepsi Challenge 캠페인'을 대대적으로 진행하며 다시 주가를 올렸다. 이 테스트 결과 52%의 사람들이 더 맛있는 콜라로 펩시콜라를, 그리고 48% 사람들이 코카콜라를 선택했고, 펩시는 사람들이 펩시를 선택하는 장면이 담긴 광고를 만들어 TV에 내보냈다. 이러한 광고가 큰 파장을 일으키며 펩시콜라의 시장 점유율도 대폭 상승되었다.

그러나 실상 소비자들은 눈 가리고 펩시가 맛있다고 하면서도 콜라를 살 때는 코크COKE를 사는 바람에, 여전히 펩시는 코크를 극복할 수가 없었다. 이미 대부분의 소비자들이 오래 전부터 코크의 강한 맛에 길들여져 있었기 때문이다. 그리하여 고민한 끝에 1980년대에, 펩시는 모든 연령층에 소구하는 것보다, 타깃을 좁혀서 아직 코크에 길들여지지 않은 젊은 층에 집중하는 전략을 결정했다. 당시 펩시 내부에서도 너무 위험한 전략이라는 반대의 소리가 많았지만, 펩시는 과감하게 전 세계에 걸쳐 '펩시세대Pepsi Generation'의 도래를 선포하며 젊은 층을 타깃으로 한 전략을 세웠다.

이렇게 젊은 층에 집중함으로써, 펩시는 오래되고 고전적인 코크에 대항할 수 있는 포지셔닝을 확보했다. 펩시는 중년층 이상의 소비자를 코크에 내어주는 희생을 감수해야 했지만, 아직 코크에 익숙해지지 않은 젊은 층을 확보했다는 점에서 성공적이었다. 이를 위해 젊은 층이 좋아하는 80년대 세계적 아이돌인 마이클 잭슨 같은 스타를 광고에 등장시켰는데, 펩시의 이런 스타 마케팅 전술은 2000년대에 브리트니 스피어스로 이어지며, 지금까지도 전 세계에 걸쳐 각 국가의 한 시대를 대표하는 아이돌을 모델로 발탁하며 계속되고 있다. 따라서 펩시콜라의 콘셉트를 한마디로 말한다면 '젊음'이라 할 수 있다.

차별화된 콘셉트는 STP 전략의 일환으로 만들어진다. 이미 앞서 STP는 Segmentation(세분화), Targeting(표적고객), Positioning(포지셔닝)으로 구성된다고 말한 바와 같이, STP는 그 머리글자들만 따온 약자이다. 즉, 세분화된 특정 소비자들의 욕구Needs를 만족시킬 수 있도록, 표적 고객에게 경쟁자 대비 차별화된 브랜드 콘셉트를 고객 및 잠재고객의 마음 속에 강력하게 심어 넣는 전략이다.

콘셉트가 차별화Differentiation되기 위해서는 독보적으로 달라야 한다.

수많은 기업에서 수많은 브랜드와 제품들이 서로 다르다고 주장하지만, 소비자가 보기에 비슷비슷한 것은 절대로 다른 것이 아니다. 따라서 소비자의 관점으로 보기에 다름으로 인식되어야만 하는 것이다. 하지만 누구나 모든 분야에서 독보적으로 다른 것이 될 수는 없다. 그렇기 때문에 먼저 독보적인 분야를 찾아야 하는데, 그것이 시장세분화Segmentation 이다.

시장세분화에 의해 타깃팅이 될 수도 있고, 때론 기업이 개발하고자 하는 제품 또는 서비스에 맞는 타깃팅을 먼저 하고 이에 맞는 세분화가 이루어질 수도 있다. 순서는 중요하지 않다. 중요한 것은 시장이 어떠한 방향으로 흘러가는지와 어떠한 모습으로 경쟁되는지를 소비자의 관점에서 파악하고 이에 맞는 STP 전략이 수립되어야 한다는 것이다.

# 시장 세분화(Segmentation)

세분화 방법에는 두 가지가 있는데 소비자 위주의 세분화와 제품 위주의 세분화이다.


## 1) 소비자 위주의 세분화

① 인구통계 세분화: 연령, 소득, 교육, 성별 등으로 소비자를 나누는 가장 일반적인 방법이다. 남성용/여성용 화장품, 어린이용 치약, 여성용 담배, 노인용 종합비타민, 고가 명품 가방, 고급 자동차, 저가 소형 자동차 등 사람들의 인구통계적인 특성에 따라 시장을 세분화할 수 있다.

② 심리적 세분화: 소비자의 심리적인 동기, 욕구 등을 파악하여 심리적 특성에 따라 시장을 세분화하는 방법이다. 예를 들어 청바지 구매 동기를 보면, 같은 여성이라도 가정에서 일을 많이 하는 주부는 튼튼하고 질기며 값이 싸기 때문에 청바지를 구입하는 반면, 기혼자라 해도 직장에서 일을 하는 여성들은 패션 스타일을 위해 세

련되고 비싼 청바지를 구입한다. 이런 구매 동기에 따라 같은 기혼 여성이라 해도 분명히 다른 디자인의 다른 품질의 다른 가격의 세분화된 시장이 존재한다.

③ 라이프스타일 세분화: 소비자의 라이프 스타일은 제품에 대한 A&UAttitude & Usage에도 영향을 미친다. 등산과 레저 등 아웃도어Outdoor 활동을 좋아하는 사람은 그렇지 않은 사람보다 자동차를 선택할 때도 세단보다는 SUV를 구입할 확률이 높을 것이다.

④ 지리적 세분화: 대한민국 내에서도 지리적 특성에 따라 각기 다른 시장이 존재할 수 있다. 막걸리는 각 지방마다 다른 특산품을 첨가하면서 세분화되고 차별화된 다양한 제품이 출시되고 있다. 또한 글로벌 시대에 따라 많은 제품들이 해외시장에 진출하고 있지만, 각 국가만의 특성에 맞게 현지화된 브랜드들이 크게 성공하는 경우가 많다. KFC는 중국인들의 입맛에 맞게 잘 적용하여, 중국에서 맥도날드보다 더 크게 성공하고 가장 큰 패스트푸드 체인점으로 자리 잡았다.

## 2) 제품 위주의 세분화

① 제품 속성 중심: 제품이 가지고 있는 기본적인 기능, 형태에 따라 세분화하는 방법으로서, 50인치/90인치 TV, 카메라가 좋은 스마트폰/음향이 좋은 스마트폰, 병맥주/생맥주/흑맥주, 디지털/아날로그 시계 등 다양한 세분화가 가능하다.

② 제품이 제공하는 효익(Benefit) 중심: 제품의 기능이 소비자에게 이해되고 해석되는 효익에 따라서 세분화하는 방법으로, 미백/안티링클/보습/자외선 방지 화장품, 충치방지/냄새제거/잇몸보호 치약, 화장용 티슈/화장실용 휴지 등으로 세분화가 가능하다.

③ 상황 중심: 소비하는 상황에 따라 같은 제품도 다르게 세분화될 수 있다. 식사를 하는 상황이 시간이 없어 빨리 먹어야 할 때, 고객에게 접대를 해야 할 때, 배부르게 든든히 먹고 싶을 때, 다이어트나 건강을 위한 식사를 할 때 등 상황에 따라 음식의 유형이 세분화될 수 있으며, 옷도 TOP~Time, Occasion, Place~ 상황에 따라, 아웃도어/캐주얼/정장 등으로 세분화될 수 있다.

　하지만 시장을 제품 자체로만 차별화해야 한다는 고정관념은 버려야 한다. 시장세분화는 제품, 가격, 서비스 등 다양한 측면에서 이루어질 수 있다. 시장세분화는 결국 기업이 보유하고 있는 자원 배분의 문제이다. 기업은 한정된 자원으로 성공적인 사업을 전개하기 위해 결국 자신이 경쟁적 우위를 차지할 수 있는 시장을 선택하여 자원을 집중할 수밖에 없기 때문이다. 세분화된 시장을 통해 우리는 표적시장~Targeting~을 발견하고, 표적고객에 집중하는 마케팅 전략을 수립할 수 있다. 그러므로 시장세분화는 단순히 상기의 여러 가지 소비자 및 제품 위주의 세분화 방법 중 하나에 국한되는 것이 아니라, 복합적이고 종합적으로 분석하여 전략적 방향에 따라 다양한 각도의 시각으로 병행되어야 할 것이다.

## 3) 시장세분화 방법

시장세분화를 하기 위해선 다시 환경 분석에서 다루었던 3C를 이야기하지 않을 수 없다. 당연히 신제품 기획을 하거나 기존 제품을 리포지셔닝Repositioning을 한다면, 철저한 환경 분석이 선행되었을 것이다.

시장세분화는 마케터의 개인적인 주관 또는 감에 의해 즉흥적으로 이루어져서는 안 된다. 설령 마케터의 통찰력Insight에 의해 세분화가 되었다 해도, 나중에 철저한 조사와 분석이 뒤따르지 않으면 실패로 끝날 확률이 높다. 따라서 시장세분화는 객관적인 자료와 분석에 근거해서, 목표에 부합되는 적절한 규모 이상의 측정이 가능한 시장이어야 하며, 기존과는 다른 차이성이 있고 시장진입이 용이하고 실행이 가능한 시장으로 세분화되어야 할 것이다. 이를 위해 시장세분화는 다음과 같은 단계를 거친다.

① 시장세분화 목적의 명확화

② 시장세분화 기준 선택: 인구통계적, 지리적, 사회경제적, 라이프스타일 특성적, 소비자들의 제품 사용, 구매 패턴, 요구되는 편익Benefit 등

③ 자료의 수집 및 세분시장의 특성 확인

④ 세분시장의 프로파일 작성 및 결과의 해석

이러한 조사 분석은 환경 분석 과정에서 선행되어야 하지만, 그러지

못할 경우에는 STP 과정에서 다시 보다 정교하게 설계되어 진행되어야 할 것이다.

나도 과거 애경산업에서 마리끌레르 브랜드를 출시했을 때, 초기 환경 분석을 FGI만 해서 전반적인 시장세분화와 콘셉트를 수립하였으나, STP 전략을 진행하면서 확신을 갖기 위해 추가로 정량조사인 A&U Test를 통해 소비자의 제품에 대한 태도Attitude와 사용성Usage을 조사함으로써, 타깃을 여대생 집단으로 선정하고 이에 맞는 포지셔닝과 제품 기획을 해서 크게 성공한 적이 있다. 이처럼 시장세분화는 바로 환경 분석과 이어져 있다. 그래서 STP 전략의 제일 앞에 'S', Segmentation이 먼저 나오는 이유이다.

# 표적고객(Targeting)

마케팅 전략에서 핵심문제는 항상 모든 것에 투자할 수가 없고 선택과 집중을 할 수밖에 없다는 것이다. STP 전략을 수립하는 것도 바로 그 이유이다. 자원이 무한대로 있다면 굳이 시장을 세분화해서 작은 표적시장을 선정할 필요도 없을 것이다. 여기저기 유망한 곳에 신제품들을 다 출시를 한다면, 그중 뭐 하나라도 성공할 수 있을 것이다. 다만 실패하는 게 더 많아서 탈이겠지만, 자원이 무한정 많으니 문제될 것도 없다.

그러나 현실은 녹녹치도 않은데 넉넉지도 않다. 그래서 보다 작게 집중Focusing해야 하지만, 이렇게 세분하고 집중해도 성공하기가 쉽지 않다. 그래서 어떤 소비자 집단을 선택해서 집중해야 하는가는 전략의 성공 여부에 매우 지대한 영향을 미칠 수 있는 중요한 일이다.

시장 세분화를 통해 자원을 집중할 시장을 선택하였다면, 다음으로 세분시장에서의 경쟁 우위의 포지셔닝Positioning을 하기 위해, 그 시장 내에서 핵심적인 고객Core Target을 선정해야 하는데, 이를 표적고객 선정, 타깃팅Targeting이라고 한다. 여기서 중요한 것은 현재의 고객이 아닌 비非고객이다. 신제품이든 기존제품이든 포지셔닝을 하는 이유는 비고객,

즉 미래의 잠재고객을 찾아 매출을 극대화하기 위한 것이기 때문이다.

그렇다면 현재 우리 회사의 제품을 이용하지 않고 있는 비고객은 누구일까? 그들은 어디에서 자신에게 필요한 제품을 찾고 있을까?

당연히 현재 나의 비고객은 경쟁사의 고객임에 틀림없다. 그러나 현재 그렇다고 영원히 그런 것은 아닐 것이다. STP 전략은 이렇게 고객에 대한 정의를 내리고, 비고객을 나의 잠재고객으로 선정해야 본격적인 전략수립이 가능해진다. 타깃 고객은 기업이 자신의 마케팅 노력을 특별히 기울여서 유리한 성과를 가져오리라 기대되는 매력적인 고객집단이다. 일반적으로 보다 집중하기 위해 1차 집단, 2차 집단 등으로 나누는데, 영어로 Core Target, Secondary Target이라 칭하며 둘로 나누기도 하고, First Tier, Second Tier, Third Tier라고 칭하며 여러 군으로 나누기도 한다.

| 1차 집단 | 2차 집단 | 3차 집단 |
|---|---|---|
| 곧 고객이 될 비고객, 경쟁사에서 전환 가능한 비고객 | 의식적으로 거부하는 비고객 | 미개척 비고객 |

이렇게 나누는 것은 이 모든 타깃들 중에 가장 중요한 첫 번째 타깃에만 집중하기 위해서다. 세분화된 시장 내에서도 다양한 성향의 소비자가 존재할 수 있고, 기업은 그 모든 사람과 커뮤니케이션하기가 어렵다. 어느 타깃에 집중해야 할지 애매할 때는 '우리의 제품 또는 서비스를 누구에게 이야기해야 하는가'를 생각하면 된다. 마케터가 이 제품을 가장 커뮤니케이션하고 싶은 대상이, 바로 가장 중요한 타깃일 것이다.

이 모든 것은 뒤에 따르는 포지셔닝Positioning과 4P Mix를 하기 위해서
이다. 세분시장의 타깃에 따라 마케팅 믹스 또한 바뀔 것이기 때문이다.
따라서 타깃팅은 회사의 자원이 풍부한가 부족한가, 보유하고 있는 제
품이 다양한가 단순한가, 제품수명주기가 도입기인가 성숙기인가, 시장
이 이질적인가 동질적인가, 경쟁자의 마케팅 전략이 차별적인가 비차별
적인가 등의 다양한 고려요인들에 따라 달라질 수가 있다.

타깃팅은 좀 더 쉽게 말하면 마케팅 커뮤니케이션의 핵심 대상을 선
정하는 일이라고 말할 수 있다. 즉, 핵심고객을 선정함으로써, 그들의
감추어진 욕구Unmet Needs를 파악하여 경쟁적 우위를 강화하는 한편, 기
업이 가지고 있는 브랜드 효익Brand Benefit을 제공하기 위해 끊임없는 커
뮤니케이션을 하는 것이다. 그런 의미에서 타깃팅은 브랜드가 가지고
있는 독특한 개성Brand Personality을 결정짓는 중요한 과정이기도 하다. 따
라서 우리는 타깃팅을 통해 핵심 고객이 가지고 있는 A&UAttitude & Usage
및 깊은 성향을 파악하고 이를 다음과 같은 네 가지 측면에서 브랜드에
반영할 수도 있다.

① Attribute: 제품의 본질적 속성의 발견

② Benefit: 소비자에게 어떤 이익과 장점을 제공하는가?, 경쟁 브랜
  드보다 우수한 기능적, 감성적 기대치는 무엇인가?Functional Benefit &
  Emotional Benefit

③ Value: 소비자에게 제공되는 가치는 무엇인가?

④ Personality: 브랜드를 사람이라고 가정한다면 어떤 사람인가? 인간
적 특성에 투영시킨 브랜드 이미지는 무엇인가?

이와 같은 방법으로 타깃 고객을 정의할 수 있다. 아래의 표는 어느
화장품 회사의 타깃팅 사례이다.

| Factors | Profile |
|---|---|
| 나이/성별/결혼유무 | 20대 후반~ 30대 초반의 미혼 여성 |
| 직업/직종 | 전문직 및 사무직 |
| 소득 수준 | 연봉 3,000만 원 ~ 4,000만 원 수준 |
| 교육 수준 | 대졸 이상 |
| 주거 지역 | 대도시의 APT |
| 개성/의식 수준 | 자신만의 멋과 아름다움 추구 경향이 강하고 환경 및 자연 보호, 여성운동 등에 대한 높은 관심 |
| 쇼핑 및 구매 습관 | 주 1회 정도. 주말이나 야간 시간대에 구매. 대량 구매 |
| 외식 횟수/소비금액 | 월 3회 정도/1회 3~5만 원 |
| 화장품 사용 습관, 견해 | 자신만의 화장 패턴과 브랜드가 있고 자신만의 멋을 추구. 고품질의 고가격 프리미엄 화장품 선호 경향이 강하고 특히 환경이나 자연 등의 개념이 반영된 브랜드 선호 |

# 포지셔닝(Positioning)

STP 전략의 마지막은 가장 중요한 포지셔닝Positioning이다. 포지셔닝이란, 시장세분화(S)를 통해 나눈 시장에서 선택한 표적고객(T)에게, 기업의 브랜드에 대해 긍정적인 이미지를 심어주고 경쟁사 대비 우월적 위치를 점유하게 하여, 브랜드의 이용을 유도하는 전략적 과정이다. 즉, 시장을 거시적으로 세분화했다면, 시장을 어떤 축으로 세분화했느냐에 따라 차별화 방법이 달라질 것이다. 이렇게 세분시장에서 자사와 경쟁사의 범주를 파악하고 경쟁사와 관련된 자신의 목표 위치를 설정해야만 경쟁적 비교우위를 발견하고 핵심적인 이미지를 브랜드로 규명하여 커뮤니케이션을 진행하여 확산시킬 수가 있는 것이다.

잭 트라우트Jack Trout와 알 리스Al Ries가 1972년 〈애드버타이징 에이지〉라는 전문잡지에 '포지셔닝 시대The Positioning Era'라는 시리즈 논문을 게재하면서 포지셔닝이라는 말이 시작되었다가, 이후 논문들을 묶어서 『포지셔닝』이란 책으로 발표하면서 광고산업과 경영계에 큰 영향을 끼치게 되었다. 당시만 해도 경영학이나 마케팅 저서들은 주로 저명한 경제학 교수들의 원칙론적인 것이었기 때문에, 당시 광고회사에서 근무하던 그들의 생생한 경험이 바탕이 된 『포지셔닝』은 신선한 충격이었을 것이다.

하지만 당시 광고에 국한되어 설명되었던 포지셔닝은 학계에서 하나의 학문으로 인정받지를 못했다고 한다. 그러나 마케팅이란 것이 시장을 떠나서 존재할 수 없듯이, 시장 즉, 고객의 마인드를 점령하기 위한 인식의 싸움인 포지셔닝은 이후 모든 마케팅 교과서에서 없어서는 안 될 주요 전략으로 자리를 잡게 되어 아직까지도 활용되고 있다. 그래서 이제부터 잭 트라우트와 알 리스가 공저한『포지셔닝』과『마케팅 불변의 법칙』책을 바탕으로 하되, 책에는 없는 한국 기업의 사례와 나의 마케팅 사례를 추가하여 포지셔닝에 대해 설명해 보겠다.

## 1) 인식의 싸움

잭 트라우트와 알 리스는 포지셔닝에 대해서 다음과 같이 핵심적인 말을 남겼다.

"진실은 무의미하다. 중요한 것은 마인드에 존재하는 인식이다. 포지셔닝 사고방식의 핵심은 인식을 현실로 받아들이고 그러한 인식을 재구성해 원하는 포지션을 창출하는 것이다."

마케팅 전략에서 포지셔닝은 상품에 대해 어떤 행동을 취하는 것이 아니라, 잠재고객의 마인드에 어떤 행동을 가하는 것이다. 즉, 잠재고객의 마인드 속에 브랜드의 가치를 심어주는 것으로서, 반드시 뭔가 다르고 새로운 것을 만드는 것만이 아니라, 이미 마인드에 들어있는 내용을 조작하고, 기존의 연결고리를 다시 엮어주는 행위이기도 하다.

과거와 달리 우리가 속한 환경은 점점 더 복잡해지고 경쟁이 치열해지면서 수많은 기업이 수많은 제품을 쏟아내고 있으며, 제각각 자신의 상품을 알리기 위해 엄청난 광고를 내보내고 있다. 그리하여 우리가 사는 일상은 이제 더 이상 나만의 공간이 아니라, 수많은 브랜드의 노출 속에 파묻혀 있다고 해도 과언이 아니다.

아침에 일어나 신문을 보거나 TV를 틀면 광고가 쏟아지고, 출근길 대중교통을 이용한다면 버스나 지하철을 기다리는 곳에서부터 차 안까지 천정과 벽면의 수많은 광고가 기다리고 있다. 차에서 내려 사무실까지 걸어가는 거리의 가로수와 고층 빌딩의 광고판을 지나, 사무실에 도착하여 PC를 켜고 인터넷에 접속하거나, 스마트폰의 무료 어플을 이용하면 여지없이 광고가 먼저 우리를 맞이한다. 점심시간 음식점에 널려 있는 잡지와 벽면의 달력 속에서, 길거리에 버려진 무가지 신문이나 쓰레기 더미 속에서도 우리는 많은 브랜드에 노출된다. 그리고 간신히 퇴근하여 집에 돌아오면 문간에 꽂힌 전단지가 먼저 우리를 반기고, 식사 후 TV를 보거나 인터넷을 하거나 또는 잠자리에서 SNS를 하더라도 기업의 수많은 브랜드는 밤낮없이 끊임없이 소비자들을 찾아온다.

이렇게 되면 소비자의 마인드는 막대한 물량의 광고공격을 받는 것이다. 그래서 소비자는 혼란스럽다. 수많은 브랜드들이 저마다 잘났다고 떠들어 대는 소란 통에서, 과연 어떤 브랜드를 기억하고, 좋아하고, 구매해야 할지 결정하기가 쉽지 않다. 그래서 혼란스러운 소비자는 모든 것을 기억하고자 하지 않고, 스스로를 극도로 단순화시키게 되었다. 그러다 보니 소비자의 마인드 속 기억의 사다리 속에는 모든 브랜드가 자리를 차지하지 못하게 되고 만 것이다.

"그럼 이렇게 철옹성처럼 견고하게 단순화된 소비자의 마인드 속으로 어떻게 들어갈 수 있을까? 고객의 마인드 속의 고지를 어떻게 점령하여, 마인드의 사다리에 나의 브랜드를 올려놓을 수 있을까?"

그러려면 먼저 고객이 원하는 것이 과연 무엇이고, 어떻게 원하는 것을 만족시켜 줄 수 있는가를 생각해야 한다. 그렇기 때문에 제품이라는 실체에 집중해서는 안 되고, 상대방의 인식에 집중하는 관점의 전환이 되어야 한다. 이미 앞서 콘셉트와 차별화를 위해서 회사가 아닌 소비자 관점The view from the outside과 인식이 중요하다고 했던 것처럼, 브랜드 콘셉트를 포지셔닝하는 일은 소비자의 마인드, 즉 인식의 사다리에 높은 자리를 차지하는 인식의 싸움이라고 할 수 있다.

잭 트라우트와 알 리스는 『마케팅 불변의 법칙』에서, 기억의 법칙과 인식의 법칙을 통해, 시장에 먼저 들어가는 것보다 기억 속에 먼저 들어가는 게 더 중요하며, 마케팅은 제품의 싸움이 아니라 인식의 싸움이라고 했다. 따라서 진실은 무의미하다. 고객의 인식을 리스트럭쳐Restructure 하여 인식을 현실로 수용해서 마인드 속에 자리 잡도록 하는 것이 중요한 것이다.

그 방법으로 단순한 한마디One Word를 지속적으로 커뮤니케이션하여, 소비자의 마인드 속에 깊이 심어 놓는 일을 하는 건데, 이는 알게 모르게 일종의 세뇌를 시키는 작업과도 같다. 극도로 단순화된 소비자의 마인드 속에는 주절주절 많은 내용을 담을 수가 없게 되었기 때문에, 'Volvo=Safety', '네이버=지식검색'과 같은 극도로 단순화한 메시지 하나를 만들어, 지속적으로 반복해야만 고객의 마인드 속에 자리를 잡을 수 있는 것이다. 이렇게 소비자의 마인드를 바로잡아, 브랜드를 콕 집어 기억하여 구매하도록 만드는 일이 바로 포지셔닝이다.

## 2) 최초가 되어라

소비자의 마인드 속에 가장 쉽게 진입하는 방법은 최초가 되는 것이다. 마케팅 불변의 법칙에서 제일 첫 번째로 나오는 선도자의 법칙도, "더 좋은 것이 되는 것보다는 맨 처음 것이 되는 게 낫다"고 하였다.

"인류 최초로 달에 첫발을 디딘 사람은 암스트롱이다. 그러면 두 번째로 간 사람은? 세계 최초로 대서양을 비행기로 횡단한 사람은 린드버그인데 두 번째 사람은? 우리나라 첫 번째 대통령은 이승만인데, 두 번째 대통령은?"

대부분의 사람들이 첫 번째는 기억하지만 그 이후는 잘 기억하지 못한다. 그래서 고객의 기억을 지배하는 브랜드는 가장 좋은 브랜드가 아니라, 맨 먼저 나온 브랜드이다. 하지만 누구나 최초가 되기는 어렵다.

그렇다면 큰 연못 속의 작은 고기가 되는 것보다 작은 연못 속의 큰 고기가 되어야 한다.

앞서 얘기했듯이 많은 이들이 비행기로 대서양을 최초로 횡단한 사람인 린드버그를 알지만, 두 번째 사람은 기억하지 못한다. 그런데 이상하게도 사람들은 세 번째로 대서양을 횡단한 아멜리아 이어하트를 기억한다. 그 이유는 그녀가 대서양을 횡단한 첫 번째 여성 비행사이기 때문이다. 마찬가지로 미국의 첫 번째 대통령인 조지 워싱턴을 기억하고 두 번째를 기억 못 하지만, 16대 대통령인 링컨을 기억하는 이유도, 그가 미국에서 노예를 해방시킨 첫 번째 대통령이기 때문이다. 따라서 고객의 마인드를 점유하기 위해서는 세분화된 시장에서 첫 번째 주인공이 되어야 한다.

그러나 시장에 최초로 나오기만 하면 되는 것이 아니다. 어떤 영역에서든 선도적 브랜드는 거의 대부분이 고객의 기억 속에 맨 처음 자리 잡은 브랜드이기 때문이다. 과거 콜럼버스는 지구가 둥글기 때문에 동쪽으로 계속 가면 인도가 나올 것이라 믿고 동쪽으로 항해를 떠났다. 당시에 유럽에서 귀했던 인도의 풍부한 향신료를 구해오면, 큰돈을 벌 수 있었기 때문이었다. 그러나 그는 엉뚱한 곳에 도착했지만, 그곳을 인도라고 믿었다. 덕분에 그곳에 살고 있던 원주민들은 아직도 인도인(인디언)이라고 불리어지는 해프닝이 벌어졌는데, 그곳은 인도가 아니라 아메리카 신대륙이었다. 그렇기 때문에 콜럼버스는 인도의 향신료를 가져갈 수 없었고, 대신에 황금을 착취하고 원주민들을 잔혹하게 잡아 인디언이라 부르며 노예로 팔아 넘겼다. 당시 서양인들의 마인드 속에 아메리카 원주민들은 인디언이란 브랜드로 맨 처음에 자리 잡혔기 때문에, 수백 년이 흐른 지금도 인디언이란 용어는 쉽게 바뀌지 않고 있다.

하지만 아메리고 베스푸치는 그곳이 인도가 아니라 신대륙임을 발표하였고, 그 이름 없는 신대륙은 결국 그의 이름을 따서 아메리카 대륙이 되었다. 만약 콜럼버스가 그곳이 신대륙임을 알았다면 아메리카 신대륙의 이름은 어쩌면 콜럼비아가 되었을지도 모르겠다. 즉, 첫 번째 발견한 콜럼버스가 아닌, 아메리고 베스푸치가 신대륙임을 대중의 마인드 속에 인식시켰기 때문에, 그곳이 아메리카가 될 수 있었던 것이다.

같은 맥락으로 최초의 컴퓨터는 스페리 랜드Sperry-Rand라 하지만 IBM이 고객의 인식 속에 들어간 최초의 컴퓨터이기 때문에 지금도 IBM은 컴퓨터의 대명사가 되었다.

내가 애경산업에서 마케팅팀장으로 근무했을 때 출시하였던 여드름 화장품 에이솔루션의 경우도 마찬가지였다. 당시엔 이미 동성제약의 AC케어 브랜드가 먼저 출시되어 있었음에도 불구하고, 법적인 문제로 어떠한 홍보 및 광고도 하지 못했던 AC케어는 소비자의 인식 속에 여드름 화장품으로 자리 잡지 못했고, 오히려 뒤에 나온 에이솔루션이 고객의 인식을 점유하여 여드름 화장품의 1등 브랜드가 되었다.

청량음료 하면 코카콜라, 스마트폰 하면 아이폰 등 1등 브랜드의 탄생에는 최초라는 수식어가 따라다닌다. 우리나라의 경우도 최초의 자양강장제인 박카스는 아직도 수많은 아류제품이 나왔어도 흔들림 없이 자리를 지키고 있다. 심지어는 다른 회사 브랜드인 알프스 등을 모두 박카스로 통칭하고 있을 정도이다. 이는 박카스의 최초라는 브랜드 힘 때문이다.

또한 국내 최초의 한방 화장품인 아모레퍼시픽의 설화수는 오랜 기간 국내에서 한방화장품 브랜드의 1등을 지키고 있다. 최근 LG생활건강의 '후'가 황후의 이미지와 함께 고가정책으로 중국에서 성공을 하여 설화수를 앞지르고 있다고 하지만, 최초의 한방 화장품 설화수는 여전히 국내에서 1등을 지키고 있다.

소비자의 기억 속에 최초로 자리 잡은 1등 브랜드는 생활 속에서 하나의 단어가 되어, 대명사 및 동사처럼 사용되기도 한다. 화장지의 1등은 크리넥스 티슈이다. 최초의 화장지인 크리넥스는 이후에도 모든 화장지의 대명사가 되어, 소비자들은 모든 화장지를 구매할 때 크리넥스 달라고 할 정도였다. 같은 사례로 스카치테이프도 있다. 스카치는 브랜드 네임이지만 사람들은 셀로판테이프를 부를 때 그냥 일반명사처럼 스카치테이프라고 부른다. 한국전쟁 이후 미군들이 군용자동차인 지프Jeep를 들여온 이후로, 사륜구동 자동차는 모두 '찝차'로 불린 적도 있으며, 최근 수많은 암호화폐가 출시되었음에도 불구하고, 사람들은 암호화폐를 통칭하여 최초의 암호화폐인 비트코인이라 부르고 있다.

또한 미국에선 인터넷 검색을 '구글Google하다', 복사하다를 '제록스Xerox하다'라고 실제 한 문장의 동사로 사용하고도 있을 정도이다. 그래서 소비자의 인식 속에 가장 빠르고 강력하게 자리 잡을 수 있는 방법은 세분시장에서 최초로 소비자의 기억 속에 자리 잡는 것이다.

## 3) Winner takes it all

포지셔닝의 핵심은 고객의 마인드를 점령하는 것이다. 그런데 이것이 무척 어려운 일이다. 왜냐하면 고객의 마인드에 있는 사다리의 칸 수는 3~7개뿐이 안 되기 때문이다. 즉, 고객의 마인드에는 적게는 3개의 브랜드가 확고하게 자리 잡으며, 그 수가 7개를 넘기기 어렵다. 그래서 우리는 흔히들 한 산업 내에서 Big 3를 발견하게 된다. 국내 이동통신 시장에는 수많은 업체가 난립했었으나 지금은 SK, KTF, LG의 3파전으로 정리되었고, 자동차 시장에는 현대, 기아, 르노삼성이 있으며, 백화점에도 롯데, 신세계, 현대 백화점이 있다.

그러나 최근의 경영환경은 Big 3에서 초우량 1등만이 살아남는 시대로 바뀌고 있다. 결국 3위는 도태되고 1위에게 먹히거나 3위로서의 명목을 유지하기 힘들 정도이다. 마케팅 불변의 법칙 8번째인 '이원성의 법칙'에서도 "장기적으로 볼 때 시장은 두 마리의 말馬만이 달리는 경주가 된다"고 하였다.

마케팅을 장기적으로 관찰해 보면, 싸움은 대체로 두 거인의 각축장으로 된다. 특히 성숙시장에서는 선두를 놓고 각축을 벌이는 1, 2위 간의 경쟁으로, 3위는 자리를 지키기도 힘들다. 과거 국내 가전 3사는 LG, 삼성, 대우였으나, 대우는 사라지고 LG와 삼성의 양파전이 되었으며, 자동차 3사도 현대가 기아를 인수하면서 사실상 1등의 독주나 다름없어졌다. 또한 국내 화장품 시장도 LG생활건강과 아모레퍼시픽 두 회사가 거의 시장을 장악하고 있으며, 세계적인 햄버거 시장의 경우도 1위 맥도널드와 2위 버거킹이란 두 마리 말이 경주하는 싸움이나 다름없다.

그리하여 시간이 지나면 대체로, 선도자가 압도적으로 60%, 2위가 25%, 3위가 6%, 나머지 9%를 군소 브랜드가 '도토리 키재기' 식으로 나누어 갖게 된다고 한다. 스웨덴의 유명 싱어송라이터인 아바ABBA의 노래 'Winner takes it all'처럼 21세기는 수확체증의 법칙, 즉 승자 독식의 시대로 변해가고 있기 때문에, 월등한 1위와 다소 부족한 2위의 기업이 시장을 좌지우지하게 되는 것이다. 그래서 만약 불안한 3위 기업이라면, 한시 바삐 새롭게 수익을 창출할 수 있는 분야를 개척해 두어야 한다. 시간이 지남에 따라 고객들은 선도적 브랜드를 집중 선호하는 경향이 있기 때문이다.

  이런 상황은 복잡하고 다양한 환경 변수와 기업의 전략에 의해 나타나는 일이지만, 포지셔닝적으로 본다면 바로 고객의 마인드 속 사다리의 어느 위치에 자리 잡는가에 따라 미치는 영향이라고도 할 수 있다. 그래서 1위가 아니라면 2위의 전략을 펼쳐야 한다. 스스로를 2위로 인정하고, 1위와는 다른 반대의 길을 가야 한다. 그것은 콘셉트 개발에서 이야기했듯이 경쟁자를 봐야 독보적인 콘셉트가 나오는 원리와 같다.

  7up은 Uncola 캠페인을 통해 콜라와 달리 카페인이 없는 탄산음료로 포지셔닝하여 성공하였고, 버거킹은 맥도널드의 균일한 품질과 맛이라는 것과는 정반대로 대응하여, 'Have it your ways(당신이 원하는 방법으로 먹으세요)'라는 캠페인과 함께, 맥도널드보다 더 크고, 그릴에 직접 구워 건강에도 나쁘지 않은 '웰빙'으로 포지셔닝하여 업계 2위를 차지하였다. 또한 스포츠 용품 시장의 1위였다가 나이키에게 자리를 내주고 극심한 경영난에 빠져 큰 어려움에 처했던 아디다스도 자신들이 다시 1위가 아닌 2위임을 자각하고 스포츠 세계의 비주류인 여성복서, 패배자, 장애인 선수들에게 초점을 돌려 'Impossible is nothing(불가능, 그것은 아무것도 아니다)'라는 캠페인을 통해 2위의 자리를 굳건히 지키며 경영을 회복할 수 있었다.

  1등에겐 1등만의 전략이 있듯이 2등에겐 2등만의 전략이 있으며, 2등보다도 못한 후발주자Follower들에게도 또 그들만의 전략이 따로 있음을 명심해야 한다. 1등의 전략을 보고 이를 무조건적으로 따라 한다면, 분명 낭패를 당할 위험이 클 것이다.

## 4) 리더의 포지셔닝

일등 브랜드Leader는 후발주자Follower들과의 경쟁에서 지거나, 자기 자신과의 경쟁에서 지는 두 가지 경우에 의해 몰락의 길을 걷게 된다. 그러나 어느 경우이든 리더가 몰락을 하는 경우는 자신의 위치에서 적합하지 않은 전략을 추구하였기 때문이다. 대부분 일등에서 무너져 내린 브랜드들의 경우는 스스로 너무 안주하거나, 오만하여 오판하고 자신의 정체성을 잃어버린 경우가 허다하다.

코카콜라도 자신의 정체성을 잃고 펩시콜라를 따라 하다 큰 실패를 겪은 바가 있다. 코카콜라는 펩시 챌린지에 참가한 대부분의 사람들이 더 달콤한 펩시 맛을 좋아한다는 사실에 점차 두려움을 느끼기 시작하여, 코크의 맛을 달게 만들어야 한다고 생각했다. 코카콜라는 두려웠다. 급성장하는 탄산음료 시장에서 펩시가 새로운 소비자들을 매혹시키고 있었기 때문이다. 그래서 코카콜라는 새로운 제조법을 논의하기 시작했고, 무려 400만 달러, 20만 회의 블라인드 테스트를 거쳐 새로운 맛의 '뉴코크New Coke'를 개발했다. 이 대규모의 뉴코크 시음 테스트 결과, 사람들은 기존 코크보다 더 맛이 좋을 뿐만 아니라, 펩시보다도 더 좋다고 하였다.

코카콜라는 기존의 코크가 진열되어 있던 자리에 뉴코크를 배치하기 시작했다. 그러자 많은 미국인들이 격렬히 반발했다. 뉴코크 출시 이후, 원조 코카콜라를 더 이상 구할 수 없다는 사실에 사람들의 분노는 높아만 가서, 뉴코크는 50만 회의 컴플레인을 받으며 매출은 매우 저조하였다. 코카콜라는 결국 기존의 브랜드와 제조법을 다시 부활시키는 것 외에는 다른 선택의 여지가 없음을 깨달았다. 분명히 엄청난 비용과 시간을 투자하여 소비자조사를 실시했음에도 불구하고, 사람들이 원조 코카콜라에 대해 가지고 있던 변치 않는 깊은 감성의 연결고리를 측정하거나 밝힐 수는 없었던 것이다. 비록 실패를 겪었지만, 클래식 콜라로 전략을 변경하면서 오히려 관심이 폭발하며 코카콜라는 뉴코크 개발비에 맞먹는 홍보효과를 누렸다고 한다. 그러나 코카콜라가 빠르게 원래의 정체성으로 돌아오지 않았다면, 지금의 코카콜라의 명성은 사라지고 없어졌을지도 모른다.

코카콜라는 제품 그 자체보다 훨씬 더 중요한 것이 있다는 것을 배웠다. 대다수의 테스트는 눈이 가려짐과 동시에 코카콜라 브랜드도 감춰졌던 것이다. 그렇지만 코카콜라가 다시 기존의 코크를 '클래식 코크Classic Coke'라 부르며 재발매하자, 매스컴은 다시 코크의 편으로 돌아왔다. 오히려 뉴코크의 브랜드 실패로 인해 원조 코크에 대한 충성심은 더욱 깊어진 계기가 된 것이다.

따라서 우리는 과거 펩시의 사례를 답습하여 더 큰 실패를 한 코카콜라를 통해, 우수한 품질(맛)이 반드시 좋은 것만은 아니라는 걸 알 수가 있다. 생산자의 입장에서는 좋은 품질이면 다 될 것 같아 보이지만, 중요한 것은 소비자들의 관점에서 그들이 어떻게 브랜드에 대해 인식하는가에 집중해야 한다. 소비자 리서치를 했다고 소비자의 관점을 얻는 것은 아니다. 그 방향이 진정 소비자의 관점을 추구하는 것인지, 아니면 생산자의 관점을 억지로 소비자의 관점처럼 짜 맞춘 것인지를 분명 구별해야 할 것이다.

코카콜라 사례에서 알 수 있듯이, 마케팅에서 시장의 리더는 고객의 마인드 속에 처음으로 자리 잡는 것이 중요하며, 그 다음엔 리더만이 할 수 있는 다음과 같은 전략을 흔들리지 않고 꾸준히 지속하는 것이 중요하다.

### ① 되풀이하여 상기시키기

1위의 포지션을 지키기 위한 기본적인 요소는 고유의 콘셉트를 유지하며 브랜드를 강화하는 것이다. 코카콜라는 '오직 진정 그것뿐The Real Thing'이라는 캠페인을 끊임없이 반복하여 1위의 자리를 지켜나갔다. 그러나 나중에 New Coke를 내고 Coke Classic으로 다시 돌아가는 과정에 The Real Thing은 무너졌고, 상당부분 점유율을 빼앗기고 말았다.

'Just Do It - 나이키', '나는 소중하니까요I'm worth it - 로레알', 모든 PC마다 붙어 있는 'Intel inside', 전자제품 살 땐 '하이마트로 가요~', '침대는 과학입니다 - 에이스침대', '고향의 맛 - 다시다', '세계를 휩

쓴 에어컨 - 휘센' 등, 세월이 지나도 변함없이 지속적으로 나오는 One Word는 리더가 지켜야 하는 중요한 포지셔닝 전략이다.

### ② 모든 가능성에 대응하기

리더는 어떤 새로운 유망한 징조가 보일 때마다, 재빨리 채택해야 한다. 복사기 분야의 리더였던 3M이나 코닥은 칼슨이 개발한 지금의 건조복사 특허를 무시한 반면, 제록스는 이를 획득하여 거대 기업으로 성장하였다. 또한 페이스북은 자신의 최대 경쟁자가 될 것 같았던 인스타그램을 인수하여 SNS의 승자가 되었으며, 구글은 스마트폰의 표준이 된 안드로이드를 인수하여, 온라인 검색뿐만 아니라 모바일에서도 1등이 되었다.

마이크로소프트 빌 게이츠 또한 남의 기술을 뺏어오기로 유명하다. 첫 단추였던 MS-DOS는 이미 IBM 전용 PC를 위해 만들어진 것이었지만, MS가 재빨리 모든 PC에 표준화하여 PC 운영체제의 1등이 되었고, 마우스를 사용하여 아이콘을 클릭하는 방식인 GUIGraphic User Interface운영체제인 윈도우즈Windows는 애플의 매킨토시에서 먼저 시작한 것을 일반 PC에 맞게 도입한 것이다. 인터넷 브라우저인 익스플로러Explorer의 경우도 초창기 인터넷 브라우저의 1등이었던 넷스케이프Netscape를 극복하기 위하여, 윈도우즈에 번들로 끼워서 무료로 제공하였기 때문에 지금의 자리를 차지하고 있는 것이다. 그 바람에 MS는 누구도 넘볼 수 없는 독과점 공룡이 되었다. 이것이 1등만이 할 수 있는 전략이다.

### ③ 상품에서 생기는 위력

선두 업체는 막강한 조직력으로 1위가 된 것이라 착각에 빠지는 경향이 있다. 그러나 1위의 힘은 조직력에서 생기는 것이 아니라, 상품의 힘(고객 마인드 속 포지션)에서 생기는 것이다. 상품의 힘이 그 조직의 힘을 만들어내는 원동력이다. 하지만 1위 기업은 이를 잊고 기업의 힘을 과신하는 경우가 있다.

삼성은 조직의 힘만 믿고 자동차 사업에 들어갔다가 실패하여, 지금은 프랑스 다국적기업인 르노에게 인수되어 르노삼성이 되었다. 삼성조직은 무엇을 해도 다 성공할 것이라는 건 착각인 것이다. 미국에서 복사기의 1등인 제록스도 PC 시장에 들어갔다가 크게 실패하고 철수하였다. 중요한 것은 상품과 고객의 인식 속 포지션이다. 이것이 1등을 만드는 원동력이다.

### ④ 신속하게 반응하기

리더가 경쟁자의 움직임에 신속하게 대응하는 한, 리더의 위치는 바뀌지 않는다. 진통제 시장에서 BMS(브리스톨-마이어스)의 데이트릴이 저가 공세를 하려고 하자, 그 전에 존슨&존슨은 타이레놀 가격을 먼저 인하하여 시장을 방어하였다. 최초의 김치냉장고로서 시장의 선도자였던 대유위니아의 딤채는 대기업인 삼성과 LG가 후발주자로 진입하였어도 약 10년간 1위의 자리를 지켜낼 수 있었지만, 결국 대기업의 물량공세를 이기지 못하고 시장을 내주고 말았다.

이처럼 신제품, 가격, 프로모션 등에서 월등한 우위를 차지하는 리더 기업은 후발주자가 나타나기 전에, 또는 나타났어도 빠르게 물량공세로 대응하여 후발주자를 이길 수가 있다.

⑤ 멀티 브랜드로 대응하기

제품별 하나의 브랜드를 매치하는 Single Position 전략은 막대한 자금력이 있는 1위만이 할 수 있는 전략이다. P&G는 아이보리(비누), 타이드(세탁세제), 조이(주방세제), 헤드&숄더(샴푸), 크레스트(치약), 펨퍼스(기저귀) 등 제품의 종류와 특성에 따라 브랜드를 달리하고 있으며, 각기 다른 마케팅전략에 따라 엄청난 자금을 쏟아붓고 있다.

⑥ 광범위한 이름으로 대응하기

우리나라 삼성, LG, SK, 현대 등의 대기업처럼 광범위하게 기업 이름CI을 브랜드 이름BI처럼 사용하는 경우는 드물 것이다. 유명한 기업의 이름이라는 후광효과Halo Effect는 신제품이나 신사업 등, 다른 세부 분야를 소비자가 평가하는 데에도 긍정적인 영향을 미치기 때문에, 초기 정착에 성공적일 수가 있다. 이는 브랜드 레버리지 전략과 일맥상통한다. 즉, 브랜드 레버리지는 기존의 브랜드 가치를 활용하여 새로운 사업 기회로 확대시키는 것이다. 이때 하나의 브랜드 가치를 증대시키기 위해 집중된 브랜드를 사용할 것인가, 아니면 다른 영역으로 브랜드를 확대 사용할 것인가는 브랜드 가치와 전략을 결정하는 매우 중요한 요소로서, 신중히 선택하여야 한다. 그러나 대부분 성공한 리더 기업들은 CI 또는 일등 브랜드를 여러 산업분야에서 공동으로 사용하여 새로운 분야에서도 강한 리더십을 발휘하고 있다.

5) 후발주자(Follower)의 포지셔닝

새로운 시장에 맨 먼저 진입하는 선도자가 확실한 경쟁 우위를 누릴 수 있는 것은 당연하다. 지금도 리더는 시장을 달리는 가장 앞선 경주마로 소비자의 마인드 속에 존재하고 있다. 그렇기 때문에 리더는 무척 힘들기도 하다. 수많은 어려움과 시행착오를 극복하고 새로운 시장을 창출해서 리더가 되면, 새로운 경쟁자들이 나타난다. 다른 차별화로 무장하여 리더의 시장 구석구석을 갉아먹는 경쟁자들로부터 시장을 모두 방어하긴 쉽지 않다. 할 수 없이 한쪽 구석이라도 조금 내주어야 하지만, 자칫 방심했다간 시장의 절반 이상을 빼앗길 수도 있다.

그러나 대부분의 후발주자들은 차별화된 콘셉트의 개발보다는 리더를 모방하며 더 값이 싸고 좋은 품질을 제공한다는 미명하에 품질향상에 귀중한 시간을 낭비하고 있다. 소비자는 돈을 지불하고 제품을 구매할 때, 단순하게 그 제품만을 구매하고 싶어 하지 않는다는 사실을 모르기 때문이다.

1963년 동아제약이 출시한 박카스는 수십 년 동안 자양강장제 건강음료 시장을 독점하는 꿀맛을 누리고 있다. 그동안 박카스와 비슷한 수많은 후발주자들이 나타났지만, 디자인마저도 너무도 비슷한 아류작들은 선도자의 독보적인 지위를 찬탈하기엔 역부족이었다. 비차별적인 미투Me-Too 제품으론 박카스의 브랜드 파워를 이길 수 없었기 때문이다.

제품의 특성이 아주 특별하거나 디자인이나 성능이 우수한 것이 아닌 이상, 최근 대부분의 제품들은 기술력이나 품질 면에서 대동소이해졌다. 그만큼 제품의 기능과 성능 또는 제품의 역할에 100% 충실해야 함은 당연한 이야기가 된 지 오래되었다. 소비자가 제품을 구매할 때는 기본적으로 제품에 대한 신뢰를 바탕으로 행동을 옮기게 되는데, 인지도, 신뢰도 등 무엇 하나 리더에 비해 우월하지 못한 후발주자는 어떻게 리더 그룹을 이겨낼 수 있을까?

2001년 광동제약은 박카스와는 완전히 다른 '마시는 비타민C'라는 콘셉트로 비타500을 출시하여, 자양강장제 건강음료가 아닌 새로운 비타민 건강음료 시장을 열었다. 그 결과 비타500은 2005년 4월, 42년 동안 국내·외에 사랑을 받아온 박카스를 매출 107억 원으로 누르면서 월 건강음료 매출 1위를 달성하는 기염을 토하기도 했다. 그러나 깜짝 놀란 박카스는 2005년 이후 다시 비타 500과 격차를 벌리기 시작해 2015년에는 매출 2천억을 돌파하며 꾸준히 성장하고 있다. 반면 비타500은 2014년 1천억을 돌파한 이후 2017년 1057억 원으로 매출이 더 이상 증가하지는 못하고 있다. 비타500의 성공 이후, 역시나 비타700, 비타1500 등 수많은 후발주자들이 속속 나타났기 때문이다. 그러나 비타500을 그대로 따라 한 브랜드들은 오래 못 가고 시장의 1위 자리는 여전히 매출액 1천억 원대의 비타500이 차지하고 있다.

따라서 후발주자들은 항상 리더와 다르게 뒤집어 생각하고, 흐름에 역행하는 능력이 필요하다. 공든 탑은 쉽사리 무너지지 않지만, 그 옛날 번영했던 로마제국도 급속하게 멸망의 길을 걸었고, 코닥, 노키아 등 시장의 리더가 수성에 실패하는 경우를 우리는 종종 볼 수가 있다.

우리나라에서도 하이트맥주는 OB맥주가 페놀 사건을 일으켰을 때 완전히 반대되는 깨끗한 천연 암반수란 콘셉트로 맥주시장의 1위를 차지한 바가 있다. 당시 OB맥주는 국내 맥주시장에서 독과점적인 점유율을 차지하고 있는 압도적 1위였으나, 하이트맥주가 리더의 약점이 발견되었을 때 정곡을 찌르는 전략적 침투를 하여 1위 자리를 차지할 수 있었다. 지금은 비록 하이트가 카스에게 1위의 자리를 내주었지만, 지금도 여전히 물이 다른 신선한 맥주의 콘셉트를 유지하며 2위를 지키고 있으며, 최근에는 새롭게 차별화된 콘셉트의 테라맥주를 출시하여 시장에 돌풍을 일으키고 있다. 이 점에서 하이트맥주사는 리더로서 지속적인 콘셉트의 유지와 후발주자로서 새로운 콘셉트로 시장을 침투하는 포지셔닝 전략을 매우 적절하게 행하고 있음을 알 수 있다.

후발주자가 소비자의 마인드 속 가장 좋은 자리에 포지셔닝 되어있는 리더와 싸움에서 이기기 위해서는, 먼저 고슴도치의 가시 같은 자신만의 무기로 무장해야 한다. 그리고 이미 덩치가 커진 대기업의 사업구조 안에서 비교적 연약한 부분을 찾아, 1등이라서 하지 못하는 다음과 같은 빈틈을 뚫고 침투해야만 한다.

### ① 크기의 빈틈

폭스바겐은 중대형차가 자리 잡고 있는 미국에서 "Think Small"이란 캠페인을 통해 크기의 빈틈을 찾아 소형차인 비틀Beatle로 성공했으며, LG 노트북 PC 그램Gram은 1kg이 나가지 않는 가벼운 무게로 이동성이 중요한 노트북 PC시장에서 중량의 빈틈을 찾아 크게 성공하였다. 반대로 뚱뚱하거나 키 큰 사람들을 위한 빅 사이즈 전문의류 쇼핑몰도 크기의 빈틈을 찾아 성공한 사례라 볼 수 있다.

### ② 고가의 빈틈

샤넬과 에르메스는 명품 브랜드 중에서도 초고가로 포지셔닝하여 최고급 시장에 자리 잡았고, LG생활건강의 화장품 후Fu 브랜드는 고가의 황후 이미지를 형성하여 중국시장에서 크게 성공하였으며, 애경산업의 케라시스 샴푸도 출시 당시 가장 비싼 가격으로 책정하여 고급이미지로 성공하였다. 고가전략에는 반드시 기술, 품질, 디자인 등의 고객에게 제공되는 가치가 경쟁사보다 앞서야 한다. 그러나 금방 후발주자들이 따라오고 제품이 표준화되면 고가전략을 계속 유지하기 쉽지는 않다. 그래서 특히 우월적 기술을 가진 선도자의 경우는 스키밍 가격전략Skimming Pricing Strategy을 활용하는 경우가 많다.

이는 시장에 신제품을 선보일 때 고가로 출시한 후 점차적으로 가격을 낮추는 전략으로, 브랜드 충성도가 높거나 제품의 차별점이 확실할 때 사용한다. 저가의 대체품들이 출시되기 전에 발 빠르게 초기 투자금을 회수하고 나서, 경쟁자들이 나타나면 가격을 내려 소비자층을 확대하는 식으로 매출과 이익을 극대화하는 것이다. 대표적인 예로 삼성전자가 새로운 모델의 핸드폰을 출고할 때 처음에는 높은 가격을 책정하였다가 점차적으로 가격을 인하하는 정책을 하고 있으며, 과거 컴퓨터 CPU 시장의 경쟁이 치열했을 때, 인텔이 경쟁사인 AMD, Cyrix에 대해 주로 했던 전형적인 전략이었다.

### ③ 저가의 빈틈

사우스웨스트 항공, 월마트(한국 이마트), 미샤 화장품, 샤오미 등은 남들과 다른 원가 경쟁력과 유통마진 축소를 통해 새로운 저가시장을 개척했다. 그들은 저품질의 싸구려 제품이 아니라, 가성비가 좋으면서도 차별화된 제품과 서비스를 제공하여 가격경쟁력의 빈틈을 파고들어 성공하였다.

### ④ 인구통계적 빈틈

성별(여성용 담배 버지니아슬림, 남성용 색조화장품), 연령(노인용 기저귀, 달콤한 어린이용 치약, 유아용 건강식품), 시간(새벽배송 마켓컬리) 등, 인구통계적으로 시장을 세분화하여 시장에 존재하지 않았던 빈틈을 찾아 새로운 시장에 진입할 수가 있다.

⑤ 공장의 함정

　빈틈의 오류 중 하나는 소비자 마인드가 아니라 공장에서 찾으려 하는 것이다. 월스트리트 저널은 주 5일 발행되므로, 이를 메우기 위한 주간지로 "옵저버Observer"를 발행하였으나, 주간지 시장에는 이미 "타임Time"과 "뉴스위크Newsweek"가 고객의 마인드를 차지하고 있어 실패를 하였다. 이미 가지고 있는 조직력이나 공장의 효율성만을 생각해서 만드는 제품은 성공할 수가 없다.

⑥ 기술의 함정

연구소에서 위대한 기술혁신이 성취된다 해도 고객 마인드에서 받아들일 빈틈이 없다면, 실패할 수밖에 없다. 프로스트Dry White Whisky는 하얀 위스키를 표방하였지만 이미 하얀색 주류에는 보드카, 진 등의 값싼 술들이 소비자의 인식을 차지하고 있었으며, 노란색의 고급스런 풍미가 있는 위스키에 대한 인식을 바꾸지 못해 실패했다. LG생명과학의 항생제 팩티브는 너무도 뛰어난 효과 때문에 3차 처방 항생제로 밀려나면서, 그 뛰어난 효능만큼 시장에서 받아들여지지가 않았다.

### ⑦ 모두에게 호소하는 함정

시장에서 작지만 구체적으로 고객을 타깃팅해야 한다. 설령 그 때문에 다른 고객을 잃는 한이 있다 하더라도…. 그러기 위해서는 누구에게 호소하기 위해 노력해야 하는가를 자문하지 말고, 누가 우리 브랜드를 써서는 안 되는가를 자문하는 것도 방법이다.

펩시는 젊은 층으로 타깃을 한정하면서부터 성공할 수가 있었으며, 더마화장품 시장을 개척한 닥터자르트는 민감성 화장품 시카페어라인으로 민감한 피부에만 집중하였지만, 자신의 피부가 민감하다고 생각하는 대다수의 여성에게 어필되어 크게 성공하며, 국내 화장품시장에 시카 열풍을 일으켰다.

### ⑧ 패스트 세컨드(Fast Second) 전략

2위 브랜드가 할 수 있는 좋은 전략 중에는 '패스트 세컨드Fast Second' 전략도 있다. 즉, 재빠른 2등 전략이다. 영원한 2등이 아니라, 1등이 하는 걸 보고 빠르게 시장을 지배하여 1등이 되려는 전략이다.

패스트 세컨드 전략은 이미 1등이 해놓은 것을 집중 분석하여 그들이 시행착오로 낭비한 시간과 비용을 절감하고, 마치 답안지를 보며 시험 치르는 것처럼 빠르게 문제를 해결하여 1위 브랜드를 극복해 내는 것이다. 그러나 남의 답을 그대로 베껴서는 절대로 1등을 뛰어넘을 수가 없다. 자기다움이 있는 차별화로 무장한 2등이 되어, 1등이 가지고 있던 문제점들을 빠르게 해결하고 소비자를 만족시켜, 시장을 확산해 나가는 것이 바로 재빠른 2등 전략이다.

한국의 화장품 시장에서 초저가 화장품으로 원 브랜드샵 시장을 개척한 미샤를 보고, 재빠른 2등 전략을 구사한 더페이스샵은 미샤와는 차별화된 자연주의를 표방하며 결국 미샤를 뛰어넘었으며, 또한 후발주자인 이니스프리도 청정지역 제주도 콘셉트로 차별화하여 1위를 차지하였다.

『포지셔닝』의 공저자인 잭 트라우트는 2008년 한국에 방문했을 때, 조선일보와의 인터뷰에서 다음과 같은 말을 남겼다.

"고객의 마음속은 전쟁터입니다. 이 전쟁터에서 차별화하지 못하면 패배합니다. 그게 포지셔닝Positioning입니다. 제품이나 브랜드 아이디어가 '못'이라면 차별화 마케팅은 '망치'입니다. 못이 아무리 좋아도 고객의 마음에 망치로 밀어 넣지 못하면 아무 소용없죠. 마음속에, 뇌리 속에 파고들려면 메시지를 날카롭게 갈아야 합니다. 날카로우려면 애매하거나 불필요한 것은 빼고 단순해야 합니다. 차별화해야 합니다. 안타깝게도, 지금은 차별화하지 못하면 경쟁자에게 바로 밀려나는 시대입니다. 더욱 안타깝게도, 한번 밀려나면 그 자리로 돌아가는 것은 거의 불가능해요."

수십 년이 지난 지금, 포지셔닝은 마케팅에서 누구나 아는 보편화된 말이 되었지만, 중요한 건 그 쉬운 것을 누구나 지키지 못하고 있다는 것이다. 기업들은 여전히 너무도 당연하게도 고객 중심이 아닌 제품 위주, 기술 위주, 기업의 내부 환경 위주로 마케팅을 하고 있으면서, 그런 사실조차 깨우치지 못하고 있는 게 현실이다. 그런 기업들은 고객 마인드 속 깊은 수렁에서 헤어나지를 못하고 방황하고 실패하기를 반복한다. 따라서 기업은 스스로가 고객에 대해 잘 모르고 있다는 것을 깨우치고, 고객을 연구하기 위해 더욱 시간과 노력을 투자해야 한다. 그것이 바로 고객 마인드를 점유하기 위한 포지셔닝의 시발점이다.

특히 좋은 제품만 만들면 잘 팔릴 것이라는 착각 속에서, 마케팅을 단순히 광고나 판촉만 잘하면 된다는 식의 전술적인 수단으로만 간주하는 회사들은, 전형적인 기업중심의 사고방식을 벗어버리지 못하고, 내부적인 문제로 스스로 안주하고 방심했다가 결국 역사의 뒤안길로 사라졌다.

예를 들어 코닥은 디지털 카메라 기술을 개발했음에도 불구하고, 1위를 달리고 있던 필름 사업에 저해될까 봐 디지털 카메라 기술을 사장시키는 바람에 망하였으며, 2G 핸드폰 1위였던 노키아도 마찬가지로 이미 개발되었던 스마트폰 기술을 상용화하지 않아 자취를 감추었다. 또한 미국 비디오 대여점 시장의 1위였던 블록버스터도 온라인 스트리밍 시장을 무시하여 넷플릭스Netflix에게 1위의 자리를 내주고 시장에서 사라졌다.

마케팅은 고객에서 시작해서 고객으로 끝난다. 따라서 그 시작점인 제품의 연구개발 초기단계에서부터 고객의 마인드 속 인식의 싸움에 들어가려는 콘셉트부터 마케팅은 시작되어야 한다. 내가 마케팅 강의 시간에 항상 하는 질문이 있다.

"요즘 디지털 마케팅이 대세인데, 이처럼 온라인 프로모션만 하는 사람들도 마케터일까요?"

그들도 마케터가 맞다. 하지만 그들이 하는 일은 마케팅의 극히 일부분이기 때문에, 진정한 마케터라고 하기는 어렵다. 그들은 현재 대세인 디지털 마케팅이 마케팅의 전부인 줄 착각하고 있는 게 문제이다. 그래서 더욱 폭넓게 마케팅을 공부할 필요가 있다. 효과적인 프로모션 또한 고객의 인식에서 브랜드의 가치로 다가가야 하기 때문에, 이는 궁극적으로는 상품의 콘셉트가 고객의 인식 속에 파고들 수 있는 총체적인 마케팅을 이해해야만 가능하다. 고객의 마인드를 점유하지 못하는 상품으로 무조건 광고, 판촉으로 푸시Push한다면, 매출은 오래가지 못할 것이다. 말로는 고객감동에서 고객졸도까지를 외치지만, 통상적인 탁상머리 행정 식의 기업경영은 고객의 입장에서 보면 이로운 것이 될 수가 없다.

마케팅은 어떤 룰Rule이나 수학 공식처럼 딱 떨어지는 분야도, 정답이 존재하는 분야도 아니다. 이것은 어떤 원칙이나 결론에도 당연히 예외가 존재한다는 뜻이기에 지금까지의 포지셔닝의 사례들이 마케팅 전략에서의 정답이 아닐 수도 있다. 다만 여기에서 제시한 다양한 사례들을 통해 각자가 처한 환경과 조건들을 잘 파악하는 통찰력과 함께, 고객관점의 전략적 마케팅 마인드를 가지고 있다면, 누구나 각자의 마케팅 목표를 달성할 수 있을 것이다.


## 6) 포지셔닝 맵(Positioning Map)

포지셔닝은 말 그대로 포지션Position을~ing 하는 일이다. 즉, 고객의 마인드에 나의 브랜드를 다른 경쟁사 브랜드보다 더욱 경쟁적인 위치로 자리 잡게 만드는 작업이라고 수도 없이 말했다. 그런데 '위치'라는 말은 상당히 지리적인 말인데, 소비자 마인드 속 위치는 너무나 막연해서 찾아가기가 쉽지가 않다. 그래서 어떤 장소와 위치를 쉽게 찾아가기 위해 내비게이션을 이용하여 지도를 보고 찾아갈 수 있는 것처럼, 소비자 마인드 속의 위치도 지도가 필요하다. 그것이 바로 포지셔닝 맵Positioning Map이다.

포지셔닝 맵은 전략을 수립할 때, 서로 관련이 있는 경쟁 브랜드들이 시장 내에서 차지하는 위치를 표시하여, 해당 브랜드의 차별적인 위치를 쉽고 간단하게 모식화해서 한눈에 뚜렷하게 볼 수 있도록 만드는 지도Map이다.

영업에서도 매출실적을 그래프로 그려서 벽에 붙이고 매일 보게 하면, 영업사원들이 각자 매출실적의 현주소를 쉽게 알아보고 더욱 분발하게 되듯이, 고객의 마인드 속에 나의 브랜드가 경쟁사 브랜드들과 비교해서 어느 위치에 자리 잡아야 할지를 글보다는 이미지를 통해 지도로 표현한다면, 더욱 뚜렷하고 이해하기 쉽게 포지셔닝을 설명할 수가 있을 것이다. 이처럼 포지셔닝 맵이란 브랜드에 대한 소비자의 인식을

2차원 또는 3차원의 그래프로 표현하는 것으로, 경쟁사 브랜드에 대한 현재의 위치대비 앞으로 출시할 신 브랜드의 차별적 위치를 결정하거나, 기존 브랜드의 경우에도 리포지셔닝Repositioning을 위한 새로운 돌파구의 마련을 위해서도 반드시 필요한 과정이다.

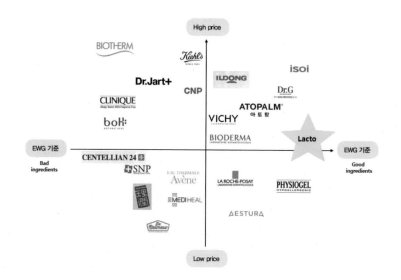

포지셔닝 맵의 작성에서 가장 중요한 것은 변수의 결정이다. 가격의 고저, 브랜드 이미지, 제품의 기능 등, 이미 환경 분석을 통해 조사된 소비자들이 중요하게 생각하는 경쟁 브랜드들과의 차이점들 및 주요 속성들을 놓고, 경쟁사 대비 자사 브랜드의 차별점 측면에서 다양한 각도의 여러 가지 차원에서 맵을 여러 개 그려보는 것이 필요하다. 이때 고려해야 할 점은 변수의 한 축을 기업의 입장에서 놓고, 다른 하나는 소비자의 입장에서 제시하는 것이다. 만약 가로축이 기업의 입장에서 어필하는 포지션이라면, 세로축은 소비자의 입장에서 고려하는 내용이어야 한다.

예를 들어, 아래의 예는 LG생활건강에서 닥터 브랜드를 출시하기 위해 만들었던 포지셔닝 맵인데, 아무래도 의학적 콘셉트의 브랜드였기 때문에, 경쟁사의 자연주의적 제품에 대비해 가로축을 과학적인 기술에 포커스를 맞춰서 기업이 소비자들에게 중요하게 커뮤니케이션을 하고자 하는 부분을 설정하였고, 세로축을 소비자 입장에서 지불해야 하는 가격으로 설정해서 포지셔닝 맵을 그렸다. 그리하여 과학적 측면에서 가로축 끝에 놓이며, 가격도 높아서 좌축 상단 구석에 위치하는 포지션을 창출하였다. 이것으로 포지셔닝 의사결정이 되었다면, 다음으론 이에 맞는 제품을 개발하면 된다.

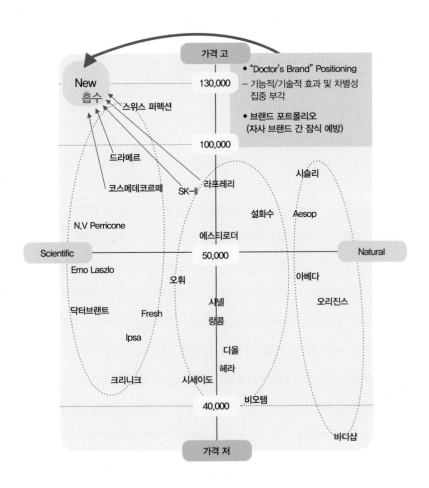

# 4P 믹스Mix

# 5

Product(제품/상품)

Price(가격)

Place(유통)

Promotion(촉진)

차별화된 콘셉트Concept란 말 그대로 콘셉트, 즉 개념일 뿐이다. 콘셉트가 콘셉트로만 머문다면 그저 재미있는 옛날이야기로 끝나고 말 것이다. 스토리에 큰 힘이 있다고 하지만, 그 스토리가 현실이 될 때야 비로소 폭발적인 힘이 될 수가 있는 것처럼, 콘셉트란 스토리는 4P Mix로 현실화됨으로써 진정으로 차별화된 힘을 가지게 된다. 그렇다면, 이젠 실행만이 남았다. 소비자가 제품을 구입할 수 있도록 포지셔닝에 맞는 제품을 만들어 적정한 가격을 정하고, 프로모션을 통해 소비자에게 알리고 쉽게 구입할 수 있도록 유통에 제품을 배치해야 한다.

이 모든 계획을 묶어서 마케팅 4P Mix라고 한다. 즉 Product(제품), Price(가격), Promotion(프로모션), Place(유통)의 4가지 이니셜 'P'들을 맛있는 비빔밥처럼 잘 비벼Mix 먹으면

된다. 그런데 4P 중 어느 것 하나만 잘한다고 성공하기는 힘들다. 이 모든 네 가지가 조화롭게 이루어져야 하기 때문에 4P를 Mix하는 것이다.

4P는 일타쌍피도 아닌 1타 4피가 되어야만 한다. 그래서 4P를 사칙연산으로 설명하면, 4P는 네 가지를 더하는 덧셈이 아니라 곱해서 가치를 배가시키는 곱셈이라 할 수 있다. 제품이 제대로 된 가격과 유통을 만나서 소비자들에게 커뮤니케이션이 잘 된다면, 그 가치는 단순히 더하기 수준이 아니라 기하급수적인 곱하기가 될 것이다. 그러나 곱셈에서 어느 하나라도 '0'을 곱하게 되면, 그 결과 또한 '0'이 된다는 문제가 있다. 즉, Product × Price × Place × Promotion 중 하나라도 제대로 하지 못해서 '0'이 된다면, 모든 마케팅 결과도 '0'이 된다. 결국 모든 마케팅 노력이 허사가 되고 실패로 끝난다는 점을 명심해야 한다.

아무리 좋은 제품이라도 가격이 너무 비싸거나 터무니없이 싸다면 잘 팔리지가 않으며, 커뮤니케이션 부재로 소비자에게 알려지지 않아도 팔리지가 않으며, 소비자가 쉽게 구입할 수 있는 곳에 널리 유통되어 있지 못해도 팔리지 않는다. 무엇이든 간에 하나라도 소비자의 입장에서 받아들일 수 없는 조건이라면 성공적이라 볼 수가 없기 때문에, 4P를 조화롭고 합리적으로 Mix 하는 것은 전략이라기보다, 매우 중요한 실행계획으로서, 전술에 가까운 액션플랜Action Plan이라 칭하는 게 맞다.

내가 종근당건강에 다녔을 때, 연매출 2천억 원을 돌파한 락토핏에 대해 성공의 이유를 물어보는 사람이 많았다. 그럼 난 가장 먼저 브랜드 파워라고 말하지만, 락토핏은 4P에서 어느 하나 뒤떨어지는 게 없었다. 제품력은 대부분 평준화되어 있지만 무엇보다도 맛이 좋고, 엄청난 가성비의 파격적인 가격으로 전국 수많은 유통에 다 깔려 있어 소비자와 쉽게 만날 수 있으며, CF 또한 많은 사람들이 따라 부를 정도로 중독성 있는 핏핏핏 CM송이 대단했다.

4P라는 개념은 1960년대 에드먼드 제롬 매카시가 창안한 기업관점의 구닥다리 개념이다. 그러다 보니 시대가 바뀌면서 기업관점의 4P는 소비자 관점으로 전환되어 4C로 변화되었다. 로버트 로터본은 1990년에 『새로운 마케팅 시대: 4P는 끝났다. 단어 C의 시대가 온다』란 책을 통해, 4P 대신에 고객의 관점으로 전환한 4C 개념을 주장해서 상당한 호응을 얻어, 지금은 거의 마케팅의 표준으로 자리 잡았다.

4C란 고객의 혜택/가치Customer Benefit/Value, 고객이 부담하는 비용Cost of Customer, 고객의 편리성Convenience, 고객과의 커뮤니케이션Communication을 의미한다. 즉, 제품을 고객이 구입을 한다는 것은 고객에게 가치로 돌아가는 것이고, 가격은 고객이 지불해야 할 비용이며, 유통은 고객이 얼마나 편리하게 접근할 수 있느냐 하는 편리성이고, 기업이 행하는 프로모션은 고객과 서로 커뮤니케이션하는 것으로 이해하면 된다.

그러나 4P나 4C는 전통적인 제조기업의 마케팅 믹스로서, 기업과 산업의 특성에 따라 유통기업이나 서비스기업의 4P는 달라질 수 있기 때문에, 갈수록 늘어나는 고스톱의 쌍피마냥, 상황에 따라 더욱 다양한 P

들이 늘어나고 있다.

| 7P Mix(유통업체) | 7P Mix(서비스 산업) |
|---|---|
| Product | Product |
| Price | Price |
| Place | Place |
| Promotion | Promotion |
| | |
| People | Physical Evidence |
| Presentation | Process |
| Publicity | People |

  또한 최근 인터넷 시대에서 온라인 컨텐츠 기업의 마케팅 4C도 달라질 수밖에 없다. 즉, 인터넷 기업의 4C는 인터넷상에 제공하는 다양한 컨텐츠Contents, 인터넷 사용자들의 공동체인 커뮤니티Community, 사용자에 대한 맞춤 서비스Customization, 상품을 거래하는 전자상거래Commerce로서, 이를 4P처럼 제대로 믹스해야만 될 것이다. 그 외에도 SNS 공감의 시대에 부각되는 감성Emotion 마케팅에 대해서는 고객전도사Evangelist, 열정Enthusiasm, 경험Experience, 교환Exchange이라는 4E가 있으며, 모바일 마케팅의 4M으로 상품Merchandise, 시장Market, 미디어Media, 메시지Message가 새롭게 부각되고 있다.

  따라서 최근 중요한 유통의 하나인 온라인 모바일 등을 고려하여, 마케팅 믹스는 4P를 기본으로 하여, 온라인 4C 및 모바일 4M과 감성의 4E 믹스까지 고려하며, 고객 관점의 마케팅 전략에 응용해야 할 것이다. 그러나 마케팅 액션플랜의 기본으로서, 4P는 변함없이 중요한 기본이다. 4P 믹스는 그 하나하나가 모두 중요한 가장 기본적인 세부 실행 계획으로서, 반드시 앞에서 만든 STP 전략이 내포하고 있는 진정한

의미를 깊이 인지하고, 실제로 실행할 수 있는 가시화된 액션플랜으로
만들어야 한다.

## Product(제품/상품)

마케팅의 시작은 제품에서 시작해서 제품으로 끝난다고 해도 과언이 아닐 정도로, 제품전략은 마케팅의 가장 중요한 전략이다. 그럼에도 불구하고, 대부분의 사람들이 마케팅에서 제품전략을 빼고, 이미 만들어진 제품을 판매하기 위해 프로모션하거나 판매하는 것을 마케팅의 전부로 잘못 이해하는 경우가 많다. 이것은 마케팅 중심적인 사고가 아니라, 좋은 제품만 만들면 잘 팔리겠지 하는 과거 판매자 중심적인 사고방식이 아직도 이어지고 있기 때문이다. 마케팅에서 명심해야 할 것은 "좋은 제품이 잘 팔리는 것이 아니라, 잘 팔리는 것이 좋은 제품이 된다"는 사실이다. 좋은 제품이란 의미는 제조사의 착각이고, 잘 팔리는 제품의 기준은 소비자의 관점이다. 그래서 항상 소비자 관점의 전환이 되어야 하지만, 기업 중심적인 회사에선 관점의 전환이 여전히 쉽지 않은 일이다.

일본의 농부가 개발한 주사위 모양의 82달러짜리 사각형 육면체 수박에 대한 기사가 뉴스에 실린 적이 있다. 농부는 사각형 수박을 만들기 위해, 육면체의 틀 안에 작은 수박을 넣고 수박이 자라기를 기다렸지만, 둥그런 수박은 삐뚤어지게 튀어 나오기도 하고 터지기도 하는 등… 해보니 쉽지만은 않았을 것이다. 그러다 보니 제대로 된 육면체 수박을 수

확했어도, 그 수가 많지가 않아 가격이 너무 비싸진 건 아닌가 싶다.

2001년 6월 15일자 USA 투데이지에
실린 육면체 수박 가격은 1개에
82달러라고 보도.

그런데 과연 누가 수박을 이렇게 비싼 돈을 주고 살까?

고객이 수박에게 바라는 니즈는 관상용이 아니라, 시원함과 단맛
이다. 물론 가격까지 싸면 금상첨화일 것이다. '다르다'라는 아이디어
는 좋았는데, 고객이 원하는 본질에서 벗어난 아이디어였기 때문에 결
국 실패를 하였다. 따라서 제품전략의 핵심은 그 전 단계인 STP, 특히
소비자 입장의 포지셔닝에 달려있다. 포지셔닝이 제대로 되어야 제품도
제대로 될 수 있고, 그런 제품은 4P Mix에 의해 더 잘 팔리는 제품이 될
수 있는 공산이 크다.

## 1) 제품(Product)의 정의

제품(製品, Product or Manufactured Goods)이란 고객의 필요나 욕구를 충족시키
기 위하여, 시장에 출시되어 소비의 대상이 되는 모든 것으로서, 유형제
품과 무형제품으로 나눌 수 있다. 유형제품은 자동차, 컴퓨터, 가구, 스

마트폰, 의약품, 화장품 등처럼, 말 그대로 우리가 사는 이 세상에서 접하는 눈에 보이는 것들로서, 돈을 지불하고 실물로 구입할 수 있는 것들을 말한다.

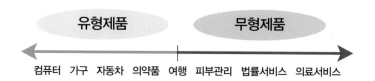

흔히들 서비스업을 제품과 분리해서 '제품과 서비스'라고 말하는 경우가 많은데, 서비스는 무형제품으로서 제품에 포함된다. 즉, 무형제품인 서비스는 가시적인 제품은 아니지만, 고객이 서비스적 혜택을 받기 위해 특정한 대가를 지불함으로써, 공급과 판매가 이루어지는 행위 및 노력으로 정의된다.

일반적으로 서비스라 하면, 덤 또는 공짜, 고객응대 자세나 태도, 타인을 위한 봉사, 하자가 발생한 제품을 수리해 주는 A/SAfter Service 같은 품질보증이나 유지보수 같은 것을 의미하나, 제품으로서의 서비스는 통신, 보험, 금융, 법률, 온라인쇼핑몰, 호텔, 병원, 미용실, 레스토랑 등 다양하게 존재하고 있으니, 이에 대해서 확실한 구분이 필요하다. 서비스의 특징은 다음과 같다.


- 생산과정에 고객이 참여한다.
- 사람들이 상품의 주요부분이다(종업원의 용모, 품성, 업무능력, 기술 등)
- 품질 통제가 어렵고 재고가 없다.
- 시간요인이 중요하다.

- 원가를 결정하기가 어렵다.

 일반적으로 서비스 기업은 상대적으로 마케팅 인식이 부족하고, 제품 기업과 조직구조와 문화가 매우 상이하기 때문에, 마케팅 전략도 당연히 달라질 수밖에 없다. 그래서 대학원 경영학 과정에선 '서비스 마케팅'이란 과목이 따로 분리되어 있어, 보다 전문적으로 가르치기도 하는데, 여기서는 생략하겠다.

 그런데 사람들은 Product를 어떤 때는 제품이라고 하기도 하고 상품이라고 하기도 한다. 제품을 영어로 Product라고도 하지만 Manufactured Goods라고도 하는 점에서, 제품은 말 그대로 기업 내에서 제조된 것들이다. 반면 상품(商品, Merchandise or Commodity)은 기 생산된 제품이 사용가치 및 교환가치를 갖고 상거래의 대상으로 시장에 놓여 있을 때를 말한다. 따라서 생산은 되었으나 시장 유통환경에 놓여 있지 않은 제품은 상품으로 보지 않는다. 그래서 상품기획은 단순히 제품기획과 완전히 다른 개념이다. '상품기획=제품개발+고객개발'인 것이다.

 그러나 일반적으로 기업에서는 직접 공장에서 제조해서 판매하는 것을 제품이라 하고, 직접 제조는 하지 않고 다른 제3자에게 완제품을 구입하여 판매하는 것을 상품이라고 구분하기도 한다.

## 2) 소비자 혜택(Benefit)과 가치(Value)

 제품의 가치라는 것은 단순히 그 제품이 제공하는 본질적인 속성과 기능만을 의미하진 않는다. 소비자가 어떤 제품을 구입한다는 것은 제품의 속성 외에도 디자인과 패키지, 브랜드, 그리고 그 제품의 부가적인 서비스들(품질보증, A/S, 배송, 평판 등)을 모두 포함하기 때문이다. 이렇듯 제품은 그 기능과 감성이 함께 어우러져야 하는데, 일반적으로 개발자들은 제품의 기능의 늪에서 헤어 나오질 못하고, 기능이나 품질만 우수하면 잘 팔리겠지 하는 환상 속에 빠져서 실패하는 경우가 태반이다.

그러므로 제품전략에서는 항상 제품의 속성 또는 기능이 아니라, 그 제품이 소비자에게 제공하는 가치적인 측면에서 생각해야 한다. 즉 제품은 기획단계에서부터 기능적인 편익Functional Benefit과 감성적인 편익 Emotional Benefit이 함께 어우러져 연구개발 되어야 하는 것이다. 이에 대한 사례로서, 내가 애경에서 기획했던 마리끌레르 화장품의 경우는 다음과 같다.

– Functional Benefit: 젊은 피부에 맞는 깨끗하고 자연스러운 색조화장품, 피부 거부감이 적고, 지속성 있는 발색 효과와 투명감 있는 피부표현. 화려한 장식을 제거한 심플하고 세련된 젊은 감각의 미니멀리즘 용기 디자인.

– Emotional Benefit: 프랑스 파리 Fashion 브랜드인 마리끌레르의 자부심, 유행에 앞서가는 자신감과 만족감, 젊음의 프라이드.

아래의 그림과 같이 기능과 감성이 모두 어우러진 복합적인 제품의 개념을 필립 코틀러는 '제품구성의 3단계'를 통해 설명해주었다.

– 핵심제품(Core product): 소비자들의 기본적인 욕구를 충족시키거나 문제를 해결해 주기 위해 제공되는 근본적인 가치이다.

– 실제제품(Actual product): 소비자들에게 가치를 효과적으로 제공할 수 있도록 디자인되고 패키지 되어, 눈에 보이는Tangible 상징적 속성들이 결합된 형태이다.

– 확장제품(Augmented product): 소비자들이 제품의 구매로부터 충분한 만족을 얻을 수 있도록, 실제의 구매 및 소비 활동과 관련하여 제공되는 여러 가지 부수의 서비스들을 의미한다.

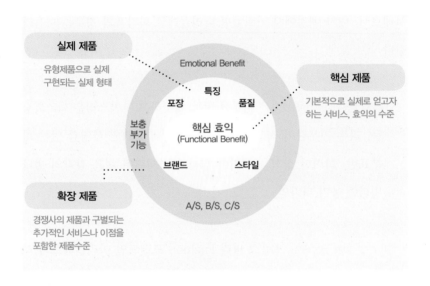

서비스 제품의 구성도 비슷한 개념이다.

– 핵심 서비스: 고객의 본질적인 욕구를 충족시키기 위해 제공되는 근본적 가치이다.

– 보조 서비스: 핵심 서비스의 이용을 편하게 하거나 그 내용을 확장

시킨 것으로서, 고객가치를 극대화하도록 제공되는 부수의 서비스이다. 예를 들면, 비행기를 타고 이동하는 것이 핵심 서비스라면, 비행기 안에서 식사나 음료를 제공하는 기내 서비스 등은 보조 서비스이다.

## 3) 고관여 제품과 저관여 제품

제품은 소비자의 관여도에 따라 고관여 제품과 저관여 제품으로 나눌 수 있다. 고관여 제품이란 소비자가 제품을 구입할 때 쉽게 구매하지 못하고 많은 생각과 고심 끝에 복잡한 구매과정을 겪으면서 구매하는 제품을 말하며, 반대로 저관여 제품은 소비자가 큰 고민 없이 가격이나 판촉, 유통적 이점으로 쉽게 부담 없이 구매하는 제품을 뜻한다.

생활용품, 식품들의 경우는 생활에 필수적인 제품으로서, 제품의 속성에 대해 크게 고민하지 않는 대신, 가격의 민감도가 커서 할인, 덤, 판촉 등이 주요 구매결정요인이 되는 저관여 제품들이라 할 수 있다. 반면에 명품가방, 주택, 고급 승용차, 대형 TV 등 고가의 제품을 구매할 경우는 가격비교뿐만 아니라, 브랜드 이미지, 기능, 품질, A/S 등 여러 가지 측면에서 고민을 하게 된다. 이런 복잡하고 다양한 요인이 종합적으로 평가되어 오랜 시간에 걸쳐 소비자가 구매결정을 하는 제품들을 우리는 고관여 제품이라 한다.

제품을 고관여/저관여로 나누는 이유는 소비자의 구매결정에 미치는 영향이 다르기 때문이다. 따라서 기업은 자신의 제품이 어느 제품군에 속하는지를 파악하고, 소비자의 구매행동에 영향을 미치는 주요 요인이 무엇인지를 알아야, 그에 맞는 적절한 전략과 전술을 수행할 수 있을 것이다.

## 4) 제품수명주기(PLC)와 캐즘(Chasm)

제품도 사람처럼 태어나서 성장하고 결국은 사라진다는 측면에서, 수명이 있다는 의미로 제품수명주기PLC-Product Life Cycle가 있다.

세상에는 수많은 신제품들이 태어났다가 사라지고 있다. 때론 채 몇 년도 되지 않아 초신성처럼 빤짝 나타났다가 우리들 기억 속에서 사라지는 제품들도 있는 반면, 코카콜라처럼 100년이 넘은 제품은 사람들보다도 더 오래 장수하며 시장에서 여전히 1등의 자리를 놓지 않고 있기도 하다. 이런 걸 보면 어떻게 마케팅을 통해 제품수명을 관리하느냐에 따라 그 수명주기도 달라질 수 있음을 알 수가 있다.

아래 그림은 제품수명주기를 보여 주는 정규분포와 비슷한 모양이다. 신제품은 도입기, 성장기, 성숙기를 거쳐 쇠퇴기를 맞아 시장에서 사라진다. 이에 맞게 기업은 신제품의 기획단계에서 PLC 전략을 수립해야 하며, 각 PLC 단계에 맞는 제품전략을 달리함으로써, 제품을 강하게 성장시키거나 유지하고, 때론 세상에 안녕을 고하며 단종시키기도 하며, 지속적인 리뉴얼Renewal을 통해 수명을 연장하거나, 후속 제품 출시를 통해 기존제품이 단종되어도 수명을 연장할 수도 있다.

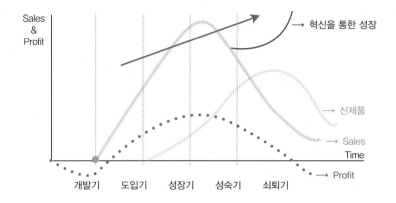

신제품이 처음 나오는 도입기는 마치 어린아이가 태어나서 소년으로 성장할 수 있도록 부모가 끊임없이 도움을 주는 시기와 같다. 그런 점에서 도입기에는 신제품이 시장에서 자리 잡기 위해 상당한 마케팅 비용이 소요된다. 일반적으로 기업은 이 시기에 신 시장 또는 기존 시장의 침투를 위해 공격적인 마케팅을 실시하게 된다. 그러나 대부분 제대로 자리를 잡지 못한 수많은 신제품들이 제대로 커 보지도 못하고, 소비자와의 큰 캐즘(간극, Chasm)을 넘지 못한 채 쓰러져 나가는 것도 바로 이 시기이다.

캐즘이란 원래 지질학 용어로서, 지각변동 등으로 지층 사이에 형성된 큰 틈이나 협곡을 의미한다. 눈 덮인 겨울산행을 할 때, 가장 조심해야 할 것이 바로 이 캐즘이다. 자칫하면 영영 헤어 나올 수 없는 구렁텅이에 빠져 생명을 잃을 수 있기 때문이다.

신제품도 마찬가지이다. 소비자라는 정상을 정복하기 위해 뛰어넘어야 할 큰 간극인 것이다. 캐즘 마케팅은 첨단기술 분야의 마케팅 전문가인 제프리 무어가 『캐즘 뛰어넘기Crossing the Chasm』란 책을 출판한 이후 정착하게 되었는데, 특히 첨단기술 분야에서 사람들이 새로운 기술을 사용한 신제품의 가치를 판단하고 수용하는 데 걸리는 기간, 즉 기술수용 주기TALC-Tech Adoption Life Cycle라 할 수 있다. 그 이름이나 모형부터가 PLC 를 응용하여 TALC가 만들어진 점을 어렵지 않게 발견할 수 있다.

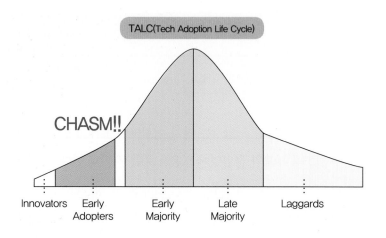

그러나 비단 첨단제품뿐만 아니라도 모든 신제품이 시장에 정착하기 까지는 이런 캐즘이 존재하고 있다. 실제로 매년 수많은 브랜드가 탄생 하지만 소비자에게 기억되는 것은 그중 극히 일부이다. 매년 쏟아지는 수많은 신제품 중에서 성공하는 제품은 10%가 채 안 되는 것도 소비자 의 인식으로 들어가는 데 큰 장애벽인 캐즘이 존재하기 때문이다. 그래 서 제프리 무어는 PLC 곡선과 유사한 정규분포 그래프상에 혁신 수용 자Innovators, 선각 수용자Early Adopters, 전기다수 수용자Early Majority, 후기다 수 수용자Late Majority, 지각 수용자Laggards, 5단계의 수용자 그룹이 존재하 며, 선각 수용자와 전기다수 수용자 사이에 거대한 캐즘이 도사리고 있 음을 명시하였다.

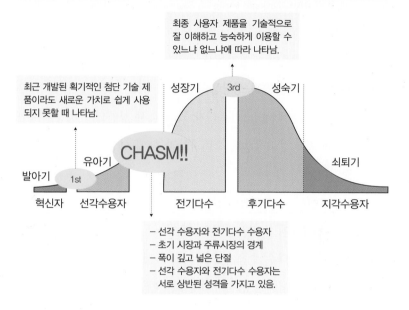

**캐즘의 위치**

최종 사용자 제품을 기술적으로
잘 이해하고 능숙하게 이용할 수
있느냐 없느냐에 따라 나타남.

최근 개발된 획기적인 첨단 기술 제
품이라도 새로운 가치로 쉽게 사용
되지 못할 때 나타남.

성장기    3rd    성숙기

유아기    CHASM!!

발아기    1st                                    쇠퇴기

혁신자    선각수용자        전기다수    후기다수    지각수용자

– 선각 수용자와 전기다수 수용자
– 초기 시장과 주류시장의 경계
– 폭이 깊고 넓은 단절
– 선각 수용자와 전기다수 수용자는
　서로 상반된 성격을 가지고 있음.

대부분의 신제품들은 새로운 제품을 애호하는 선각수용자Early Adopters들
까지만 인기를 끌었다가, 캐즘을 극복하지 못하고 주류 시장Early Majority
을 형성하지 못한 채 사라지는 경우가 대부분인 게 현실이다. 이러한 캐
즘은 초기 수용자와 그 이후의 다수 수용자가 신제품에 대해 다른 구매
동기를 갖고 있기 때문에 존재하는 것이므로, 기업은 PLC와 함께 각
각의 수용자에 맞는 마케팅 전략을 통해 캐즘을 극복해 나가도록 해야
한다.

캐즘을 극복하고 매출을 확산시키기 위해서는 캐즘에 머무르는 시간
을 최소화하는 것이 관건이다. 따라서 제품의 차별화된 콘셉트뿐만 아
니라, 상품 출시 초기 혹은 출시 이전이라도 수요를 환기시킬 수 있는

자극을 소비자에게 제공해야 하는데, 초기에는 단순히 광고만 하는 것보다 총체적인 IMCIntegrated Marketing Communication를 계획하고 진행해야 한다.

PLC상에서 신제품이 도입기에서 성장기로 넘어가야 하는 시점에 존재하는 캐즘은 어린아이의 성장통처럼 결코 쉬운 일은 아니다. 그러나 그 성장통 때문에 아이는 소년소녀가 되고 다시 청년으로 성장할 수 있는 것처럼, 제품도 장기적으로 소비자들과 함께 성장할 수 있는 기반이 마련될 것이다.

성장기는 신제품이 소비자들과의 캐즘을 극복하고, 선각 수용자Early Adoptors를 넘어 조기다수 수용자Early Majority에게로 널리 확산되어 큰 성장을 하는 시기이다. 이때는 경쟁사에서 비슷한 제품이 나오기도 하며 경쟁사의 강한 대응전략이 쏟아지기 때문에, 시장을 선점하고 확대하는 공격적인 마케팅이 더욱 필요할 때이다.

다음으로 성숙기에 접어든 제품은 이제 더 이상 신제품이 아니다. 만약 제품이 성숙기까지 살아남았다면, 그동안 투자를 걷어 들이는 추수의 단계로서 이익을 창출하게 된다. 따라서 이때는 시장점유율을 유지하기 위한 노력으로 SKUStock Keeping Unit를 늘려 시장을 방어하며, 새롭게 재탄생할 수 있도록 리뉴얼 작업이 진행되어야 한다. 이를 제대로 하지 못한다면, 찬란했던 로마의 영광도 덧없이 사라질 테니 말이다.

마지막으로 쇠퇴기에 접어든 제품은 과감히 철수해야 한다. 어제의 태만함이 이런 결과를 초래한 것이니 누구를 탓하겠는가? 한때의 영광을 되살리기 위해 치료를 하긴 이미 너무 늦고 말았다. 그래서 때론 안

하는 것도 상책이다. 그동안 들어간 비용이 아깝다면 싱크Sink대에 물 버리듯이 과감히 버리고, 이미 투자되어 거둬들일 수 없는 매몰비용Sunk Cost은 잊어버려야 한다. 이미 돌이킬 수 없는데도 그 비용이 아까워 다시 한번 살려보겠다고 하다간 그보다 더 많은 비용을 잃을 수도 있다.

따라서 성숙기에서 쇠퇴기로 접어들기 전에 혁신(리뉴얼)을 통해 수명을 연장시키고 다시 성장하도록 할 수도 있고, 새로운 신제품을 론칭하여 쇠퇴기에 들어간 제품을 먹여 살리며, 전체적으로는 성장을 지속시킬 수도 있다. 이처럼 PLC 전략을 어떻게 응용하느냐에 따라 브랜드의 생명을 좌지우지할 수가 있는 근간이 된다.

## 5) PPM (Product Portfolio Management)

주식투자에서 '계란을 한 바구니에 담지 말라'는 말이 있다. 주식을 투자함에 있어 하나의 주식에만 모든 돈을 투자한다면, 그 하나의 주식이 큰 이득을 줄 때는 매우 좋은 시절을 보내겠지만, 어떤 환경적 요인으로 갑자기 그 주식이 폭락할 경우 전 재산을 잃을 수도 있기 때문이다.

그래서 나온 개념이 분산투자이다. 즉, 리스크를 분산해야, 비 오는 날에만 장사가 되는 우산장사 아들과 햇볕 쨍쨍한 날 장사를 하는 짚신장사 아들을 모두 데리고 사는 어머니처럼 걱정이 없다는 것이다. 관리 분야에서는 이를 리스크 포트폴리오 매니지먼트Risk Portfolio Management라고 한다.

같은 맥락에서, 기업에서 한 제품만으로 성장하는 것엔 한계가 있으며, 그 제품이 성숙기에 들어갔을 때 대타가 없으면 회사에 끼치는 리스크가 너무 크기 때문에, 이를 보완하고 지속적인 성장 및 이윤을 창출하기 위해 효과적인 프로덕트 포트폴리오 매니지먼트PPM-Product Portfolio Management 전략이 필요하다.

PPM 전략은 제품별 마케팅 전략의 방향성을 수립하고, 이에 따른 기업의 한정된 투자 재원을 효율적으로 분배하기 위한 방법으로 매우 중요하게 활용되고 있다. PPM은 최적의 수익을 위해 다수의 제품들을 상호 충돌 없이 전략적이고 효율적으로 관리하자는 것으로서, 바로 선택과 집중의 기본적인 틀을 제공한다. 따라서 PPM은 기업의 전체적인 상황에 대한 고찰과 전략적 사고를 할 수 있도록 하며, 의사소통을 원활히 할 수 있도록 해주는 장점이 있다. 반면 지나치게 시장 점유율 위주의 관점으로 고성장 브랜드에만 중점을 두는 경향이 있고, 두 개 이상의 브랜드가 존재할 경우 각각의 역할에 따른 시너지Synergy 효과에 대해 소홀히 할 수 있으며, 시장 지향적 사고보다 자사 중심적 사고를 하는 경향이 있다는 단점이 있다.

PPM 모델로는 BCG 모델과 GE 모델이 있지만, 여기서는 이해가 쉽고 단순한 BCG 모델에 대해서만 설명하고자 한다. GE 모델은 BCG 모델이 너무 단순하다는 단점을 보완하고자 GE에서 개발한 것인데, 둘 다 너무 오래된 모델로서 요즘은 그리 잘 사용하지 않는다. 단지 PPM적인 사고방식을 단순화하여 모델로 제시해 주기 때문에, 이해하기 쉽고 학습하기 쉽다는 점에서 소개해 본다.

BCG 모델은 Boston Consulting Group이 개발한 2×2 Matrix 모델로서, 가로축에 상대적 시장 점유율, 세로축에 시장 성장률을 표시하여, 캐시카우Cash Cow, 스타Star, 도그Dog, 물음표Question Mark, 4개의 영역으로 제품 포트폴리오를 표현한 것이다.

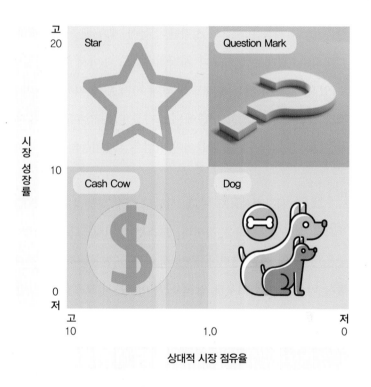

① 캐시카우(Cash Cow): 말 그대로 우유가 아니라 돈을 만들어 주는 젖소이다. 이곳에 속한 제품은 이미 출시된 지 오래되어 성공을 거둔 제품이기 때문에, 경쟁사에 비해 상대적 시장점유율이 높고, PLC 측면에서는 성장기 후기에서 성숙기에 속한 브랜드이므로 성장률은 둔화된 상태이다. 따라서 신규 브랜드처럼 성장을 위한 많

은 자금의 투입이 필요 없고, 규모의 경제를 통한 생산성과 고수익이 창출되므로, 오히려 신제품이나 성장기 제품들에게 자원을 배분하고 지원해 줄 수 있다.

② 스타(Star): 스타는 한창 떠오르는 샛별이다. 그래서 돈이 많이 들어간다. 스타 제품은 시장의 성장률이 높아 계속 매출이 성장하리라 기대되며, 경쟁 브랜드보다 시장점유율도 높아서 히트상품이 될 수 있다. 그래서 일등 브랜드가 되게 하기 위해 지속적인 자금 투자가 필요하다. 그리고 나중에는 스타를 더욱 키우고 잘 유지해서 황금젖소인 캐시카우로 만들어야 기업은 지속가능하게 될 것이다.

③ 도그(Dog): 시장점유율도 낮고, 시장의 성장 가능성도 작다면 사업적으로 성공할 수 없을 것이다. 보스턴 컨설팅 그룹은 이렇게 안 좋은 것을 왜 예쁜 반려 동물인 개Dog로 표현했는지 모르겠다. 그 당시 미국은 개를 키우다 안 좋으면 버렸는지 모르겠지만, 반려견을 버리지 말고 끝까지 책임져야 할 것이다. 그러나 도그는 PLC 측면에서 일반적으로 성숙기 말기와 쇠퇴기에 속해 있는 제품으로서, 매출과 수익을 창출하지 못하며 가능성이 없는 제품이다. 따라서 도그는 최소한의 비용으로 사업을 유지하거나, 축소, 철수하는 것이 가장 바람직한 전략이다. 특히 도입기 신제품이 캐즘을 극복하지 못하고 시장에서 자리를 못 잡을 경우 스타로 가지 못하고 도그가 될 수 있음에 유의해야 한다.

④ 물음표(Question Mark): 세상에 나오는 모든 신제품들은 처음엔 물

음표(?)를 달고 나올 것이다. 그러나 물음표를 가지고 태어났다 해도, 모든 신제품들에겐 어떻게든 스타로 키우기 위해 온 힘을 쏟아부어야 한다. 그러다가 스타가 되지 못하는 신제품은 도그 신세가 될 것이기 때문에 물음표인 것이다. 따라서 도입기 이후 지속적으로 자금을 더 투하할 것인지 아니면 끊어야 할지를 빠르고 올바르게 판단할 줄 아는 것이 매우 중요하다. 실패한 신제품은 비용을 더 투입하는 것보다 깨끗하게 손 털고 나오는 것이 더 바람직할 수도 있기 때문이다. 그래야 비로소 물음표(?)는 느낌표(!)가 될 수있을 것이다.

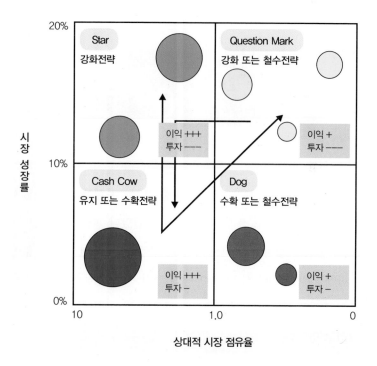

나는 여러 회사에 근무하면서 PPM 전략을 제 시기에 하지 못해 낭패

를 겪은 사례를 여러 번 겪어봤다. 그중 LG생명과학(자니딥)과 HON(미니골드)의 두 가지 사례를 들어 보겠다.

내가 LG생명과학에 처음 입사하자마자 깜짝 놀란 것은 매출이 잘 팔리는 수백억 원대 몇 개 브랜드에 의존해서 이루어지고 있다는 것이었다. 특히 고혈압 약인 자니딥은 매출액이 400억 원대로 여느 중소기업 하나의 매출 수준이었지만, 문제는 회사에 자니딥을 대체할 다른 제품이 없어, 자니딥 하나에 대한 의존도가 너무 컸다. 자니딥의 특허가 풀리고 제네릭(카피 약)이 나와, 매출이 감소할 경우에 대한 대안이 전혀 준비되어 있지 않았다.

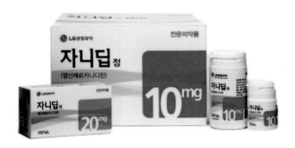

회사는 자니딥의 특허가 2년 후에 풀린다는 사실을 알고 있었지만, 이에 대해 별로 신경도 쓰지 않고 있는 것 같았다. 어찌 보면 신약개발과 R&D 중심의 회사가 가져온 폐해로, 중장기적 PPM 전략이 없이 영업과 마케팅은 R&D나 사업개발부에서 던져 주는 신제품이 나오기를 바라며 현재만을 살고 있었고, R&D는 너무도 먼 미래인 10년 후의 그림만 그리고 있었다.

그리하여 당시 마케팅전략 팀장이었던 나는 좀 더 가까운 미래를 대비할 수 있는 의약품 PPM을 구성하기 위해 고혈압 제품을 비롯한 당뇨

병, 항노화, 근골격계 시장에 대한 PPM 전략을 제안하였으나, 회사는 큰 관심을 표하지 않았다. 결국 자니딥의 특허가 풀리고 제네릭이 나오면서 심평원에서 자니딥의 약가를 25%나 인하시키자, 400억 원대의 자니딥의 매출은 순식간에 250억 원대로 추락하였다.

앞에서 SWOT 분석의 전략적 방향을 설명하며 WO전략을 소개할 때, LG생명과학과 노바티스의 코타렉 브랜드의 전략적 제휴를 언급한 바가 있다. 하지만 이것은 이미 자니딥이 시장에서 점점 지위를 잃어가는 상황에서, 고혈압 신약이나 개량신약이 하나도 준비가 되지 않았던 회사의 어쩔 수 없는 선택이었다. 노바티스로부터 공급받는 가격이 상당히 높아서 수익적으로 좋지 않았음에도 불구하고, LG생명과학은 선택의 여지가 없이 불이익을 당해야만 했다. 하지만 발 빠른 코마케팅Co-Marketing을 통해 위기를 극복한 것은 그 당시로는 훌륭한 결단이라고 생각한다. 그리고 1년 후, 코타렉의 매출이 매우 증가하여 BEP(손익분기점, Break Even Point)를 넘긴 것도 고무적이었다.

하지만 '자니딥+코타렉'의 매출실적은 과거 자니딥 하나의 실적보다 못한 수준이었으며, 수익적으로는 더 안 좋은 결과를 초래하고 말았다. 만약 이전부터 PPM 전략적인 중장기적 혜안을 가지고 ARB 고혈압제에 대한 라이센스를 미리 준비하였다면, LG생명과학은 다시 LG화학에 흡수되어 의약품사업부로 전락하는 수모를 당하지 않았을지도 모른다.

한편, LG생명과학에서 미용성형시장에 진입한 필러는 매우 성공적인 결과를 가져왔다. 회사의 핵심 기술 중의 하나가 고분자 히알루론산임을 알게 된 나는 점점 크게 성장하고 있는 필러시장에 진입하자고 주장하였다. 당시 회사는 미용시장에 대해 전혀 아는 것이 없는 상황이라서 내부적인 반대도 컸지만, 화장품 경험이 풍부한 나는 자신이 있었다. SWOT 분석을 해보니, 시장의 폭발적인 성장력이란 기회요인, LG의 브랜드 신뢰도 및 기술적 강점, 그리고 경쟁자들이 전부 해외 수입품으로서 상당한 고가라는 점에서, 원가우위의 저렴한 국내 최초의 국산 필러는 실패할 이유가 없었다. 그리고 끝내 회사 경영층에서 국산필러 개발계획이 승인되자, 회사는 먼저 사업개발부를 통해 '에스텔리스'라는 스위스 제품을 수입했고, 마케팅3팀장으로 자리를 옮긴 나로 하여금 신제품이 개발될 때까지 사전에 미용시장을 개척하는 일을 하게 했다. 그리고 수년 후 최초의 국산 필러인 '이브아르'가 출시되자, 예견대로 결과는 대성공이었다. 비록 나는 '이브아르'가 출시되기까지 회사에 머물지 않고 다른 회사로 자리를 옮기는 바람에 성공의 기쁨을 누리진 못했지만, 이 모든 건 PPM 전략에 의해서 이루어진 성공사례이다.

따라서 중장기적 PPM전략은 반드시 시장에 대한 통찰력에 의거해서 이루어져야 한다. 시장이 아닌 내부의 소리에 집중된 R&D 중심적인 제품전략은 마치 야구에서 홈런처럼 어쩌다 한 번 크게 성공할 수는 있어도, 대부분이 현실에 뒤떨어져 결국은 실패할 확률이 매우 크다. 이는 대부분 기술 중심의 벤처회사들이 몇 년 후에는 이름도 찾아볼 수 없게 된 이유이기도 하다. 따라서 제품전략에서 중요한 것은 한 번의 홈런보다 많은 안타인 것이다.

다음으로 패션 주얼리 미니골드로 유명한 HON이라는 기업의 사례를 하나 더 살펴보겠다. HON은 1990년 초 14K 골드 주얼리 시장을 휘어잡으며 전국적인 매장 프랜차이즈로 상당한 성장과 이익을 누렸다. 하지만 내가 입사 당시인 2004년도만 해도 경쟁 프랜차이즈 매장(로이드, J-에스티나)의 증대와 값싼 종로 금은방의 디자인 경쟁력 증가로 이젠 그 힘이 빠지기 시작할 때였다.

당시 가장 컸던 고민은 무려 1만 가지가 넘는 SKU를 가지고 있는 이 회사의 브랜드는 오직 미니골드 하나뿐이라는 것이었다. 그래서 미니골드라는 브랜드의 죽음은 곧 회사의 죽음이기도 할 정도로 너무 위태롭게 보였다. 더욱이 매번 유행에 맞게 지속적으로 출시되는 귀걸이, 반지, 팬던트 등의 수많은 품목의 40~50%가 잘 움직이지 않는 부진제품 Slow-moving Product이었다.

물론 HON이 브랜드 포트폴리오를 하지 않은 건 아니었다. 엉뚱하게도 나뚜루Natuur라는 아이스크림 프랜차이즈를 했다가 큰 실패를 한 경험도 있었다. 프랜차이즈 측면에서는 사업모델이 같았으나 미니골드라는 주얼리를 가진 회사의 입장에서 아이스크림은 핵심역량 분야가 아니었다. 주얼리 매장처럼 강한 조명으로 매장을 꾸몄다가, 그 열기 때문에 아이스크림이 녹아 매장 인테리어를 다시 고쳤던 시행착오도 있었다고 하니, 강점이 부족한 핵심분야에서 벗어난 시행착오는 거액의 손실이라는 대가만 있을 뿐이었다.

그래서 나는 중장기적으로 핵심역량에 집중한 PPM을 하기 위해, 일단 포지셔닝 맵을 통해 미니골드와는 가격적인 포지셔닝이 뚜렷이 구별될 수 있는 브랜드 매장을 제안하였다. 저가 시장이지만 고마진이 가능한 은Silver 악세서리 전문 매장을 오픈하거나, 고가의 영원한 꿈의 시장인 고급 다이아몬드 웨딩 주얼리 매장을 오픈하여 중고가 미니골드와 상호 보완적인 포트폴리오를 구성해야 한다는 주장이었는데, 그 결과 디즈니 캐릭터를 이용한 실버 사업이 진행되었다.

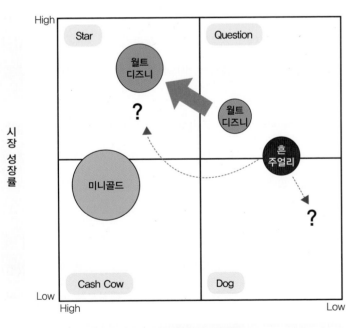

## 6) 제품믹스(Product Mix)

　PPM 전략의 일환으로, 여러 신제품들을 도입하여 전체적인 제품들의 구성을 하는 제품믹스Product Mix 전략은 반드시 필요한 일이다. 제품믹스는 보통 폭Width, 깊이Depth, 길이Length, 일관성Consistency 등으로 이루어져 있다.

　제품믹스의 폭은 서로 다른 제품계열Product Line의 수이며, 제품믹스의 깊이는 각 제품계열 내의 제품품목Product Item들의 수를 말한다. 그리고 제품믹스의 길이는 각 제품계열을 포괄하는 품목의 평균수를 말하며, 제품믹스의 일관성이란 다양한 제품계열들이 콘셉트, 기능, 생산, 유통 등의 측면에서 밀접하게 관련되어 있는 정도를 말한다.

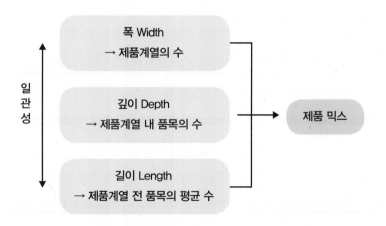

　아래는 애경산업의 생활용품 제품믹스 사례이다. 생활용품의 폭으로서 주방세제, 세탁세제, 덴탈케어, 헤어케어의 계열이 있으며, 주방세제 계열에 트리오, 순샘, 크리어 3품목이 있는 것처럼, 각각의 계열에 다양한 품목의 깊이가 존재함을 알 수 있다.

| Product Mix | | | |
|---|---|---|---|
| 주방세제 | 세탁세제 | 덴탈케어 | 헤어케어 |
| 트리오 | 스파크 | 2080 치약<br>2080 칫솔 | 케라시스 |
| 순샘 | 퍼펙트 | 2080 구강청정제<br>2080 치실 | 리앙뜨 |
| 크리어 | 울샴푸 | 비타덴트 치약 | 하나로 |
| | | 크린앤화이트 치약 | |

깊이(Depth)  폭(Width)

제품믹스는 제품품목들뿐만 아니라 제품계열을 포함한 모든 제품들의 집합을 말한다. 제품품목은 규격·가격·외양 및 기타 속성이 다른 하나하나의 제품단위로서 제품계열 내의 단위를 말하며, 제품계열은 기능·고객·유통경로·가격범위 등이 유사한 제품품목의 집단을 의미한다. 이는 신제품 개발 프로세스상에서 제품확장Product extension 및 계열확장Line extension 전략으로서, 가장 기본적인 제품전략의 바탕을 차지하고 있다.

아래의 그림에서 보듯이, 계열확장은 넓은 반면에 제품확장이 적다는 것은 적은 품목으로 다양한 영역으로 진입하는 것을 의미하며, 계열확장도 넓고 또 그 밑에 제품들도 많은 경우는 다양한 곳에서 크게 시장을 확장하는 전략이라 볼 수 있다. 또한 적은 계열 내에 제품도 적다는 것은 적은 분야에 전문화를 시도하는 전략이고, 적은 계열에서 품목수를 많이 가져가는 것은 이미 그 시장에 성공적인 시장점유율을 확보해서 이익을 확대하기 위한 굳히기 전략일 수가 있다.

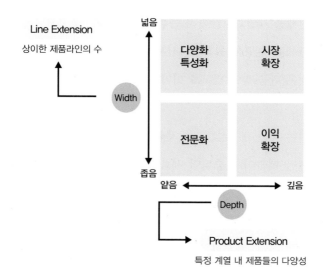

Line Extension
상이한 제품라인의 수

Width

넓음

다양화
특성화

시장
확장

전문화

이익
확장

좁음

얕음 ←→ 깊음

Depth

Product Extension
특정 계열 내 제품들의 다양성

따라서 기업은 제품의 추가·폐기·수정을 통해 마케팅 목표를 가장 효율적으로 달성하기 위한 최적의 제품믹스Optimal product mix 상태를 구성해야 한다. 즉, 제품의 성장성, 안정성, 수익성을 최선으로 하는 품목을 선정하여, 시간이 경과해도 최적의 제품믹스 상태를 유지할 수 있도록, 현재의 제품믹스에 대해 신제품의 추가, 기존품목의 재구성 및 활성화, 제품의 교체, 그리고 기존품목의 폐기를 결정하는 것이다.

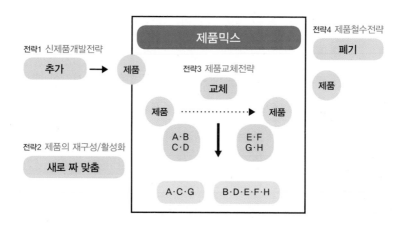

전략1 신제품개발전략
추가 → 제품

제품믹스

전략3 제품교체전략
교체

제품 ·········▶ 제품

A·B
C·D

E·F
G·H

전략2 제품의 재구성/활성화
새로 짜 맞춤

A·C·G

B·D·E·F·H

전략4 제품철수전략
폐기

제품

**전략1.** 신제품 개발: 지금까지 콘셉트와 차별화, 포지셔닝 등을 통해 자세히 설명해 왔으나, 신제품 개발 측면에서 보다 구체적인 것은 다음 장에 별도로 이야기하겠다.

**전략2.** 기존 제품 재구성: 기존 제품의 수익성이 떨어지거나, 한 제품에만 매출이 편중되어 제품 포트폴리오가 필요할 경우, 매출의 분산 및 이익을 일정 수준 이상 확보하기 위하여, 해당 제품의 4P 믹스를 재결합하거나 리뉴얼Renewal을 통해 제품을 재구성 하며, 세분화를 통해 제품 품목 수를 확대할 수 있다. 예를 들어, 화장품의 경우 일반적으로 아래와 같은 세분화를 통해 품목을 확대한다.

- 제형(사용감): 젤, 크림, 로션, 오일타입 등
- 타깃: 유아용, 청소년용, 성인용, 남성용, 여성용 등
- 포장형태: 튜브, 유리, 펌프, 플라스틱 등
- 효과: 보습, 진정, 미백, 안티에이징, 여드름, 아토피 등

**전략3.** 제품 수정(교체) 전략: 제품의 라이프 사이클에 의해서 ①성숙기나 쇠퇴기에 진입할 때, ②소비자 니즈의 변화로 인한 선호도가 변화될 때, ③매출 및 수익이 점점 하락하기 시작할 때, ④기술이 진부화될 때, ⑤강력한 경쟁품의 출현이 예상될 때 등의 환경변화가 예측되면, 빠른 시일 내에 제품을 수정 또는 교체 전략을 실시해야 한다.

**전략4.** 제품 철수전략: ①시장점유율 및 매출회복에 소요되는 비용이 과도하고 수익률이 낮을 때, ②이미 기술력이 진부화되어 소비자 선호도가 떨어질 때, ③제품 포트폴리오와 부합되지 않아 시너지를 창출하지 못할 때, ④쇠퇴기에 진입했을 때, 제품을 단종하여 시장에서 철수해야 한다. 그러나 무작정 단종하는 것이 아니라, 판매가 완전히 소멸하지 않는 한, 아래와 같은 전략적 단계를 밟으며 Cash Flow를 확보하면서 철수해야 한다.

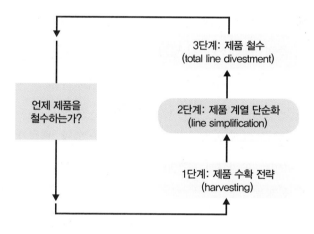

1단계 제품 수확전략은 판매를 감소시키지 않고 비용을 성공적으로 절감시키는 전략이다. 연구개발비 및 공장설비를 축소하고, 퇴사하여 결원된 조직은 충원하지 않으며 불필요한 인력은 퇴직처리한다. 또한 가능한 제품품질을 유지하면서 고객들에게 지원해 주던 특정 서비스들을 제거하고, 광고판촉비는 경쟁사나 고객이 인지하지 못할 정도로 순차적으로 서서히 감소시켜서, 가능한 매출을 최대화하면서 비용을 제거하는 방법이다.

2단계 제품계열 단순화나 3단계 제품철수 때에는 우선 인수자 여부, 설비이전 가능성, 필요 서비스 유지여부 등을 고려하며, 기업의 수익성에 해가 되지 않도록 신속하게 또는 서서히 적절한 속도로 실행해야 한다.

## 7) 신제품 개발(NPD–New Product Development)

기업은 왜 신제품을 개발해야 하는가?

① 신제품은 기업 성장의 원동력이다. 기술혁명, 세계화, 산업구조의 변화, 주력제품의 성숙기 및 쇠퇴기 진입 등의 환경변화에 대응하고, 지속적인 성장을 위해 신제품이 필요하다.

② 신제품으로 고객 니즈의 변화에 대응할 수 있다. 빠르게 변화하며 변덕스러운 소비자의 끊임없는 니즈를 만족시켜 줄 수 있는 것이 바로 신제품이다.

③ 신제품은 전략적 역할을 한다. 시장점유율의 제고, 새로운 시장에 진입, 시장 판도의 변화 등에 신제품은 중요한 전략적 역할을 한다.

④ 신제품을 통해 단일제품에서 오는 위험을 분산시킬 수 있다. 이미 PPM 전략에서 설명했듯이, 기업이 제품 하나만을 취급할 때 오는 위험은 매우 높다. 특히 소비자의 욕구가 변하고 새로운 기술의 출현과 시장 성숙화 등을 고려할 때, 위험을 분산한다는 측면에서 신

제품은 중요한 역할을 한다.

⑤ 신제품은 시장을 방어하고 경쟁력을 강화시켜 준다. 기업의 마케팅 환경은 언제나 경쟁자의 도전 또는 공격에 노출되어 있다. 따라서 리더는 경쟁자의 새로운 도전이 될 빈 구멍을 미리 찾아 메움으로서 경쟁자가 파고들어 올 여지를 제거할 수 있으며, 반대로 후발주자는 선두주자의 빈틈을 노려 시장을 공략할 때 신제품이 중요한 역할을 한다.

⑥ 기업은 신제품을 통해 끊임없이 시장 적응훈련을 하며 성장한다. 어느 상황을 막론하고 리더는 게으르거나 자만하지 않고 시장을 방어하고, 도전자는 시장침투를 위해 많은 준비와 노력을 하는데, 이러한 치열한 경쟁상황에서 기업은 신제품을 통해 끊임없이 적응해 나가야 한다.

⑦ 기타, 제품 라인업, 생산설비 활용, 인력, 유통망 등의 역량을 활용하여, 고정비 절감 및 규모의 경제 달성 등을 위해 신제품이 필요하다.

이와 같은 이유로 기업은 끊임없이 신제품이 필요하기 때문에, 다음과 같은 제품전략으로 제품과 시장을 개발하며 지속적인 성장을 하려고 한다.

| | 현재 제품 | 새로운 제품 |
|---|---|---|
| 현재 시장 (고객) | 시장 확대 전략<br>: 점유율 개선<br>➡ 성장 | 제품 개발 전략<br>: 수평적 확대/<br>수직적 통합<br>➡ 성장 |
| 신규 시장 (고객) | 시장 개발 전략<br>: 고객/시장 확대<br>➡ 성장 | 제품/시장 개발 전략<br>: 협의의 다각화<br>➡ 뉴 비즈니스 창출 |

① 현재 제품으로 기존 고객을 대상으로 하는 전략은 기존 진입한 시장을 확대하기 위한 것이다. 따라서 기업은 경쟁사 고객을 스위치하는 한편, 기존 고객의 구매빈도나 구매량을 증대시켜 시장 점유율을 증대시키고자 한다. 하지만 이는 시장의 리더가 아니면 쉽지가 않다.

② 따라서 기존 시장에 새로운 신제품을 추가하는 신제품 개발전략이 필요하다. 이는 반드시 기업 내부에서 고객과 연관된 신제품을 개발하는 것에만 국한되지 않고, 신규시장 개발 또는 신규 비즈니스 개발을 위해 수평적 통합 및 수직적 통합을 통해 기업 또는 사업의 인수합병M&A에 의해 목적을 이룰 수도 있다.

③ 기존 제품으로 새로운 시장에 진입하는 것은 고객 또는 시장을 확대하는 전략이다. 이는 대부분 유통의 확대를 통해 이루어질 수 있다. 오프라인 유통 중심이었던 기업이 온라인 시장에 진입하거나, 대형마트에서 작은 편의점까지 유통을 확대할 수도 있으며, 국

내를 벗어나 글로벌로 시장을 확대하여 진출할 수도 있다.

④ 신제품으로 신규 시장에 진입하는 것은 완전히 신사업을 하는 것과 같다. 우리나라 대기업들이 여러 산업분야에 문어발식 확장을 하여 사업다각화 하는 것도 이에 속한다고 할 수 있다.

●● 〈1〉 통합전략

이상한 나라에서 탈출한 앨리스는 또다시 이상한 나라에 가게 되어 붉은 여왕Red Queen과 함께 길을 달려간다. 『이상한 나라의 앨리스』의 속편인 『거울나라의 앨리스Through the Looking-Glass, and What Alice Found There』에서 나오는 장면이다.

그런데 거울 나라에서는 주변 환경이 멈추어 있지 않고 함께 움직이기 때문에, 열심히 뛰어도 좀처럼 몸이 앞으로 나아갈 수가 없다. 이것은 마치 어린 아이들이 에스컬레이터를 거꾸로 오르며 장난칠 때처럼, 내려오는 에스컬레이터의 속도보다 빠르지 않으면 꼭대기에 당도할 수 없는 것과 같은 이치이다.

마찬가지로 기업의 성장이 정체되어 있다는 것은 경쟁사의 성장에 대비해서 뒤떨어지고 쇠퇴하는 것과 다름없다. 시카고대학의 생물학자 밴 베일른Van Valen은 생태계에서 환경의 변화보다 더 빠르게 적응하지 못하면 결국 도태된다는 측면에서 이를 생태계의 붉은 여왕 효과Red Queen Effect라고 불렀다.

기업도 마찬가지이다. 초창기엔 시장에 진입해서 핵심역량과 전문화를 통해 집약성장이 가능하지만, 이것만으로 지속적인 성장은 어렵다. 지속가능한 기업이 되기 위해 붉은 여왕 효과처럼, 환경의 변화나 경쟁사의 성장보다 더 큰 성장을 하기 위해선 신제품이 필요한 것이다.

아래의 그림에서처럼, 기업은 큰 노력 없이도 성장할 수 있는 미래를 예상할 수가 있다. 시장의 기본적인 성장률이 있고 지금까지 과거와 현재를 통해 어느 정도 미래의 모습이 예측 가능하다. 그러나 기업은 이에 만족하지 않고 더 큰 비전과 목표를 설정해서 박차를 가한다. 그래서 현실과 미래의 목표 사이에는 넘기 힘든 괴리가 생긴다. 즉, 예상되는 미래 대비, 원하는 미래 목표 사이에 전략적 갭Strategic Gap이 발생한다. 따라서 기업은 전략적 갭을 넘어서기 위해 통합적 성장 및 다각화를 통해 기대되는 성장목표를 달성하고자 한다.

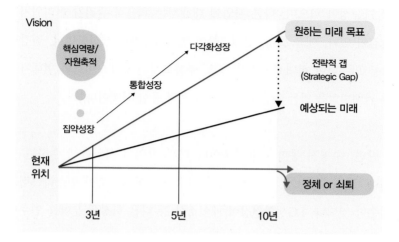

Vision

핵심역량/
자원축적

다각화성장

통합성장

집약성장

현재
위치

원하는 미래 목표

전략적 갭
(Strategic Gap)

예상되는 미래

정체 or 쇠퇴

3년          5년          10년

통합성장은 흔히들 기업의 인수합병M&A을 통해 이루어지고 있는데, 수직적 통합Vertical Combination과 수평적 통합Horizontal Combination의 두 가지 방법이 있다. 수직적 통합은 원재료의 획득에서 최종제품의 생산, 판매에 이르는 전체적인 공급과정을 기업 내에서 모두 행함으로써, 운영비의 절감, 공급과 수요의 확보, 제품개발 프로세스의 효율적 통제, 기술혁신의 용이성 등을 통해 수익성이 있는 사업을 가능하게 한다.

수직적 통합은 전방통합前方統合과 후방통합後方統合으로 구분된다. 먼저 전방통합은 원부자재 기업이 생산공장을 통합하거나, 제품을 생산하는 기업이 유통기업을 통합하는 것으로서, 이는 기업의 시장지배력을 강화시키기 위한 전략이다. 반면 후방통합은 유통기업이 생산기업을 통합하거나, 생산기업이 원부자재 기업을 통합하는 것으로서, 기업이 공급자에 대한 영향력을 강화하고 원가를 절감하기 위한 전략이다.

그러나 수직적 통합을 통해 몸집이 거대해진 기업은 환경변화에 대응이 느리고, 조직의 유연성이 떨어질 수 있으며, 더욱 값싼 외부 공급원을 이용할 수 없게 되어 대규모 생산이 안 될 경우 오히려 원가가 상승

될 가능성이 있으며, 다른 사업에 대해서는 효율적 관리가 어려워지는 단점이 있다. 예를 들어, 현대그룹이 현대자동차를 생산하면서, 철강회사를 인수하여 현대제철을 만들고, 부품회사인 현대모비스와 현대자동차 판매법인을 만든 것은 전형적인 수직적 통합 사례이다.

반면, 수평적 통합은 유사하거나 다른 산업의 사업을 인수하는 것이다. 현대자동차가 기아자동차를 인수하고 페이스북이 인스타그램을 인수한 것이나, LG생활건강이 페이스샵 등 다른 화장품 분야를 인수한 것은 같거나 유사한 업종의 수평적 통합이며, LG생활건강이 한국 코카콜라 사업을 인수한 것은 다른 산업의 사업을 수평적 통합한 사례이다.

수평적 통합을 통해 기업은 규모의 경제를 창출하고, 유통 업체 및 공급 업체에 대한 상대적 힘을 높여 시장을 확대할 뿐만 아니라, 제품차별화 및 새로운 시장진입이 용이할 수 있다. 반면 수평적 통합을 통한 대기업의 문어발식 확장은 차별화된 중소기업이 설자리를 잃게 하고 재벌이라는 무소불위의 계급을 탄생시키는 사회적 폐단도 발생하게 하였다.

이렇게 수직적/수평적 통합을 통해 기업은 제품과 시장을 다각화하여 사업의 범위를 넓히고 지속적인 성장을 누릴 수 있다.

●● ⟨2⟩ NPD Process(신제품 개발 과정)

NPD 프로세스를 크게 보면 '아이디어 발견 및 평가→제품기획→개발→테스트 마케팅→출시'의 과정을 거쳐 이루어진다. 그러나 NPD 프로세스는 각 산업이나 기업마다 차이가 있으므로 각자의 환경에 맞게 보다 세밀하게 구성할 필요가 있다.

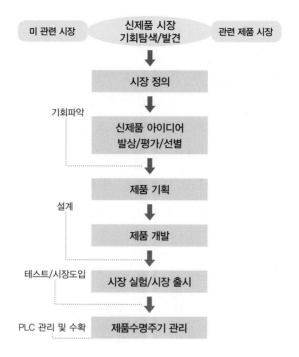

| 미 관련 시장 | 신제품 시장<br>기회탐색/발견 | 관련 제품 시장 |

시장 정의

기회파악

신제품 아이디어<br>발상/평가/선별

제품 기획

설계

제품 개발

테스트/시장도입

시장 실험/시장 출시

PLC 관리 및 수확

제품수명주기 관리

 

내가 다녔던 애경산업은 당시 다국적 기업인 유니레버Unilever와 합작하였다가 독립한 지 얼마 안 되었을 때였기 때문에, 그래서 나는 선진 유니레버 마케팅을 제대로 배울 수가 있었다. 신제품 기획에서 개발, 출시, 광고까지 브랜드 매니저의 총괄적인 마케팅을 지향했던 애경산업의 NPD 프로세스는 마케팅을 중심으로 연관된 R&D, 디자인, 포장개발, 법무팀 등의 다른 부서들에서 동시다발적으로 이루어지는 모든 업무 프로세스를 통합적으로 연결한, 전사적인 NPD 프로세스였다.

나는 이와 같은 시스템에서 신제품 개발을 했었기 때문에, 최근 많은 기업들이 이렇게 하지 못하는 것에 대해 매우 안타깝게 생각한다. 신제품은 기업의 존망을 좌지우지할 정도로 매우 중요한 전사적인 핵심과제이므로, NPD 프로세스는 과거 애경산업에서와 같은 전사적 프로세스가 반드시 필요하다. 만약 애경산업처럼 그 중심을 잡을 마케팅 BM 시스템이 되어 있지 않은 중소기업이라면, 이 업무의 역할은 마케팅 임원 또는 대표이사가 직접 해야 할 것이다.

그 후 나는 미니골드HON에 입사하여 제대로 갖추어지지 않은 NPD 프로세스를 정립코자, 애경의 NPD 프로세스를 응용하여 주얼리 회사에 맞게 정리한 바가 있다. 따라서 각자 회사마다 다른 환경과 조직 특성에 맞게 NPD 프로세스를 만들고, 이에 따라 신제품 개발을 한다면 제품출시를 위한 모든 준비과정에 차질이 없는 체크리스트 겸 이정표가 될 것이다.

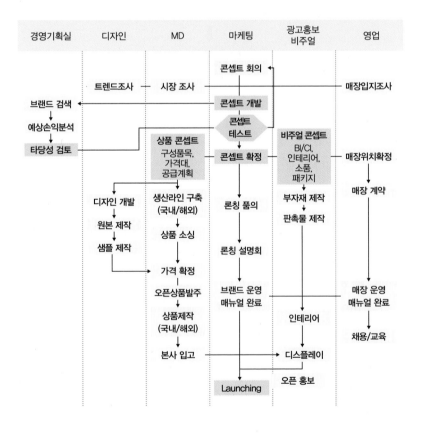

그러나 최근에는 제품수명주기가 더욱 짧아지면서, 아무리 좋은 아이디어라고 하더라도 제품출시의 적기를 놓치면 시장에서 성공하기가 어렵기 때문에, 복잡하고 긴 NPD 프로세스를 모두 지키기는 건 쉽지 않으므로, 모든 신제품을 이런 과정을 통해 개발할 필요는 없다. 빠른 시장 트렌드에 맞게 적기에 출시하는 것이 중요하다면, 어떤 것들은 생략하고 넘어갈 수도 있다. 중요한 것은 시장에서 잘 팔리는 제품을 만들기 위한 것이지, NPD 프로세스를 위한 신제품 개발이 되어 주객이 전도되어서는 아니 될 것이다.

사실 이런 형식적인 폐단이 애경에서 꽤 많았었기 때문에, 이를 깨기 위한 노력도 당시 내겐 꽤 힘든 일이었다. 다만 알고 안 하는 것과 모르고 안 하는 것은 천지차이라 생각된다. 그래도 나는 지금까지 이야기한 환경 분석과 STP 전략이란 일련의 과정을 통해 소비자의 인식에 맞도록 하는 NPD 프로세스를 충실하게 거친 신제품이 보다 성공할 확률이 높을 것이라고 강조한다.

## 8) 히트상품 개발 방안

신제품 개발의 목적은 역시 잘 팔리는 히트상품을 만들기 위한 것이다. 그리고 원칙적으로 히트상품을 만들기 위해서는 무엇보다 소비자의 니즈를 분석하는 것이 중요하다. 즉, 신제품이 히트상품이 될지 못될지의 결과는 고객의 니즈를 경쟁자들보다 더 효과적으로 반영하는 능력에 달려있다.

그러나 소비자는 새로운 니즈를 말할 수 있는 상상력이 부족하다. 실제로 코카콜라 뉴코크New Coke 사례처럼 대규모의 마케팅 조사를 실시했음에도 불구하고 실패한 경우도 있는 반면, 애플의 아이폰처럼 소비자들의 니즈가 전혀 없는 것으로 보이는 상황에서 개발된 제품이 성공한 사례도 있기 때문이다.

따라서 고객의 니즈를 찾아 따라가는 전략은 화장품, 생활용품, 식품같은 트렌드가 빠른 FMCGFast Moving Consumer Goods 제품들처럼, 기술의 변화가 크지 않으며 PLC가 빨라서 빠른 NPD 프로세스를 요구하는 산업에서 적용하는 것이 좋다. 이런 환경에서 소비자들은 과거의 경험으로부터 유추하여 미래에 자신이 원하는 것이 무엇이 될 것인지에 대해 비교적 정확한 표현을 할 수 있다.

이런 시장에서 히트상품을 만들기 위해서는 타깃 고객이 요구하는 사항을 얼마나 잘 충족시킬 수 있는가에 달려있다. 헤비유저Heavy User인 핵심고객을 명확히 선정하고, 그들의 니즈를 만족시키기 위한 STP 전략이 제품개발에서 매우 중요한 전략이 될 수 있다.

반면 첨단기술시장의 경우, 제품이 실제로 구체화되기 전까지 고객은 어떤 제품을 원하고 있다는 것조차도 깨닫지 못하는 경우가 많다. 만약 헨리 포드가 고객의 의견을 따르기 위해 자동차에 대해서 소비자 리서치를 하였다면, 아마도 당시 소비자들은 자동차가 아닌 마차의 개선점만 이야기했을 것이다. 이처럼 신제품에 대해 지식이 전혀 없는 소비자들은 기존 제품에 대한 점진적 개선사항 위주로만 말할 수밖에 없으므로, 기존 시장의 테두리를 벗어나지 못한 채, 완전히 새로운 기회를 창조하기엔 한계가 있다.

따라서 소비자가 모르는 뭔가 혁명적인 변화로 완전히 새로운 신제품을 개발해야 할 책임은 기업에게 달려 있다. 기업은 시장 통찰력을 가지고 때로는 먼저 신제품 개발을 통해 고객을 이끌기도 해야 한다. 페이스북, 구글, 테슬라처럼 고객의 드러나지 않은 니즈를 기업이 먼저 이끌어낼 수만 있다면, 기존에 존재하지 않던 새로운 유형의 히트제품을 창출할 가능성이 높다.

이때 중요한 고객은 캐즘 마케팅에서 말했던 Early Adopters 그룹이다. 그들은 비록 현재의 제품을 다량으로 소비하는 고객이 아닐 수 있지만, 제품에 대한 요구수준이 높고 그 니즈를 충족시키기 위해 여러 가지를 테스트를 해보는 소비자들이기 때문에, 고객들의 Unmet Needs를 새롭게 발견하는 기회를 제공해 줄 수 있다.

이처럼 고객의 니즈를 따라가는 것만으로는 치열한 시장경쟁에서 이길 수 없다. 비단 첨단기술의 제품이 아니더라도 히트상품을 개발하기 위해선, 고객의 니즈를 수용하는 동시에 과감하게 고객을 선도하는 마케팅 전략이 필요하다. 핵심적인 신제품 콘셉트에서는 고객의 니즈를 이끌어가되, 고객과의 접점에서는 고객의 목소리를 최대한 반영하는 양다리 전략이 필요한 것이다. 또한 최근 저성장 시대에서는 완전히 새로운 신상품을 개발하기 위해 대대적인 비용과 시간을 투자하는 것보다, 급변하는 시장 환경과 소비자들의 작은 변심에도 적절히 대응할 수 있도록, 기존 제품을 개량해서 새로움을 부가하여 신제품을 개발하는 것이 효율적이기도 하다. 먼저 기업 내부적으로 기존 제품에 대한 면밀한 검토를 통해 히트 상품의 아이디어를 찾아내는 것이다.

과거 고성장 시대에는 상품개발에 짧게는 1년, 길게는 3년까지 적지 않은 투자를 해도 돌아오는 성과가 커서 문제가 없었지만, 지금의 저성장 시대에선 높은 기술개발 비용에 비해서 개발된 제품의 수명은 더욱 짧아졌고 경쟁은 더욱 치열해져서, 신제품에 대한 폭발적인 매출을 기대하기 어려워졌다. 그러나 기업이 지속가능하기 위해선 신제품을 계속 출시해야만 한다. 그래서 지금은 완전한 신제품보다 이미 있는 것을 기본으로, 바꾸고, 나누고, 늘리고, 줄이는 과정 등을 통해, 자사의 기존 제품이나 경쟁사의 제품들보다 더 저렴하거나, 다르거나, 좋거나, 매력적으로 신제품이 기획되는 것이 지금 저성장 시대의 가장 효율적인 신제품 개발 방법이 될 수 있다.

### ① 기존 제품의 구성 요소를 추가하거나, 크기를 확대

최근에 가장 빈번하게 바뀌고 있는 휴대폰의 경우를 보면, 매년 뭔가 새로운 기능이 추가되거나 카메라의 화소 수, 줌렌즈의 기능 등이 확대되면서 매년 소비자들을 유혹하고 있다. 특히 삼성전자의 갤럭시 시리즈의 경우, 소비자들은 매년 봄과 가을이면 의례적으로 신제품이 나올 것이라는 기대를 할 정도이다.

또한 소비자들이 항상 제품이 커질수록 좋아하는 시장도 있다. 바로 텔레비전, 냉장고, 세탁기 등의 가전시장이다. 여기서의 핵심은 단순히 커지기만 하면 안 된다는 것이다. TV는 화면이 커진 만큼 점점 얇아져서 공간을 적게 차지하게 되었으며, 냉장고의 내부 용량은 커졌으나 외부 사이즈는 변함이 없어 주방에 위치하기 좋다. LG트롬 트윈워시 세탁기는 작은 빨래용 세탁기를 따로 세탁기 아래에 하나 더 추가하여, 높이가 더 길어지게 하였다. 이는 일반적으로 세탁기가 차지하는 공간이 가로로 부족한 반면에 세로로 여유가 있는 공간에 대한 배려이면서, 작은 빨래만 할 때의 불필요한 에너지와 자원을 절약할 수 있다는 일석이조의 장점을 가지고 있다.

비단 첨단제품뿐만 아니라 화장품의 경우도 마찬가지다. 지속적으로 새로운 구매 욕구를 일으키기 위해서 기존 제품에 새로운 성분이 추가되며 신제품이 출시되고 있다. 특히 남성화장품은 남자들이 사용을 손쉽고 단순하게 하고 싶어 하는 니즈에 착안하여, 2-in-1을 넘어 4-in-1, All-in-1으로 기능이 계속 추가되는 한편 사용의 편의성을 증대하여, 최근 남성화장품의 주류를 형성하고 있다.

또한 본연의 기능은 유지하면서 상품 자체의 사이즈만 늘리기도 한다. 그것이 내용물이든 패키지든, 고객이 생각하는 '일정한 사이즈'라는 고정관념에 반전을 일으킴으로써, 새로운 구매 욕구를 만들어낼 수 있다. 기능은 유지하되 크기나 용량을 크게 변화시킴으로써, 전에는 없었던 매력을 발산하는 새로운 상품이 되는 것이다.

최근 화장품 업계에서 숫자 마케팅이 히트를 한 적이 있다. 같은 제품의 용량을 늘리거나, 핵심원료의 함량을 크게 늘려 숫자로 표시함으로써, 어려운 경제 상황에서 같은 가격으로 경쟁사보다 더 많은 용량을 제공하여 경쟁적 우위를 점하려는 것이다. 또는 에멀전보다 더 많은 양을 사용하는 스킨의 용량을 더 크게 만들어 고객에게 사용상의 혜택을 줄 수도 있다. 아무런 기능의 변화가 없더라도 크기, 용량 등의 증가는 소비자의 니즈와 원츠를 새롭게 만족시켜 줄 수 있는 상품기획이 될 수 있다.

### ② 제품의 기능이나 크기를 축소

우선 고객에게 불필요한 기능을 빼보자. 카페인이 없는 커피, 설탕이 첨가되지 않는 음료수 등이 좋은 사례가 될 수 있을 것이다. 애플 아이폰은 스마트폰의 외부에 있는 수많은 컨트롤 버튼을 없애고 하나로 만들었다. 실제 소비자가 자주 사용하는 기능은 하나의 버튼이면 충분하기 때문에, 복잡한 기능은 소비자가 화면에서 조절할 수 있는 인터페이스로 전환하여, 소비자는 감각적이고 심플한 디자인의 스마트폰을 접할 수 있게 되었다.

LG전자의 노트북 PC인 그램GRAM은 무게를 파격적으로 줄이면서도 노트북 PC가 주는 기능은 더욱 고성능으로 확대하여, 크게 히트를 하고 있다. 내가 지금 사용하고 있는 것은 비교적 사이즈가 큰 15.6인치인데도 여전히 1kg이 넘지가 않기 때문에, 기존에 가지고 있는 태블릿을 거의 사용하지 않고 항상 노트북 PC를 가지고 다닐 정도이다. 노트북의 이동성에서 가장 문제였던 무게를 줄임으로써 고객의 불편함을 해소하였기에 가능한 일이다.

최근 화장품업계에서 클린뷰티, 비건 열풍이 대단하다. 피부에 좋지 않은 유해성분이나 동물성 원료를 제거함으로써, 소비자들에게 직접적으로는 안전함과 피부만족을 제공함과 동시에, 환경적으로도 좋은 이미지를 제공한다. 이는 내용물뿐만 아니라 패키지에도 영향을 주고 있다. 케미컬하고 재활용이 되지 않는 재질을 축소 또는 제거한 친환경 포장재들이 소비자들에게 기업 및 브랜드 이미지를 더욱 좋게 하여 히트상품이 될 수 있다.

그러나 여전히 변하지 말아야 할 점은 상품으로서의 가치이다. 상품의 크기를 축소하여 새로운 상품기획을 할 때는 디테일과 기능의 보장이 중요하다. 아무리 작아졌다고 해도 기존의 제품이 가지고 있던 핵심기능이 보장되지 않는 축소는 고객에게 새로운 가치를 제공해 주지 못한다. 이 때문에 크기의 변화를 통해 새로운 상품을 기획할 때는 반드시기능의 구현이 전제되어야 한다. 크기를 축소하는 경우, 작은 것은 작기 때문에 가지는 새로운 가치를 만들어내야 하고, 소비자들에게 새로운가치가 되어야 한다. 작아진 것은 좋지만 작아졌기 때문에 무뎌지거나생략되었거나 표시할 수 없다면, 성공적인 히트상품이 되기 어렵다.

### ③ 색상 바꾸기

컬러는 인간의 기본적인 욕구와 밀접한 관련을 맺고 있기 때문에 사람들은 색채에 민감한 반응을 보이고, 이것이 곧 구매 충동으로 직결된다. 미국의 컬러 컨설턴트인 캐시 라만쿠사Kathy Lamancusa는 소비자가 제품에 대해 가지는 첫 인상의 60%는 컬러에 의하여 결정된다고 했으며, 한국의 한 연구 결과에 따르면, 소비자가 제품을 선택할 때 시각 효과가 87%나 영향을 준다고 할 만큼, 색상을 바꾸는 일은 새로운 차별화를 창출할 수 있다. 특히 색상 바꾸기는 특별한 기술이나 큰 비용을 들이지 않아도 쉽게 적용할 수 있는 방법 가운데 하나이다. 이는 기업에겐 비슷한 상품들 간의 구분을 주어 유통의 편리성을 제공하며, 소비자들에게는 좋아하는 색상에 대한 만족감을 상승시키는 좋은 방법이다.

아이폰은 그동안 항상 검은색이었던 휴대폰 시장에서, 정반대의 흰색을 출시하여 파격적인 색의 반전을 만든 이래, 지속적으로 흰색을 고집해 왔다. 이후 애플은 프리미엄 라인인 아이폰5S에 골드색을 추가하여 확실한 차별화를 이끌어 냈는데, 특히 금색을 좋아하는 중국에서 엄청난 인기를 끌며 단 3일 만에 전 세계적으로 900만 대가 팔리는 기염을 토하였다.

그리고 삼성전자도 핸드폰의 패션시대를 이끌며 갤럭시 노트20 레드를 출시하여, 젊은 여성고객들의 시선을 사로잡고 있다. 경제 상황이 좋지 않을 때에는 어두운 색보다 화려한 색의 인기가 높아서, 원색의 의류나 진한 립스틱이 잘 팔리는 현상을 활용한 것이다.

그러나 색상 바꾸기의 목적이 소비자들이 좋아하는 색으로 무조건 유행을 쫓는 것에 머무르는 것은 좋지 않다. 앞으로 인기를 끌 색을 만들어 내고, 남들이 하지 않은 과감한 시도를 통해 사람들의 고정관념을 깨야만, 새로운 차별화를 만들 수 있을 것이다.

### ④ 디자인 바꾸기

디자인 변경은 소비자들에게 시각적으로 확연하게 상품을 구분하여 다르게 인식하게 한다. A형만 존재하던 세상에 기능은 같지만 모양이 다른 B형이 출현하면, 고객들은 자연스럽게 기존의 A형보다는 참신한 신제품으로 인지하게 된다. 디자인 변경은 이전보다 쉽고 간단하고 편하게 바뀌는 게 좋다. 때론 아주 특이한 모양으로 이슈를 만들 수도 있지만, 오래 지속되지 않는 경우가 많다.

녹십자의 '바로빗 염색약'은 간편하게 빗을 튜브용기에 장착해서 집에서 혼자 손쉽게 머리를 염색할 수 있는 제품이다. 이 제품은 고객의 편의성 측면에서 디자인을 바꿔 머리염색 과정의 불편함을 파격적으로 줄이고, 염색하고 남은 용량을 따로 보관하여 다시 사용할 수 있게 만들어, 머리가 짧은 사람이나 새치머리 부분 염색만 하는 사람들에게 경제적인 혜택도 제공함으로써, 홈쇼핑에서 크게 히트하였다.

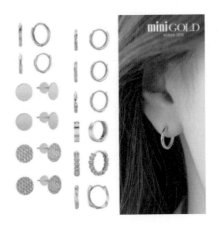

디자인변경은 트렌드가 빠른 여성용 패션, 화장품, 액세서리 분야에서 가장 빈번하게 이루어지고 있다. 단순한 청바지에도 수많은 디자인이 있고, 화장품 패키지 디자인은 시도 때도 없이 바뀌면서 계절마다 시즌 신제품으로 출시되고 있다. 특히 주얼리/액세서리 분야는 귀걸이 하나만 해도 비슷한 듯 조금씩 다른 디자인이 수만 가지나 된다. 내가 주얼리 회사인 미니골드에 근무했을 때, 가장 큰 난제 중의 하나가 매월 조금씩 바뀌면서 나오는 신제품들 속에서 부진한 재고를 처분하는 일이었다. 금은 나중에 녹여서 금값이라도 뽑을 수 있지만, 액세서리 같은 경우는 대부분 헐값에 도매상에 넘기거나 폐기처분해야만 했다. 그래서 디자인변경을 할 때 주의해야 할 점은 적정 수준의 '규모의 경제'이다. 만약 규모가 원하는 수준이 되지 못하면 재고만 늘어나기 때문에, 디자인변경이 신중하게 적용되어야 한다.

그리고 스토리텔링이나 명확한 목표고객에 대한 설정, 또는 납득할 만한 맥락이 없이 단순히 디자인만 바꿔서 다르게 보이려는 것만으로는 한계가 있다. 고객들이 인정할 수 있는 차별점의 필요성을 인식하고 불편을 해소함으로써, 고객 관점에서의 R&D나 디자인이 동반되어야만 한계점을 넘을 수 있다.

⑤ 소재 변경

소재 변경은 기존 제품의 모양과 크기를 동일하게 유지하면서도, 제품이 제공하는 특정한 효과를 더욱 증대할 수 있을 때 사용된다. 소재 변경은 시각과 촉각을 통해 새로운 정보를 전달하며, 식품이나 화장품 등의 경우에는 향을 바꿈으로써 후각을 통해 상품변경에 대한 정보를 전달하기도 한다.

소재 변경은 기업 입장에서 효능의 차별화를 제공하며, 아직 가격 형성이 안 된 신소재를 사용할 경우 원가절감을 꾀할 수도 있다. 일반적으로 소재를 바꾸면 가격이 달라지고, 가격이 달라지면 자연스럽게 구매대상도 달라진다. 만약 소재를 바꾸었는데도 가격이 같고 구매대상이 같다면, 소재 변경은 기업의 원가구조 개선에 역할을 했을 것이다.

특히 화장품 분야에서 기존제품의 제형을 바꿔서 신상품으로 출시한 경우를 쉽게 발견할 수 있다. 클렌징 제품만 해도 크림, 로션, 오일, 워터, 거품 타입 등의 다양한 제형과 소재가 존재하며, 마스크시트에는 부직포, 순면, 하이드로 젤, 바이오 셀룰로오스, 물에 녹는 시트 등 소재의 변화를 통한 신상품의 진화는 계속되고 있다.

여름의 필수 아이템인 선크림의 경우도 무척 다양한 형태로 나오고 있는데, 그중 선스틱은 스틱 형태라서 손에 묻히지 않고 수시로 얼굴뿐만 아니라 노출된 부위인 팔이나 다리에도 쉽게 바를 수 있어 편리해서 히트를 했다. 또한 공전의 히트상품인 쿠션 제품의 경우도 소재의 변화를 통해 기존 파우더 제품의 문제점을 개선하고 보습이라는 새로운 부가가치를 제공하였기 때문이다.

하지만 많은 소재와 재료, 부품들은 중간재와 산업재 성격을 띠기 때문에, 고객들은 소재의 변경에 대한 정보를 쉽게 인지하기 어려운 것이 사실이다. 더 좋은 소재로 변경한 것을 설명 없이 그대로 두면, 색상이나 모양을 바꾼 상품기획보다 주목을 끌지 못할 우려가 매우 높다. 잘 모르는 상품에 대해서 고객들이 구매할 이유는 없다. 따라서 기업은 달라진 소재에 대한 정보를 고객에게 정확하게 제공함으로써, 고객들이 상품에 대한 새로운 인식을 가지게 하는 것이 중요하다.

특히 최근처럼 온라인을 통한 1인 미디어가 발달하고 투명경영 및 환경보호에 대한 사회적 요구가 강화되고 있는 상황에서, 기업이 먼저 적극적으로 친환경적인 소재에 대한 변화와 개선을 알리는 것은 회사와 브랜드에 대한 이미지 제고에도 좋은 영향을 미칠 것이다.

⑥ 보다 저렴하게 변경

소비자 입장에서 같은 상품이라면 저렴한 것이 비싼 것보다 더 낫다. 그러나 저렴한 것은 반드시 값이 싸다는 것만은 아니다. 중요한 것은 소비자들이 지불하는 가치가 얻는 가치보다 더 저렴하다고 인식하게 하는 것이다. 사람들은 이를 가격 대비 성능, 가성비라고 부른다.

한마디로 말해서 가성비가 좋아야 한다. 가격이 저렴하면 사람들은 조금 먼 거리도, 약간의 불편함과 수고나 기다림까지도 대부분 감수할

만큼, 낮은 가격이 가지는 파워는 시공을 초월해 막강하다. 저렴한 가격
만큼 소비자의 구매욕을 자극시키는 것도 없다. 특히 최근에는 SNS를
통해 소비자들이 무명의 신제품들을 직접 만나고 공유하면서, 가성비
좋은 제품들이 유명 브랜드들을 극복하고 있는 사례들이 많이 늘어나고
있다.

대륙의 실수라고도 불리는 중국의 샤오미는 파격적인 가성비로 중국
및 인도의 휴대폰 시장에서 상위권의 매출을 달리고 있으며, 최근에는
TV, 주방용품 등의 가전으로 제품범위를 넓혀, 가성비뿐만 아니라 특유
의 하얀 색의 심플하고 예쁜 디자인으로 많은 고객을 확보하고 있다.

가격을 낮추려면 최대한 정확하게 목표시장의 규모를 예측하고, 원
부자재에서 상품이 만들어져서 유통이 되기까지 가치사슬Value Chain의 전
과정을 정확히 알고 있어야 어느 부분에서 어떻게 원가를 절약할 수 있
을지를 알 수 있다.

그러나 협력업체와의 이면합의, 또는 고압적인 위치를 이용해 일시적
으로 납품가를 낮추어 상품을 저렴하게 파는 것은 오래갈 수가 없다. 지

속적인 제조마진 및 유통마진이 확보되지 않으면 저렴한 상품은 제 기능을 발휘하지 못하게 된다. 부실 상품과 부적합한 상품이 나오는 근본적인 이유는 가격이라는 결과에만 집착해서, SCM Supply Chain Management 과정에 속해 있는 많은 업체들 중에 누구 하나라도 손실이 나기 때문이다.

세상에 손해 보는 장사하는 사람 없다고, 어느 기업이라도 손해가 나면 이를 막기 위해 제품이 부실화될 수밖에 없다. 따라서 신상품의 가격 대비 소비자가 수용할 수 있는 품질을 높여야, 지속적으로 가성비가 좋은 '상대적으로 저렴한 상품'으로 차별화될 수 있을 것이다.


⑦ 더 매력적으로 변경

지금까지 말한 제품의 모양, 크기, 소재, 가격 등의 변화를 통해 차별화된 제품을 만들려고 하는 일은, 한마디로 제품을 더욱 매력적으로 보이기 위한 것이다. 매력적이지 않은 제품은 잘 팔리지 않을 것이고, 팔리지 않는 제품은 상품이라고 할 수 없다. 경쟁이 심화되지 않았던 시대에는 제품이 매력적이지 않아도 판매에 문제가 없었다. 다만 좀 덜 팔렸을 뿐이다. 그래도 먹고살기엔 별로 지장이 없었다. 하지만 흔한 볼펜과 복사용지조차도 수많은 경쟁상품이 존재하는 현재 시장에선, 매력적이지 못하면 아예 팔리지가 않고 기업은 지속가능하지 않게 된다.

따라서 매력적으로 변하기 위해선 기존보다 더 나아지는 방향으로 달라져야 한다. 그저 다르기만 하면, 소비자들의 선호도에 따라 호응을 얻을 수도 있고 실패할 수도 있다. 따라서 고객들이 더 호감을 가지고 더 관심을 가지는 방향으로 다른 것이 되어야 한다. 이것이 바로 차별화의 방향성이다. 따라서 신상품의 차별화는 소비자의 인식 속에 이미 자리 잡고 있는 자사의 기존상품이나 타사의 상품이 위치해 있는 것보다 조금이라도 더 좋고 매력적으로 달라지는 방향으로 개발되어야 한다.

상품은 어디엔가 노출이 되어야 유통의 기회를 잡을 수 있는데, 어느 유통업체도 매력적이지 않은 상품에 대하여 기회비용을 투자하며 노출시킬 이유가 없고, 설령 노출된다고 한들 매력 없는 상품이 고객들의 선택을 받는다는 것은 기대하기 어렵다. 이런 저런 방법을 통해 어떻게든 유통에 진입했더라도, 매력이 없는 상품은 잘 팔리지 않아서 재고가 쌓이고, 결국은 유통에서 제외되는 것도 시간문제일 것이다. 따라서 신제품이 물리적으로 얼마나 더 나아졌는가도 중요하지만, 얼마나 더 소비자에게 매력적으로 변했는가를 인식시키는가도 중요하다. 그래서 마케팅은 제품의 싸움이 아니라 인식의 싸움인 것이다.

### ⑧ 타이밍의 미학

최근 많은 신제품들의 수명주기가 단축되면서 범용화의 속도가 빨라지고 있다. 아무리 좋은 아이디어라 할지라도 출시의 적기를 놓치면 성공여부를 장담하기 어렵게 된 것이다. 과거 맥킨지의 분석에 의하면 하이테크 산업에서 신제품 출시가 6개월 늦어지면, 총 잠재이익의 30% 정도가 상실된다고 했다. 그래서 기업들은 개발기간 단축을 위해 프로세스 혁신, 생산 공정의 혁신 등의 활동을 지속적으로 전개하고 있는 것이다.

그렇다고 무조건 빨리 출시해야 된다는 것은 아니다. 속도란 속력과 방향성의 상호 작용으로 나타난다. 방향이 틀리면 아무리 빨리 달려도 히트할 수가 없다. 시대를 앞선 것으로 평가받는 제품들이 초기에 고전을 면치 못하는 이유가 여기에 있다. 생수는 86년도에 첫 제품이 출시되었지만 당시 물을 사 먹는 것에 익숙하지 않았던 소비자들에게 외면을 받았다가, 90년대 들어 시장을 형성하기 시작하여, 지금은 1조 원이 넘는 규모로 성장하였다.

국내 프로바이오틱스 시장 규모 (단위:억 원)

출처: 식품의약품안전처, 한국건강기능식품협회

최근엔 프로바이오틱스가 건강기능식품 시장을 흔들고 있지만, 국내시장이 커지기 전까지 시장 1위 브랜드는 셀바이오텍의 듀오락이었으나, 일반 유산균 식품에 비하면 큰 규모를 차지하지 못하였다. 그러나 2016년 매출액 180억 원으로 시작한 락토핏은 2018년 900억 원으로 3년간 연평균 123%의 급성장을 기록했으며, 2019년엔 2000억 원을 넘어 국내 프로바이오틱스 시장을 재편하였다. 그 후 수많은 기업들이 다양한 프로바이오틱스 신제품을 출시하면서, 프로바이오틱스는 소비자의 마음속에 건강기능식품으로서 필수적인 상품으로 인식되고 있다.

내가 애경산업에서 근무했던 90년대 중반, 색조화장품 아이섀도를 하나의 용기에 하나의 컬러만 있는 것으로 출시했다가 크게 실패한 적이 있다. 지금은 많은 제품이 이리 나오지만, 당시만 해도 아이섀도는 한 용기에 3~4개의 컬러가 있는 게 일반적이었기 때문이다. 비록 미래의 소비자 트렌드가 그렇다고 하더라도, 너무 앞서가는 시기상조의 신제품들은 소비자의 인식 속에 자리 잡기까지 비교적 많은 시간이 걸릴 수밖에 없다.

페이스북, 유튜브도 스마트폰이 보편화되기 전까지는 얼리어댑터들의 전유물이었으며, 반대로 스마트폰 성공의 이면에도 SNS의 확산이 도움이 되어 상부상조가 되었기 때문이다.

이 모든 것들은 기술의 발전과 인터넷 속도의 확산이 큰 몫을 담당했다. 이 삼박자가 빠르게 이루어지지 않았다면, 우리가 일상 속에서 사용하고 있는 SNS와 스마트폰은 아직도 먼 이야기로 남아 있었을지도 모른다.

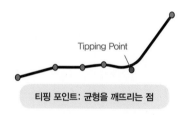

티핑 포인트: 균형을 깨뜨리는 점

야구에서 훌륭한 타자는 때를 기다렸다가 가장 잘 칠 수 있는 공이 올 때를 찾아내려고 노력한다. 즉, 티핑 포인트Tipping Point를 찾아서 기다렸던 공이 오면 전력으로 방망이를 휘두르는 것이다. 1984년 출시된 저렴하고 대중적인 팩스는 미국에서 약 8만 대가 팔렸고, 그 후 85~86년에는 조금씩뿐이 판매량이 늘지 않았다고 한다. 그러다 87년에 와서 갑자기 무려 백만 대가 팔려 나갔는데, 바로 87년이 팩스의 티핑 포인트였던 것이다. 티핑 포인트란 유행의 출현, 신제품 수요의 폭발적 증가 시점을 의미하는데, 모든 게 다 때가 맞아야 한다는 것이다.

박카스, 새우깡, 칠성사이다, 초코파이, 하이트, 삼성 갤럭시, LG 휘센, 라네즈 등은 여전히 우리나라의 인기 있는 히트 상품이다. 이들의 공통점은 히트 상품이라는 점 이외에 장수상품이라는 것이다. 과거 히트상품들을 살펴보면 의외로 단명한 제품들이 많다. 캐즘을 극복하였다

해도 후기 대다수의 수용자에게까지 확산되지 못했기 때문이다. 하지만 조기에 교두보를 확보하여 확산된 장수 제품들은 사회의 문화적 코드로 자리 잡게 되어 불황에도 흔들리지 않는 튼튼한 기반을 제공해 준다. 더욱이 고객과의 밀접한 관계를 통해 새로운 시장으로의 진출 역시 수월하게 이룰 수 있다.

최근 코로나19로 인한 언택트Untact 시대가 되어, 대부분 기업이 힘든 와중에도 히트상품들은 여전히 흔들리지 않고 지속적인 매출을 이루고 있는데, 이것이 히트상품의 진정한 파괴력이다.

# Price (가격)

가격에 대한 마케팅을 이야기할 때는 가격정책Price Policy이란 말을 많이 사용한다. 대체로 가격이 단기적인 전술과 정책으로 활용되기 때문에, 가격 뒤에 정책이란 단어가 더 많이 따라오는 경향이 크다. 그럼에도 나는 가격정책이란 말보다 가격전략Price Strategy이라고 말하고 싶다. 그 이유는 신제품 개발에서 시장에 대응하기 위한 가격결정Pricing은 전술보다는 전략에 더 가깝기 때문이다.

마케팅 업무는 대부분이 돈을 지출하는 게 많지만, 4P 중에서 가격만이 유일하게 수익을 창출하는 부문이다. 그런 면에서 가격전략은 그 어느 것보다도 중요할 수 있으나, 대부분 기업에서는 원가현황과 경쟁사와 대충 비교해서 가격을 정하는 경우가 많다. 그래서 나는 이 글에서 프로모션 성격의 가격정책보다 가격결정이라는 전략적인 측면에서 이야기하고자 한다.

사람들은 자신이 지불한 것에 대한 대가를 원하고, 그 대가는 최소한 기대한 것과 같거나 그보다 좋기를 바란다. 소비자가 기대하는 그 대가가 바로 제품을 구입한 비용에 대한 가치이기 때문이다. 소비자들이 돈을 지급하고 제품을 구입한다는 것은 그 비용에 대해 기대되는 편익(또는 혜택, Benefit)을 구입하는 것이다. 여기서 편익이란 단순히 제품의 기능이나 품질만이 아니라, 브랜드 이미지, 구매의 편리성, 고객 서비스 등 종합적인 관점을 의미한다.

그런데 만약 소비자가 지불한 비용보다 기대했던 편익이 나쁘면 어떨까? 소비자가 그 제품에 대해 느끼는 가치Value가 떨어지게 되어, 다시는 그 제품뿐만 아니라 관련 브랜드의 다른 제품들도 구입하려 하지 않을 것이다. 따라서 이를 공식화한다면, 소비자가 제품을 구입하여 느끼는 가치란, 제품이 제공하는 편익에서 지불한 비용을 뺀 나머지Benefit - Price = Value가 된다. 만약 소비자가 지불한 가격 대비 제품의 편익에 더 만족을 한다면 그 가치는 높아질 것이고, 불만족한다면 가치는 떨어질 것이다. 그러므로 가격의 결정을 위해서는 반드시 소비자의 입장에서 제품의 편익과 가격의 수준을 비교하여 최대의 가치를 제공할 수 있도록 판단해야만 한다.

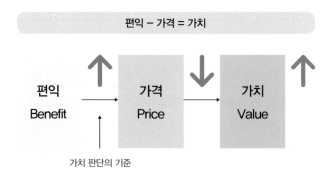

## 1) 유보가격, 최저수용가격

가격은 제품의 편익에 상응해야 하지만, 때론 기업의 상황, 기업전략, 시장특성에 따라 상이한 관계를 나타낼 수도 있다. 소비자들은 저마다 개인의 경험, 외부의 광고효과, 다른 상품과의 비교를 통해 특정한 제품에 대해 최고로 많은 돈을 지불할 의향을 가지는 금액인 유보가격Reservation price과 더 이상 낮아지면 품질에 의문을 가지기 때문에 구매하고 싶지 않게 되는 최저수용가격Lowest Acceptable Price을 가지게 된다.

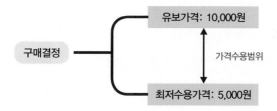

만약 내가 어느 중국식당에 가서 점심식사로 자장면을 먹으려고 하는데 가격이 15,000원이라고 한다면 어떨까? 물론 들어간 재료에 따라 가격은 달라질 수 있지만, 자장면을 먹으려는 이유는 간단하게 점심 한 끼를 때우려고 하는 것이라서, 나는 절대로 점심식사로 1만 원 이상의 자장면을 먹고 싶지 않다. 이때 1만 원이 나의 유보가격이다. 반대로 요즘 초저가 옛날 자장면을 내세워 한 그릇에 3,000원에 파는 곳도 있다. 하지만 내가 5,000원 미만의 자장면은 왠지 사 먹기가 의심스럽다고 생각한다면, 나의 최저수용가격은 5,000원이 되는 것이다.

그리하여 소비자들은 새로운 상품에 대한 품질정보와 가격정보가 자신의 최저수용가격과 유보가격 사이에 들어오면 구매를 결정하게 된다.

제품가격이 소비자의 유보가격보다 낮으면 소비자들의 구매가 증대되므로, 기업이 장기적으로 소비자들이 생각하고 있는 유보가격을 상향시키기 위해 노력하는 일은 수익증대를 위해 매우 중요한 가격전략이 될 것이다.

유보가격은 소비자가 느끼는 제품의 가치나 효용, 선호도에 따라 달라지고, 개인별 편차가 클 수도 있으며, 반복구매, 집단구매, 복합구매 등 소비행태나 시장환경의 변화 등에 따라 달라질 수 있기 때문에 올바른 소비자 조사가 중요하다. 최근의 온라인과 모바일로 구매가 이루어지는 소셜 커머스와 같은 디지털 환경에서는 고객의 구매 패턴, 빈도, 가격수준 등 구체적인 정보를 수집할 수가 있어서, 기업이 소비자들의 적절한 유보가격을 파악할 수 있는 중요한 정보를 제공하고 있다.

하지만 대다수의 기업들은 단기적 성과 때문에 보다 쉬워 보이는 최저수용가격을 낮추는 것에 더 많이 노력하는 경향이 있다. 물론 이것이 나쁜 방법이란 것은 아니다. 단기적으로 매출상승 효과를 기대할 수 있기 때문이다. 그러나 최저수용가격을 낮추는 전략은 장기적으로 규모의 경제를 달성할 때까지 지속적이고 끈기 있는 자원의 투입이 따라줘야 해서, 시장에 지배력을 가지기 전까지는 충분한 이익을 취하기 어렵다. 2014년부터 2019년까지 누적적자 3조 7천억 원에 이르는 쿠팡 같은 저가의 포지셔닝 전략은 그만큼 기업도 장기간의 출혈을 감내할 수 있는 자신이 있어야만 한다.

따라서 신상품의 품질을 가격 대비 기존의 최저수용품질과 유보품질 사이에 두고 지속적으로 유보가격을 올릴 수 있는 방법을 찾아야, 단순히 값싼 제품이 아닌 수익을 창출할 수 있는 가성비 좋은 상품으로 부각시킬 수 있을 것이다.

## 2) 준거가격

일반적으로 소비자는 어떤 상품을 살 때, 과거 경험이나 기억, 외부에서 들어온 정보 등에 의해 특정 기준의 가격을 떠올리게 된다. 이를 준거가격Reference Price이라고 하는데, 소비자가 어떤 상품의 구매에 대해 지불하고자 기대하는 가격을 의미한다.

소비자는 한 제품의 판매가격을 개별로 기억하기보다는 그 제품군의 전체적인 가격범위로 기억하는 경향이 있는데, 이를 소비자의 수용가격범위Acceptable Price Range라고 한다. 이는 바로 유보가격과 최저수용가격의 사이를 말하는 것으로서, 준거가격은 그 범위 안에 위치하게 된다.

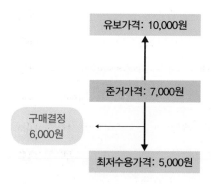

예를 들어, 나의 자장면에 대한 준거가격은 5,000원~10,000원 사이에 존재하며, 만약 나의 준거가격이 7,000원이라면 5,000원~7,000원 사이의 가격에서 자장면을 사 먹을 것이다. 즉, 수용가격범위 내에서 판매가격이 준거가격보다 낮을수록 구매 의사가 높아지고, 반대인 경우

비싸다고 인식해 구매를 자제하게 된다. 이처럼 소비자 마음속의 준거 가격은 제품의 가치와 구매 의사결정에 큰 영향을 주기 때문에, 마케팅 가격결정Pricing 전략에 매우 중요한 개념이다.

준거가격은 정보의 원천에 따라 외적External 준거가격과 내적Internal 준 거가격으로 나뉜다.

### ① 외적 준거가격

외적 준거가격은 구매 시 외부환경에서 노출되는 자극과 정보를 바탕 으로 형성되는 기준가격으로서, 주로 광고매체, 카탈로그, 권장소비자 가 등을 통해 소비자에게 전달된다. 제조업체나 유통업체가 제품의 정 가와 할인가를 함께 표시하거나, 경쟁사 가격과 비교하여 제시하는 것 이 대표적이다.

원래 정가와 할인가격을 함께 제시해 놓을 경우, 소비자의 준거가격 은 정가가 되고, 이를 기준으로 자신이 더 저렴하게 제품을 구매한다고 생각하게 된다. 따라서 외적 준거가격에 의해 소비자가 느끼는 제품의 가치가 높아지면, 소비자는 구매를 결정하게 될 것이다.

② 내적 준거가격

개인의 과거 구매경험, 기억 등에 의한 정보를 바탕으로 마음속에서 정해 놓은 가격을 말한다. 예를 들어 소비자가 과거에 온라인으로 20,000원 정가의 립스틱을 할인된 가격인 15,000원에 구매하였다면, 정가에 상관없이 해당 립스틱 가격은 15,000원으로 인식되어, 차후에도 20,000원에 사기를 꺼리게 된다. 국내 화장품업계의 관행적인 할인 정책에 대해 소비자들은 내적 준거가격이 형성되어 있어서, 나중엔 할인할 때만 제품을 구입하려는 경향이 생기는 것도 이러한 이유다.

이렇게 형성되는 내적 준거가격은 개인적인 경험에 따라 달라지기 때문에 주관적이며, 할인을 자주 하는 제품일수록 소비자의 내적 준거가격이 이미 낮게 책정되어 있어 가격할인 효과가 점점 낮아지게 되는 문제점을 내포하고 있다. 한편 신제품은 아직 준거가격이 형성되어 있지 않기 때문에, 과거에 구매하거나 사용한 경험이 있는 비슷한 제품의 가격이 준거가격이 되기도 한다.

"소비자의 지식 관여도가 소비자의 준거가격에 미치는 영향에 관한 연구(박승배, 1998)"에 의하면, 소비자가 준거가격을 결정하는 요인들은 다음과 같다.

- 현재 시장가격: 가격에 대해 불확실한uncertain 소비자는 가격회상price recall이 잘 되지 않기 때문에, 합리적인 판단을 위해서 현재 가격에 관심을 가지게 된다.

- 기대되는 시장가격: 준거가격을 제시한 광고가 준거가격을 제시하지

않은 광고보다 소비자들이 더 이득을 본다고 생각하게 한다(Blair and Landon, 1981).

- 과거 가격: 유사한 자극을 가진 이전의 경험이 자극과 관련된 판단에 영향을 준다(Porducci and Perret, 1971). 이는 과거의 가격수준이 현재의 가격수준에 영향을 준다는 것을 의미한다.

- 가격품질 연상: 일반적으로 소비자는 제품의 품질을 판단할 충분한 정보를 가지고 있지 못하기 때문에, 가격을 품질의 지표로 사용하는 경향이 있다. 즉 가격이 높을수록 품질이 더 좋은 것으로 생각한다. 이러한 가격품질 연상 심리는 일반적으로 가격이 높은 제품의 품질이 더 좋았다는 과거의 경험에서 비롯된다.

- 소비자 지식: 제품에 대한 지식이 확실한 경우에는 보다 좁은 수용가격범위를 갖으며, 제품지식이 적은 소비자들은 수용가격범위의 하한선을 더욱 낮게 설정한다(Rao and Sieben, 1992).

- 관여도 및 제품 친숙성: 높게 관여되어 있는 사람은 낮게 관여되어있는 사람보다 수용가격범위가 좁다.


## 3) 가격책정(Pricing) 방법

### ① 원가기초 가격(Cost-based pricing)

제품을 생산하는 데 들어가는 원가와 비용, 그리고 기업의 기본적인 이윤을 포함하여 가격을 산정하는 고전적인 방법이다. 이때 주의할 점은 좋은 제품을 만들겠다는 욕심에 원가가 너무 높아져서 소비자 가격도 높아지는 경우이다. 그러면 소비자의 유보가격 범위를 넘게 되므로, 아무리 좋은 제품이라도 비싸서 실패할 수도 있다. 따라서 적정 수준의 원가를 설정해서, 그 범위 내에서 제품개발이 될 수 있도록 하는 타깃 코스팅Target Costing이 매우 중요한데, 이에 대해선 뒤에 별도로 이야기하겠다.

## ② 경쟁기초 가격(Competitive pricing)

경쟁사의 가격에 대비하여 가격의 경쟁적 우위를 점유하기 위해 가격을 결정하는 방법이다. 신제품의 콘셉트와 타깃을 명확히 하고, 진정한 경쟁제품을 바르게 설정해서 포지셔닝이 된다면, 경쟁력 있는 가격이 설정될 수 있다.

## ③ 관습적 가격(Customary pricing)

소비자의 인식 속에 이미 자리 잡고 있는 가격으로서, 오래 전부터 사회에서 관행되는 가격범위 내에서 가격이 결정된다. 라면, 소주 등과 같은 생활 필수품적인 제품범주에서는 아무리 더 좋은 신제품이 나오거나 생산원가가 상승되었다고 하더라도, 가격을 높게 책정하기가 쉽지 않다. 그래서 기업은 품질수준이나 내용물 함유량을 감소시켜 종전가격 수준을 유지하려고도 한다.

## ④ 수요기초 가격(Demand-based pricing)

제품의 가격에 대한 수요의 민감도를 우선적으로 고려하여 가격을 결정하는데, 소비자 유인용 손실 전략, 침투가격 전략, 초기고가 전략, 명성가격 전략 등 수요를 창출하기 위한 전략적 가격결정 방법들이 있다.

- 유인용 손실 전략(Loss-leader strategy): 일종의 미끼상품 전략으로서, 고객을 유인하기 위해서 저가로 책정된 제품을 팔면서, 높은 수익을 낼 수 있는 고가제품으로 구입을 유도하는 기법으로 많이 활용된다.

- 시장침투 가격전략(Penetration Pricing): 가격-수요 민감도가 큰 제품은 가격 변화에 따른 수요량의 변화가 크다. 즉, 수요가 탄력적인 제품에 가장 적합한 가격전략이다. 따라서 기업은 신제품의 시장 점유율의 확대 및 신규시장의 침투를 위해, 시장에 경쟁자가 곧 진입할 것으로 예상될 때, 제품의 수요가 가격에 탄력적일 때, 공격적인 저가로 가격을 책정하여 침투가격전략을 선택한다. 시장침투 가격으로 한 기업이 이미 큰 시장점유율을 확보했다면, 경쟁자들은 이 시장에 진입하는 것을 꺼려하게 된다.

- 초기고가 가격전략(Skimming Pricing): 단기간 내에 이윤의 확보를 목표로 할 때, 신제품을 개발한 기업들이 연구개발에 투자한 비용을 빨리 회수하기 위해, 초기에 높은 가격을 설정한다. 이 전략은 가격보다 제품의 질에 관심이 높은 소수의 소비자를 목표로 두고 있다. 즉, 인텔 CPU처럼 신제품 출시 초기에 고가의 가격을 설정하여 가격에 대한 민감도가 낮은 고소득층을 유인한 후, 점차 가격을 인하하여 제품 대상을 확대하는 방법이다.

- 명성 가격전략(Prestige Pricing): 일반적으로 수요-가격의 탄력성 관계에서 가격이 오르면 수요가 감소하나, 명품 같은 고가품은 가격이 높을수록 수요가 증가하는 반대의 특성을 가지고 있다. 이러한 소비자의 심리를 이용하여 신제품에 고가의 가격을 책정하는 전략이다. 또한 제품의 가격과 품질의 상관관계가 높은 제품의 경우에도 고가전략을 유지하는 경우가 많다.

- 단수 가격전략(Odd Pricing): 시장에서 경쟁이 치열할 때 소비자들에게 심리적으로 값이 싸다는 느낌을 주어 판매량을 늘리려는 전략이다. 제품의 가격을 1,000원, 10,000원 등과 같이 화폐단위에 맞게 책정하는 것이 아니라, 그보다 조금 낮은 999원, 9,990원 등과 같이 단수로 책정하여, 소비자가 가격이 낮은 것으로 느끼게 하는 한편, 정확한 계산에 의해 가격이 책정되었다는 느낌을 줄 수 있다.

상기의 가격책정 방법들은 각각이 따로 떨어져 있는 것이 아니라, 가격을 결정할 때 모두 함께 고려해야 할 방법들이다. 기본적으로 원가를 기초로 하면서, 경쟁사의 가격은 어떤지, 시장에서의 소비자가 인식하고 있는 가격대는 어떤 것인지를 파악하고 전략적으로 경쟁사 대비 저가로 갈지 고가로 갈지, 아니면 비슷한 가격으로 가야 할지를 결정해야 한다.

## 4) 타깃 코스팅(Target Costing, 목표원가 책정)

기업은 근본적으로 이윤을 창출해야 지속할 수 있는 영리적인 조직이다. 아무리 좋은 이미지를 만들더라도 기업이 이윤을 창출하지 못하면, 결국 그 기업은 지속될 수가 없다. 가격전략은 가장 기업이 이윤을 창출하도록 만드는 수익의 원천으로서, 근본적으로 제품을 만드는 데 소요되는 원가에 각종 비용과 기업의 이윤이 포함되지 않으면, 한마디로 밑지는 장사가 되어버린다.

그런데 막상 제품이 완성되지만, 높은 원가 때문에 가격이 너무 높아서 시장에서 경쟁력이 없게 된다면 어떻겠는가? 그동안 많은 개발비용을 투자한 신제품이 시장에서 받아들일 수 없는 가격으로 출시되어야 한다면, 그 제품은 출시 전부터 이미 실패라는 단어를 품고 나오는 것이나 다름없다. 그래서 이제부터는 제품이 출시되기 전에 철저한 시장조사와 소비자의 마인드에 근거하여 경쟁력 있는 가격을 먼저 책정하고, 그 가격에 맞는 제품이 개발되어야 할 것이다. 경쟁력 있는 가격을 만들기 위해서는 사전에 미리 적정한 원가를 목표로 제품이 개발되어야 하는데, 이런 방법을 타깃 코스팅Target Costing이라 한다.

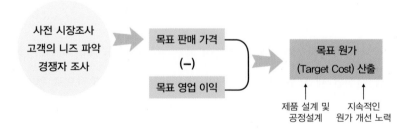

타깃 코스팅이란 제품에 대한 기업의 목표가격Target Price에서 목표영업

이익Target Profit을 얻을 수 있도록 하는 기업에서 최대로 허용 가능한 원가를 말한다.

타깃 코스팅은 전통적인 가격결정방식인 제품의 제조원가를 기준으로 기업의 목표영업이익을 가산하여 제품의 판매가격을 결정하는 방식과 달리, 제품 생산 이전에 사전 시장조사를 통해 고객의 니즈와 경쟁기업의 정보 및 반응을 예측하여, 시장에서의 목표가격을 먼저 산출한 후에 기업에서 요구하는 목표영업이익을 더하여 제품의 목표원가를 설정한다. 또한 이렇게 설정된 목표원가가 달성 가능하도록 사전 제품설계 및 공정설계는 물론, 제품의 생산, 출하, 서비스 단계, 그리고 제품의 폐기에 이르기까지 지속적인 개선노력을 통한 원가절감을 이루어가는 전 과정을 타깃 코스팅이라 한다.

나는 항상 상품기획 또는 개발팀에서 신제품 안을 가지고 올 때마다, 먼저 질문을 던졌다.

"이 콘셉트에 소비자가 수용할 수 있는 적절한 가격은?"
"경쟁사의 가격은?"

그리하여 경쟁력 있고 소비자가 수용할 수 있는 가격대가 선정되면, 비로소 회사가 기본적으로 가져가야 할 적정 원가기준에 개발이 가능한가를 먼저 따진다. 그렇게 타깃 코스팅 되어야만, 제품개발이 시작되는 것이다.

타깃 코스팅을 위해서는 아래와 같은 절차가 고려되어야 한다.

① 목표 판매가격의 결정: 시장분석, 제품전략 수립, 경쟁력 있는 가격 설정

② 목표 영업이익의 결정: 과거 실적, 투자분석, 이익계획

③ 허용가능 목표원가의 결정: 제품개발 가능성 검토

④ 원가절감 목표: 제품설계, 개발기간 단축, 생산공정 효율성

⑤ 효율적 비용관리: 광고판촉비 예산, 물류비 효율성

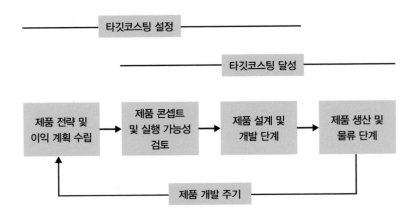

이렇게 타깃 코스팅에 의해 원가를 먼저 결정하여 제품을 개발하는 방식은 아래와 같은 장점이 있다.

① 기업 외부고객 및 경쟁기업을 고려한 능동적 의사결정 지원

② 원가 발생 이전 단계에서 목표 영업이익을 기초로 한 원가절감 방안의 강구를 통한 원가관리

③ 제품의 계획, 설계, 생산, 판매, 서비스, 폐기 등, 전 과정에 걸친 지속적인 원가 개선 노력과 제품수명주기PLC 전체를 관통하는 장기적인 제품전략 및 경영전략 수립

④ 기업의 전체 가치사슬 망의 체계적 결합 지원

주로 R&D 지향적인 회사에서 타깃 코스팅을 간과하고 좋은 제품만 개발해서 출시하면 대박이 날 것이란 환상 속에 사업을 하는 경우가 많다. 다시 말하지만, 꼭 명심해야 한다. 마케팅은 4P Mix가 조화로워야 성공한다. 그중 하나만 '0'이어도 그 사업은 실패할 수밖에 없다.

마지막으로 가격전략에 대해 중요한 것 하나만 더 말하겠다. 바로 가격인하 또는 할인정책이다. 지금도 한국에서는 수많은 브랜드들이 가격인하가 아니라 가격파괴라는 용어를 쓰며, 상시적인 할인정책을 시행하고 있는데, 이런 가격인하는 고객의 기대보다 높은 가치를 제공해 주는 순기능이 있어 순간적인 매출을 증대하는 효과가 있는 반면, 무리한 가격인하로 인해 품질 저하나 브랜드 로열티Brand Loyalty가 희석될 수도 있는 역기능이 있으므로, 장기적인 관점에서 매우 신중하게 고려해야 한다.

그래서 나는 항상 주장한다. 가격 인하는 마케터가 선택할 수 있는 최후의 전략이라고. 그래도 만약 그 최후의 전략을 해야만 한다면, 그건 최종적으로 브랜드를 죽이겠다는 결심이 섰을 때어야 할 것이다.

# Place(유통)

아무리 질 좋은 상품이 많이 생산된다 하더라도, 소비자들에게 전달되지 못하면 소용이 없다. 유통은 우리 몸의 혈류와 같아서 생산과 소비를 원활하게 연결해 주는 가교의 역할을 한다. 다시 말해서, 생산은 유통을 통해서 부가가치를 더욱 창출할 수 있고, 소비도 유통을 통해 폭넓은 선택의 기회가 주어지면서 소비자들에게 더욱 큰 만족감을 제공한다. 따라서 유통이란, 생산과 소비의 결합을 매개로 하는 일련의 비즈니스 과정으로서, 제품을 생산자로부터 소비자에게 이전하는 현상, 또는 이전시키기 위한 제반 활동으로 정의될 수 있다.

마케팅 4P라는 말이 처음 나왔을 때에는 인터넷이나 홈쇼핑 같은 가상의 공간이 없었기 때문에 그랬는지 모르겠고, 또 알기 쉽게 P로 시작하기 위해서 공간적 의미의 장소라는 'Place'를 사용했을지 모르겠지만, 엄격히 말하면 Distribution Channel이 맞는 말이다. 즉, 유통은 소비자가 제품과 서비스를 구입하기 위해 방문하는 모든 다양한 경로Channel이기 때문에, 생산자는 이곳에 제품과 서비스를 배급Distribution하여 소비자들이 쉽고 편리하게 구입할 수 있도록 하는 것이다. 따라서 유통에서 가장 중요한 요소는 소비자들이 쉽게 제품을 구입할 수 있도록 편의성

Convenience을 제공하는 것인데, 이를 다음과 같은 고객을 위한 효용성으로 구체화할 수 있다.

① 장소의 효용성
② 시간의 효용성
③ 형태의 효용성: 적합한 상태로 준비된 제품의 사용 가능성
④ 정보의 효용성: 제품의 특징과 효용에 대한 일반적인 안내와 고객의 질문에 대한 답변 가능성

이런 효용성 측면에서, 유통은 소비자에게 더욱 손쉽게 가까이 다가가는 방향으로 발전해 왔기 때문에, 지금은 모바일 커머스에서 O2O On-line To Off-line로 계속 진화하고 있다.


## 1) 유통 간의 갈등

백화점, 대형마트, 편의점, 로드숍, 재래시장, 인터넷, TV홈쇼핑, 모바일 커머스 등, 이 시대는 수많은 유통채널이 복잡하게 얽혀 있다. 그리고 각 채널 간에도 같은 제품을 놓고 엄청난 경쟁이 벌어지기도 한다. 그러다 보니 한 기업에서 생산하는 제품의 프로모션이나 가격이 각기 다른 유통에서 다르게 행해져서 생기는 유통 간의 갈등도 더욱 심화되고 있다.

기업의 입장에서는 여러 채널에 제품이 많이 유통되면 될수록 매출과 이익이 증대되어 좋을 수도 있겠지만, 자칫 유통 간 가격갈등이 심화되면, 브랜드의 생명을 단축시킬 수도 있어 장기적으로는 더 큰 손실을 초

래할 수 있음을 명심해야 한다.

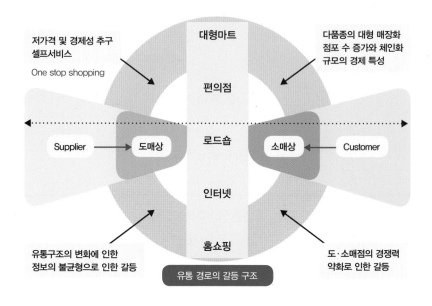

내가 애경산업에서 마리끌레르 화장품을 기획했을 때의 일이다. 당시 애경산업은 성공적인 클렌징 화장품 브랜드 '포인트'로 유니레버와 결별 후 어려웠던 클렌징 시장을 다시 석권했지만, 종합화장품 회사로 발돋움하기에는 역부족이었다. 그 실패 요인은 소비자가 인식하고 있는 애경산업의 강한 생활용품 이미지 때문이기도 했지만, 대부분 생활용품과 클렌징 제품만 영업했던 영업부와 대리점들의 한계도 있다고 나는 생각했다. 그래서 나는 새로운 영업부를 별도로 신설하고 대리점도 별도로 새로 모집해야 한다고 주장했다. 하지만 새로운 대리점 유통을 구축한다는 것은 많은 비용이 드는 쉽지 않은 일로서, 회사는 처음에 받아들이질 않았다.

그래서 나는 기존 대리점 유통과 신규 대리점 유통으로 할 경우에 따라, 각각 다른 마케팅 계획을 수립하여 보고하였다. 만약 기존 대리점으로 갈 경우는 품목도 단순화하고 가격도 낮추고, 브랜드보다는 제품 중심의 구색 제품으로 전락할 수 있다는 시나리오였다. 결론적으로 애경은 새로운 유통조직을 구축하는 것을 선택하였고, 마리끌레르 화장품은 대성공을 하였다. 그렇지 않았다면 아무리 우수한 제품이 출시되었다 하더라도, 마리끌레르가 수백억 원대의 브랜드로 성공하지는 못했을 것이다.

과거 이야기를 말한 이유는 대부분의 기업이 항상 유통보다 먼저 제품개발을 우선하기 때문이다. 아무리 좋은 제품을 개발했다고 해도, 기업의 상황에 맞는 유통에 진입하지 못한다면 무용지물이다. 특히 중소기업의 경우가 그렇다. 막강한 자본과 브랜드를 보유하고 있는 대기업은 어느 유통이라도 그들이 원하는 곳에 쉽게 진입할 수 있지만, 중소기업은 그렇지 못하다. 만약 여건이 온라인 유통뿐이라면, 온라인에 최적화된 제품과 가격으로 출시되어야 한다. 특히 홈쇼핑의 경우는 방송의 특성상 표현하지 못하는 제약요건들이 많으며, 효능효과를 보여주기 위한 과학적 검증도 반드시 필요하기 때문에, 그런 여건이 되지 못한다면 진입할 수가 없다. 좋은 제품을 만드는 것은 당연히 중요한 일이다. 그러나 그 전에 어디서 어떻게 팔 수 있는가를 고려해야 한다. 유통이 달라지면 마땅히 신제품 개발도 달라져야 한다.

## 2) 유통의 변화

유통채널은 매우 다양한 형태로 나타나고 있으나, 그 기능에 있어서는 기본적으로 원부자재 공급업, 제조업, 도매업, 소매업, 물류업체들로 구성되어 있다. 과거에는 제조기업의 영향력이 강했었다면, 90년대 이후 국내 유통시장의 완전 개방 후부터 유통이 빠르게 재편되면서 지금은 유통회사들이 칼자루를 쥐고 있는 상황으로 전환되었다. 즉, 유통 단계가 단축되고 힘의 이동이 제조업체에서 유통업체로, 그리고 궁극적으로는 소비자로 이전되면서, 유통시장은 춘추전국시대와 같은 끊임없는 변환기를 걷고 있는 중이다.

이는 ICTInformation and Communications Technologies의 발전으로 촉발된 스마트 혁명에 의해, 과거와 달리 소비자들이 많은 정보를 가지고 직접 제품개발 및 유통에 강한 영향력을 행사하게 됐기 때문이다. 특히 온라인의 변화는 더욱 빠르다.

과거 온라인 시장의 성장 요인은 오프라인 매장에서 상품을 둘러본 뒤 온라인에서 구매하는 '쇼루밍Show Rooming'이 주요 원인이었는데, 2014년 IBM이 전 세계 3만여 명의 소비자를 대상으로 구매 행태를 분석한 보고서Greater Expectation에 따르면, 온라인 구매의 70%가 웹사이트를 직접 방문한 쇼핑객에게서 발생하고 있는 것으로 나타남으로써, 지금은 대부분의 소비자들이 상품을 직접 보고 확인하지 않고도 온라인에서 제품을 구매하는 행태가 증가되었음이 밝혀졌다.

### ① 솔로모(SoLoMo)

모바일 스마트폰을 통한 ICT의 발전으로 소비자들은 이제 직접 오프라인 상점에 가지 않고도 손쉽게 쇼핑을 하는 새로운 소비행태를 보여

주고 있다. 특히 스마트폰의 휴대성 및 이동성에 GPSGlobal Positioning System 를 통한 위치기반 기술 및 서비스가 더해지면서, 사람들은 이제 애플리케이션으로 친구를 만나고 맛집 등 주변 정보를 검색해서 소비를 하는 솔로모SoLoMo 현상을 일반화하게 했다. 솔로모란 소셜Social, 로컬Local, 모바일Mobile의 줄임말로 2010년 미국의 유명한 벤처투자자인 존 도어가 새로운 기술혁신을 주도하는 트렌드를 이 세 가지로 지목하면서 솔로모라 칭하였다.

소셜Social은 많은 사람들이 SNSSocial Network Service를 기반으로 개인의 생각과 감정, 정보를 서로 공유하는 것을 의미한다. 과거의 커뮤니케이션 방식은 미디어를 통해 사람들에게 일방향으로 정보를 제공하는 것이었다면, 이제 새로운 커뮤니케이션 방식은 많은 사람들이 디지털로 이루어진 SNS에서 스스로 정보를 창출하고 참여하고 공유하는 방식으로 바뀌었다. 소비자들은 페이스북, 유튜브, 인스타그램 등의 가상의 공간에서 스스로 콘텐츠를 창출하고 참여하는 정보의 생산자 겸 소비자가 되어, 마케팅은 제품의 기능보다 인간의 감성에 중심을 두며 스토리텔링과 참여와 공감을 이끌어내게 되었다.

로컬Local은 지역별 고유 비즈니스 또는 시장을 뜻하고, 모바일Mobile
은 끊임없이 이동하면서 24시간 연결 가능한 정보 접근을 통해 소비에
있어 시간과 장소의 제약이 사라진 것을 말하는데, 이는 모두 위치기반
서비스LBS-Location Based Service의 발달 덕분이다. 즉, 모바일 기기에 내장된
GPS 시스템이 사용자의 현 위치를 중심으로 각종 서비스나 기능을 제
공하게 된 것이다.

오픈마켓 '11번가'를 보유한 SK플래닛은 소비자에게 맞춤형 쇼핑 정
보와 쿠폰 등을 제공해 온-오프라인 상거래를 활성화시키는 한편 소비
자는 쇼핑가를 지날 때 자동으로 스마트폰을 통해 인근 상점의 할인 쿠
폰과 쇼핑 안내 등을 받을 수 있도록 하였으며, 네이버, 다음카카오 등
국내 포털 업체들도 지도 서비스를 강화하여, 오프라인 상점과 연계할
수 있는 서비스를 제공하고 있다.

그리하여 모바일 커머스, 온오프라인 유통이 융합된 옴니채널Omni
Channel, O2O, 그리고 유통을 배제하고 제조사가 직접 소비자에게 판매
를 하는 D2CDirect To Consumer 등, 새롭고 혁신적인 유통이 등장하면서 전
통적인 유통 시스템은 점점 와해되고 있다. 게다가 코로나19 사태를 맞
아 사람들 간의 이동 및 접근제한으로 인해 오프라인 유통은 최악의 상
황에 직면하면서, 비대면Untact 유통으로의 전환이 급속도로 이루어지고
있다.

### ② 옴니채널(Omni Channel)

온라인 쇼핑몰의 급부상으로 오프라인 상점은 사라지고 모두 온라인
으로 대체될 것처럼 보였지만, 그런 일은 일어나지 않았다. 인터넷이 나
타난 지 이미 수십 년이 지났지만, 여전히 사람들은 오프라인에서 많은

돈을 쓰고 있다. 사람이 오프라인 세상에 존재하는 이상, 온라인이 대체할 수 없는 부분이 있기 때문이다. 직접 눈으로 보고 손으로 만지고 귀로 듣고 옷을 입고 밥을 먹고 커피를 마시는 일은 모두 오프라인에서만 가능하기 때문이다. 또한 종업원과 만나 인간적으로 교류하는 일 역시 온라인으로는 불가능하다. 챗봇Chatbot 같은 무감성적인 온라인으로 대신할 수 없는 경험이라는 것이 있기 때문이다.

그러나 시대는 변했고, 전통적인 오프라인 방식으론 살아남기 힘든 세상이 되었다. 미국의 콜스 백화점은 2017년 9월부터 매장에서 아마존 고객의 반품을 받아 아마존 반품센터로 전달하는 서비스를 운영해 왔다. 반품 사유나 비용도 받지 않고, 소비자 대신 포장한 뒤 자체 물류센터를 이용해 아마존에 전달한다. 게다가 반품 소비자를 위한 전용 주차공간 마련은 물론 콜스 매장에서 사용할 수 있는 25% 할인쿠폰까지 발급했다.

콜스는 아마존과의 협업을 통해 고객 유입 효과를 체험했다. 반품을 위해 콜스 매장을 찾은 이들은 백화점에서도 지갑을 열어서, 아마존 반

품을 받은 시카고 지역 매장의 매출 상승률은 10%에 달했다. 그러자 콜스는 더 나아가 2019년 3월부터 200개 이상의 매장에서 아마존 전용 코너를 운영하기 시작했다. 아마존의 에코 스피커와 파이어 TV를 판매하는 'Shop in Shop' 개념의 매장엔 밀레니얼 세대가 몰리기도 하며 좋은 성과를 거두었다.

온라인도 홀로서기가 어렵긴 마찬가지이다. 그래서 대표적인 온라인 회사인 아마존과 알리바바도 자꾸만 오프라인 매장을 내고 있는 것이다. 그리하여 온-오프라인 두 가지의 단점이 보완되고 장점이 강화되는 방식으로 나타난 것이 옴니채널과 O2O이다.

옴니채널은 온-오프라인의 모든 쇼핑채널을 유기적으로 결합하여 소비자가 어떤 채널을 이용하든 시간과 장소에 구애받지 않고 쇼핑을 누릴 수 있는 것을 의미한다. 이는 하나의 대형회사가 여러 개의 온-오프라인 유통채널을 독립적으로 운영하는 형식의 멀티채널Multi-Channel의 비효율성을 보완하여, 각각의 멀티채널을 유기적으로 통합해서 상호 부족한 부분을 메워주는 개념이라 할 수 있다.

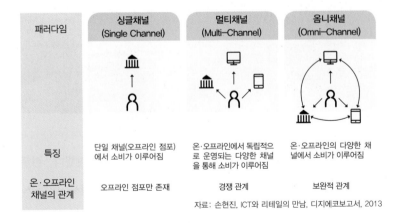

자료: 손현진, ICT와 리테일의 만남, 디지에코보고서, 2013

즉, 동일한 제품을 온오프라인에 상관없이 동일한 가격에 동일한 프로모션으로 판매하며, 재고관리 시스템도 일원화하여 한 채널에서 재고가 부족하면 판매를 하지 못했던 문제도 해결되었다. 또한 온오프라인의 판매실적을 하나로 통합함으로써 채널 간의 불필요한 경쟁도 사라졌다. 국내의 대표적인 사례가 바로 화장품 H&B 유통시장 1위인 올리브영이다. 제조기업은 올리브영 MD 한 사람과 영업을 하고, 제품도 올리브영 창고 한 곳에 입고시키면 된다. 그러면 전국 1천여 개의 올리브영 매장과 온라인 매장에 제품이 배분되어, 동일한 정책으로 소비자들을 만나게 된다.

옴니채널의 탄생은 소비자의 구매행태가 변화했기 때문이다. 오프라인 시대에는 AIDMA, 'Attention(인지)→Interest(흥미)→Desire(욕구)→Memory(기억)→Action(구매)'의 단계로 구매가 이루어졌다면 일본 광고회사 덴츠의 발표에 의하면 온라인에서는 AISAS, 'Attention(인지)→Interest(흥미)→Search(검색)→Action(구매)→Share(공유)'의 단계를 통해 소비자의 구매 활동이 이루어진다고 한다. 지금의 고객들은 오프라인 매장에 가서 어떤 제품을 구매하기 전에 일단 인터넷으로 검색Search을 한 후, 제품의 정보와 구매평들을 습득하고 확신이 서면 비로소 구매를 하며, 거기서 멈추지 않고 스스로도 제품을 공유하여 다른 이들에게 정보를 제공하는 역할도 하는 것이다.

AIDMA 모델 | Attention(인지) | Interest(흥미) | Desire(욕구) | Memory(기억) | Action(구매)

AISAS 모델 | Attention(인지) | Interest(흥미) | Search(검색) | Action(구매) | Share(공유)

옴니채널이 늘어나는 것은 소비자와 제조사, 유통사 모두에게 새로운 기회가 될 수 있다. 소비자 입장에선 좀 더 저렴하고 편리한 쇼핑을, 제조사에겐 많은 유통을 통하지 않아도 소비자와 직접적인 접점을 만들 수 있는 기회를, 유통사에겐 정체된 유통패턴에서 벗어나 새로운 성장동력을 제공한다. 이런 점에서 기업의 마케팅 전략은 변화된 유통에 맞게 분명 과거와 달라져야 할 것이다.

### ③ O2O (On-line To Off-line)

아마 지구상에서 가장 O2O가 잘 발달된 곳은 중국일 것이다. 거대한 땅덩어리를 가진 중국이지만, 내가 중국에 있을 때 온라인 샤오미요핀 小米有品 매장에서 샤오미 제품을 오전에 주문했더니, 바로 오후에 받을 수 있었다. 또한 하루는 급체를 해서 알리바바의 온라인 의약품 채널인 '알리건강'에서 소화제를 주문하였더니, 단 2시간 만에 의약품이 배송되었다.

이것이 가능한 이유는 O2O 때문이다. 온라인 매장과 오프라인 매장이 서로 연계되어 있어서, 온라인에서 주문을 하면 가까운 오프라인 매장에 있는 재고를 바로 배달해 주기 때문이다. 이렇게 O2O는 정보를 제공하기 쉬운 온라인과 소비자가 실제로 경험하고 소비를 일으키는 오프라인의 장점이 접목되어 탄생되었다.

지금 우리나라에서도 O2O가 가장 활발한 곳은 배달업이다. 만약 가족이 외식을 한다고 하면, 무엇을 먹을지 정하고 맛집을 찾고 가격을 비교하고 매장에서 주문과 결제까지 이르는 여러 복잡한 과정을 거쳐야 했던 것을, 이제는 스마트폰 앱 하나로 모든 것이 해결될 수 있다. 이런 역할을 하는 것이 '요기요'나 '배달의 민족' 등의 지역을 기반으로 어플을 통해 음식을 배달하는 대표적인 O2O 서비스 기업이다. 또한 부동산이 연계된 '직방'이나 '다방'도 마찬가지이다. 과거에는 집을 구하기 위해서 부동산중개소를 다니며 많은 시간과 노력을 해서 다리품을 팔아야 했지만, 이젠 모바일 어플을 통해 손가락품을 팔면 된다. 그리고 나서 나중에 찍어둔 곳만 직접 찾아가서 실물을 본 후 계약하면 끝이다.

더욱이 이미 ICT와 AI가 결합된 4차 산업혁명이 도래하면서, 음성쇼핑, 안면인식, 지문결제, 가상VR 쇼핑몰, 자동 상품추천 서비스 등 '리테일 테크'가 구현되고 있다. 따라서 현재의 유통전략은 무엇보다 먼저 모바일 스마트폰을 생각해야 한다. 소셜이 모바일의 출현으로 폭발적으로 확장되었고, 모바일에 위치기반 서비스가 장착되면서 공간에 구애받지 않는 새로운 온오프라인 통합 유통체제를 만들었다. 여기에 고속통신망의 발전과 AI의 접목은 모바일을 지능화하여 지구촌 구석구석을 쉽게 접근할 수 있는 손바닥 안의 세상으로 바꿨다. 그래서 이제 유통의 화두는 인터넷, 온라인이 아니라, 그냥 모바일이 첫 번째인 시대이다.

## 3) 유통경로의 설계

유통경로는 단순히 제품이 소비자에게 전달되는 과정이 아니라, 유통경로 구성원들이 새로운 소비가치를 창출하는 시스템이다. 따라서 유통관리의 성공 여부는 상품이 생산자 혹은 공급자로부터 최종 소비자에게로 원활히 흐르도록 하는 경로 구성원들, 즉 제조, 도매, 소매, 물류 및 관련 기관들이 유통기능을 어떻게 효과적이며 효율적으로 수행하느냐에 달려 있다. 그러나 어느 한 구성원이 자신의 이익만을 추구하면 전체 유통시스템의 경쟁력을 저해하기 때문에, 유통관리의 핵심은 최종 소비자에게 서비스 가치를 극대화하는 유통경로 시스템을 구축하고, 나아가 경로 내 다양한 구성원들의 동참과 협력 또는 통제를 통해, 지속적인 관계를 유지하도록 하는 것이다.

유통경로의 결정을 위해선 먼저 소비자에게 직접 유통을 할 것인지, 유통사를 통해 간접 유통을 할 것인지 결정을 해야 한다. 직접유통은 제품 특성상 고객이 원하는 서비스를 정확히 제공해야 할 때, 시장개척을 위해 판매활동을 직접 관리해야 할 경우, 직접 유통을 해도 좋을 만큼 매출이 충분할 때 선택하는 것이 좋다.

간접유통을 할 경우는 단일 유통경로로 할 것인지, 복수 유통경로로 할 것이지, 그리고 유통경로의 길이를 어떻게 할 것인지를 의사결정 해야 한다. 즉, 생산자로부터 최종 소비자로 이어지는 유통경로에 있는 중간상을 몇 단계로 거쳐야 되는가에 따라 유통경로의 길이가 결정된다. 기업의 상황, 시장여건, 제품의 특징, 경로 구성원의 요인 등에 따라 유통경로의 길이는 달라질 수 있으므로, 기업은 상황에 맞게 유통경로의 길이를 적절히 조절해야 한다.

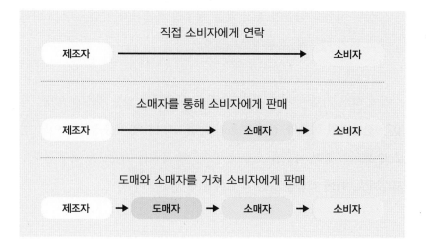

① 기업요인: 기업의 규모와 자금력이 크고, 경영전문성이 높을수록 유통경로를 직접 통제하고자 하는 욕구가 강하기 때문에 경로의 길이는 짧아진다. 대부분의 대기업들이 직접 유통사를 만들거나 유통 대리점을 운영하는 반면, 중소기업들이 그러지 못하는 이유이다.

② 시장요인: 거래규모가 클수록, 지리적 집중도가 높을수록, 구매빈도가 높을수록 중간상이 개입하지 않아도 되므로 유통경로의 길이는 짧아진다.

③ 제품요인: 제품의 부피가 크고 무거울수록, 부패와 진부화 속도가 빠를수록, 표준화 정도가 낮고 기술적 복잡성이 높을수록 신속함이 요구되므로 유통경로는 짧아진다.

④ 경로구성원 요인: 마땅한 경로구성원이 존재하지 않을 경우, 중간

상의 서비스 품질이 좋지 않을 경우엔 제조사가 직접 유통을 하려고 하기 때문에, 유통경로는 짧아진다.

이에 따라 기업이 처한 경쟁적 위치, 보유하고 있는 자원과 역량, 기업의 전반적인 목표와 전략적 동기 등을 고려하여 유통경로를 어느 정도 수준으로 할지 목표를 세워야 한다. 이 목표를 기준으로 유통전략이 결정되고, 이에 적합한 유통 파트너를 선정해야 한다.

## 4) 유통경로 운영주체의 결정

유통경로의 주체는 기업이 내부적으로 직접 운영하는 것과 외부에 위탁해서 운영하는 것이 있는데, 이는 기본적으로 거래비용의 관점에서 의사결정이 된다. 즉, 직접운영의 비용이 증가하면 기업은 거래비용을 줄이기 위해 유통을 외부화하게 되는 것이다. 직접운영의 장점은 고객서비스가 중요한 산업에서 서비스 품질을 유지관리할 수 있으며, 시장진입 초기에 신제품의 브랜드 정체성을 유지하고 촉진 및 확산이 용이하다. 그러나 유통 내부화는 유통의 전문성 및 유연성을 떨어뜨리고 막대한 고정비 부담을 가져오기 때문에, 가능하면 유통은 전략적 아웃소싱, 외부화하는 것이 바람직하다. 그러나 유통을 외부화할 경우, 기본적으로 유통경로 구성원들은 자신의 이익을 가장 우선으로 추구하는 기회주의적 성향이 있음에 주의해야 한다. 따라서 유통경로가 하나의 시스템으로 일관된 가치를 소비자에게 전달하기 위해서는 힘의 원천을 활용한 영향력 행사 전략이 필요하다.

유통경로 구성원들의 협력 및 통제 수단으론 다음과 같은 방법이 있다.

① 보상력: 판매지원, 리베이트

② 강력권: 상품공급지연, 마진폭 인하, 대금 결제기일 단축

③ 합법력: 오랜 관습이나 상식에 따라 당연히 인정되는 권리

④ 준거력: 유명상표, 프랜차이즈 협약, 상표등록, 특허

⑤ 전문력: 상대방이 중요하게 인식하는 지식, 경험, 정보력

이러한 힘의 원천은 분리되어 나타나지 않고 복합적으로 이루어진다. 이마트가 공급업체들에게 강력한 영향력을 가지는 것은 이마트라는 브랜드 파워(준거력), 공급계약(합법력), 마케팅 노하우(전문력), 막강한 구매력(보상력)과 강제적인 힘(강력권)이 복합적으로 이루어져 있기 때문이다.

그러나 힘의 사용은 상대방을 즉각적으로 통제할 수 있는 장점이 있지만 갈등을 유발할 수도 있기 때문에, 힘을 사용하기 전에 유통 구성원의 기회주의적 성향을 통제함으로써 거래비용을 줄이고 장기적인 관계를 구축해야만 한다.

기회주의를 가장 직접적으로 통제하는 방법은 거래 전에 기회주의적 성향이 없는 파트너를 선정하는 것이다. 이에 대해 과거의 평판, 기업문화, 거래능력 등을 엄밀히 검토해서 제대로 된 파트너를 선정해야 한다. 그러나 아무리 엄격하게 검토했다고 해도 환경의 변화에 따라 시간이 갈수록 갈등이 발생하고 관계가 나빠질 수도 있다. 따라서 사전 감시기능을 강화하고 보상과 처벌을 적절히 설계하는 한편, 공통의 가치와 규범을 쌍방이 공유함으로써 자율적 협력체계를 이끌 수 있도록 공유관계를 형성해야 한다.

유통관계는 B2BBusiness To Business 결혼관계와 같다. 서로 좋아서 만나서

계약으로 형성된 관계는 서로 나빠지면 이혼할 수밖에 없다. 그러나 관계가 나빠졌다고 모든 부부들이 이혼을 하진 않는 것처럼 갈등을 해소하고 다시 상대방의 장점을 바라보며 미래를 위해 장기적인 관계를 지속해 나가려는 노력이 필요하다. 그러기 위해서는 서로에 대한 신뢰와 몰입이 필요하다. 이를 통해 쌍방 간 거래비용은 감소하고 성공적인 수익을 달성할 수 있는 장기적인 관계가 지속될 것이다.

# Promotion(촉진)

## 1) IMC(Integrated Marketing Communication)

좋은 제품에 합리적인 가격, 그리고 소비자가 쉽게 접근할 수 있도록 전국적인 유통까지 갖추었는데도 소비자가 모른다면 무슨 소용이 있겠는가? 프로모션을 통해 알려야만 제품이 팔린다. 그래서 많은 사람들이 '마케팅 = 프로모션'이라고 할 정도로 프로모션은 마케팅의 꽃이라 할 수 있는 부분이다. 프로모션은 광의의 의미로서 광고, 판촉Sales Promotion, 홍보, 이벤트 등의 모든 커뮤니케이션을 총칭하지만, 일반적으로는 협의의 의미로 판촉만을 뜻하기도 한다. 그러나 4P Mix에서 프로모션은 광의의 의미로서, 소비자와의 모든 커뮤니케이션 전체를 의미한다.

여러 가지 측면에서 흔히들 마케터를 오케스트라의 지휘자로 많이 비유한다. 각종 악기들의 아름답고도 완벽한 조화로움을 이루기 위해 지휘자는 작은 하나의 실수라도 놓치지 않는다. 각 연주자들은 지휘자의 지휘에 따라 자신이 해야 할 부분만을 연주하지만, 그들이 한데 합쳐지면 비로소 완벽한 음악이 되듯이, 프로모션 또한 한 가지만 잘한다고 되는 것이 아니다. 프로모션 각 분야의 업무가 함께 어우러져야 비로소 완벽하고 강력한 프로모션 활동이 된다. 왜냐하면 소비자는 수많은 정보에 혼란스러워하기 때문에, 브랜드의 콘셉트를 일관되고 강한 커뮤니케이션을 통해 소비자의 마인드 속에 심어 넣어야만 하기 때문이다.

　이런 집중된 커뮤니케이션 활동을 IMCIntegrated Marketing Communication라고 한다. 다양하고 많은 상품이 경쟁하지 않았던 과거에는 잘 만든 광고 하나만으로도 히트 상품을 만들 수 있었지만, 지금은 그렇지가 않다. 제품 콘셉트의 슬로건One Word을 일관되게 모든 매체와 판촉에서 지속적으로 반복해야 소비자에게 전달될 수 있다. 즉, TV CF에서 나오는 슬로건은 잡지에도, 신문에도, 포스터에도, 카타로그에도, 인터넷에도, 심지어는 소비자에게 주는 작은 판촉물 하나에도 브랜드와 함께 인쇄되어 전달되어야 한다. 그렇게 해도 기업이 전달하고자 하는 아이덴티티는 소비자에게 100% 전달되지 못하는 것이 현실이다.

　IMC는 광고, 홍보, 판촉 등 다양한 커뮤니케이션 수단들의 각각의 역할을 통합적으로 활용함으로써, 마케팅 커뮤니케이션 계획의 가치를 부가적으로 제고시키는 것이다. 따라서 IMC의 핵심요소는 세분 소비자 시장의 이해, 다양한 마케팅 커뮤니케이션의 통합, 메시지의 일관성과 통일성 유지, 전략 수행 후 평가를 통한 순환적 Feedback 시스템이 갖추어져 있어야 한다.

| | Promotion<br>(촉진전략) | Communications<br>(IMC) |
|---|---|---|
| 목표 | 일회적 판매<br>(태도변화와 관계없는 행동변화) | 장기적 교환관계<br>(태도변화를 통해 행동에 직접적인 영향) |
| 초점 | 제품(매출) | 브랜드(가치) |
| 전달 방향 | 일방향적 | 쌍방향적 |
| 의미 | 메시지의 전달 | 의미의 공유 |
| 중점 영역 | 메시지 관리 | 접점 관리 |
| 전략 수단 | 촉진 믹스 | 모든 자극단서 |
| 전략 전개 | 분산적 | 통합적 |

IMC는 POS 시스템이나 빅데이터로 축적된 소비자 행동 관련 자료(구매/사용)들을 바탕으로 보다 효과적인 전략 및 실행 방안 수립이 가능하다. 또한 IMC는 수신자부담 전화, 커뮤니티, SNS 등을 통해 소비자 반응을 피드백 받으며, 이를 다음 캠페인에 이용하는 순환 과정을 통해 소비자와 장기적 관계설정을 구현하게 한다. 즉, 브랜드에 관한 정보를 포함한 모든 체험. 대중매체뿐 아니라 제품 디자인, 포장, 구전, 영업사원의 친절여부 등 제품과 서비스에 관한 고객의 모든 체험을 포괄하여 IMC는 기업과 상품의 일관적인 이미지를 추구한다.

아래는 앱솔루트 보드카의 성공적인 IMC 사례이다. 앱솔루트는 보드카 병 디자인 이미지를 세계 각국의 사회, 문화, 예술 등과 연계된 이미지로 창출하여, 글로벌 차원에서 일관된 브랜드 아이덴티티를 성공적으로 완성하였다.

기업마다 마케팅 조직이 달라서 어느 회사는 업무 기능적으로 광고, 판촉, 홍보가 분리되어 있고, 어느 회사는 마케팅부서에 통합되어 있기도 하다. 마케터에게 무엇보다도 중요한 것은 조직 구성과 상관없이 이 모든 것을 통합하여 전체적인 IMC 전략으로 한 가지 방향을 향해 움직일 수 있도록 하는 것이다. 만약 그렇지 못하면 '사공이 많으면 배가 산으로 간다'고 하듯이, 브랜드라는 배가 바다로 나가지 못하고 산으로 오르는 어려운 일이 벌어질 수도 있음을 주의해야 한다.

## 2) 커뮤니케이션(Communication)의 6하 원칙

성공적으로 프로모션(커뮤니케이션)을 수행하기 위해서 6하 원칙을 사용하면, 세부적인 체크 리스트를 만들면서 빠짐없이 디테일한 실행력을 강화할 수 있다.

① Why: 커뮤니케이션을 하려는 이유와 목적은 무엇인가?

IMC는 소비자에게 제품 또는 브랜드의 인지도 및 이미지를 제고하기 위해 다음과 같이 해야 한다.

- 브랜드의 특장점과 효용 등의 정보를 제공
- 패키지 또는 트레이드마크의 인지도 강화 → 친밀도 증가
- CI와 회사에 대한 긍정적 태도 형성 → 신뢰도 증가
- 새로운 브랜드에 대한 긍정적 평판 확립
- 고객의 마음속에 브랜드 슬로건 심어 넣기
- 논쟁 또는 경쟁적 클레임의 상쇄

② What: 소비자에게 말하고자 하는 소구점은 무엇인가?

무엇을 커뮤니케이션할 것인지, 즉 소비자들에게 무엇을 알고 믿고 구매하도록 할 것인지, 주요 콘텐츠와 키워드Key Word를 크리에이티브Creative하는 것이다. 유머러스하거나 진지하게, 감성적이거나 기능적으로…. 표현이 어떻든 간에 크리에이티브는 제품의 특성과 타깃에 따라 가장 효과적으로 수용 가능한 것을 만들어야 한다. 그러나 한 가지 변하지 말아야 할 것은, 반드시 메시지가 간결하고 분명하며 기억하기 쉬워야 한다는 것이다. 그래서 여러 목소리를 내는 것보다 '일관된 목소리'를 내는 것이 중요하다.

③ Who: 커뮤니케이션하고자 하는 주요 대상은 누구인가?

누구에게 메시지를 전달하게 할 것인지 타깃 대상자를 결정하는 일이다. 이는 이미 포지셔닝 단계에서 결정되어 있다. 중요한 것은 욕심을

가지고 대상을 넓게 선정하면 안 된다. 오직 핵심 타깃Core Target 고객에만 집중하는 것이 중요하다. 특히 신제품일수록 더욱 그렇다.

### ④ Where: 핵심 타깃 소비자가 접하는 주요 매체는 어디인가?

어떤 매체를 통해 메시지를 전달할 것인지 커뮤니케이션 매체를 결정하는 일이다. 매체는 TV, 신문, 라디오, 잡지 등 전통적인 4대 매체와 인터넷, 모바일을 활용한 SNS 플랫폼들로 나눌 수 있다. 기존의 커뮤니케이션 방법이 4대 매체 중심으로 이루어져 왔다면, 지금은 온라인 커뮤니티와 블로그, SNS를 통해 제품에 대한 다양한 의견이 교환되고, 사용 후기 등이 구매 결정에 막대한 영향력을 행사하고 있다.

기존의 커뮤니케이션 활동은 다수의 소비자들에게 기업이 전달하고자 하는 메시지를 일방적으로 방송하여, 많은 사람들 중에서 핵심 타깃에게만 메시지가 잘 전달되기를 희망했지만, 요즘 이런 방식은 잘될 수도 있고 그렇지 않을 수도 있다. 그래서 TV CF는 막대한 비용에 비해 매우 효율성이 떨어지는 방법이 되었다.

지금은 쌍방향의 대화와 참여가 중요해졌다. 특히 소비자들의 자발적 참여로 인해 자연스럽게 발생하는 영향력은 시장에서 더욱 커지고 있다.

따라서 STP 전략에서 타깃 고객의 선정이 중요한 이유도 어느 매체를 선정해야 하는가와 직결되어 있기 때문이다. 타깃이 10대인데 주말 연속극 앞에 TV광고를 넣을 이유는 없다. 게다가 요즘 10대들은 TV도 잘 안 본다. 유튜브와 틱톡 같은 동영상 플랫폼이 주요 매체가 될 것이다. 반대로 20~30대 여성이라면 패션잡지, 패션/뷰티 인플루언서를 활용하는 것이 좋을 것이다. 그러나 같은 연령대라고 해도 핵심고객의 성향에 따라 접근하는 매체도 달라질 수 있다. 그러므로 타깃에 대한 집중적 분석에 따른 성향 및 태도에 맞게 가장 알맞은 매체를 결정해야, 커뮤니케이션의 효율성 및 효과가 좋아질 것이다.

⑤ When: 커뮤니케이션이 적합한 시기는 언제인가?

커뮤니케이션의 시기적절성도 매우 중요하다. 이는 PLC(제품수명주기)에 따라 달라질 수 있다. 당연히 신제품일수록 많은 프로모션 투자가 필요하다. 하지만 신제품이라고 무조건적으로 많은 비용을 집행하는 것보다 브랜드가 처한 환경에 따라 시기적절한 커뮤니케이션 전략이 필요하다.

| 도입기 | 성장기 | 성숙기 | 쇠퇴기 |
|---|---|---|---|
| - 제품을 알리고, 시험구매를 유도하기 위한 단계<br><br>- 제품 인지도 제고를 위한 광고와 홍보 집중<br><br>- 시험 구매 유도를 위한 샘플링 같은 판촉 중요 | - 도입기보다는 광고 판촉 감소<br><br>- 거래처를 상대로 한 인적 판매 강화<br><br>- 경쟁업체 참여 시 탄력적으로 가격 할인 운용 | - 인적 판매 비중 증가<br><br>- 판매 촉진 전략 강화(경품, 쿠폰 판촉시행)<br><br>- 유지 광고 | - 인적 판매 비중 감소<br><br>- 판매 촉진 및 창의적 촉진 활동 전개 |

종근당건강에서 닥터락토 유산균 화장품을 출시하자마자, 나는 TV 광고를 해서 빨리 매출을 올리라는 압박을 많이 받았었다. 나는 아직 시기적절하지 않다고 설득하였지만, 오너의 강력한 압박에 못 이겨, 이듬해 TV CF를 방영하게 되었다.

그러나 이미 예견됐던 대로, 많은 비용에도 불구하고 매출은 증가하지 않았다. 제품이 아직 유통에서 자리 잡지 못했기 때문이다. 소비자에게 아무리 알려봤자 살 수 있는 곳은 고작 인터넷 자사몰 정도였다. 게다가 프로바이오틱스 더마 화장품이란 새로운 콘셉트는 고관여 제품으로서, 소비자가 브랜드를 바꾸는 데 많은 시간이 걸린다. 화장품을 특효약이나 건강식품 수준으로 여겼던 종근당건강은 그냥 공중에 돈을 뿌린 결과를 초래한 것이다. 따라서 신제품을 커뮤니케이션하기 위해선 적절한 시기에 맞는 매체전략이 필요하다. 지금은 그냥 돈을 마구 뿌린다고 소비자의 인식이 전환되는 시대가 아니다.

⑥ How: 타깃 소비자에게 효과적인 커뮤니케이션 방법은?

요즘은 디지털 마케팅이 대세라서, 인플루언서Influencer들의 영향력도 매우 강해졌다. 그러나 다양한 개성의 인플루언서들이 전달하는 메시지들은 이구동성 하나로 통일되어야 하며, 이것이 4대 매체는 물론 판촉, 이벤트, 홍보 모든 곳에서 일관되게 IMC 되어야만 효과가 나타난다.

그리고 소비자들도 자신이 좋아하는 것들을 남들에게 적극적으로 말하기 시작했다. 기업은 소비자들이 자유롭게 말하는 것을 통제할 수도 없고 기업이 원하는 얘기만을 하도록 유도할 수도 없다. 이런 상황에서는 소비자의 흥미를 유발시켜서 이를 다른 사람과 공유하지 않고는 못 견디게 만들어야 한다. 소비자들이 관심을 가질 만한 입소문거리를 제공하여 활발한 참여와 재생산을 유도해야 하는 것이다. 그런 점에서 KOLKey Opinion Leader이 아닌 KOCKey Opinion Customer의 중요성도 강조되고 있다.

신제품은 초기에 기업에 의해 기획되지만 일단 고객에게 노출되면 기업의 의도와 달리 시시각각 쌍방향으로 형성되고 변화해 간다. 이전에는 마케터가 브랜드에 대한 막강한 통제권을 가지고 있었다면, 최근에는 소비자들이 브랜드 이미지를 만들어 가는 경향이 크므로, 마케터는 소비자들이 브랜드에 대해 활발하게 공유할 수 있도록 분위기를 만들어주어야 한다. 이 시대의 가장 성공적인 브랜드는 마케터에 의해서가 아니라, 소비자에 의해 기획되고 키워지고 있다.

## 3) 프로모션 용어 정리

마케팅은 미국에서 시작된 것이어서 용어가 모두 영어로 되어 있다. 물론 프로모션Promotion을 촉진이라고 한글로 번역을 하지만, 솔직히 그 의미가 영어로 읽는 것보다 쉽게 다가오지 않는다. 그래서 가능하면 영어 그대로 사용하기를 권장한다. 게다가 지금은 글로벌 시대이므로, 전 세계적으로 사용하는 용어 그대로 사용하는 것이 좋을 것이다. 그런 점에서 프로모션의 기초적인 용어정리를 통해 다양한 커뮤니케이션 방법들을 알아보겠다.

### ① Advertising

모든 광고 활동의 총칭으로서, 일반적으로 광고라 함은 영어로 Advertising이 맞는 말이다. Advertisement와 혼동해서 쓰지 말기를 바란다. Advertisement는 Advertising(광고활동)을 통해 만들어진 광고 결과물이다.

### ② A&P(Advertising & Promotion)

프로모션을 협의의 개념인 SPSales Promotion로 사용하기 때문에 손익계산서 계정항목에도 '광고판촉비'가 있듯이, 광고와 판촉을 붙여서 A&P라고 칭하는 경우가 많다. 다국적 기업에서는 Marketing Communication을 줄여서 이를 마콤MARCOM이라고 칭한다. 그래서 흔히들 예산과 붙여서 Marcom Budget이란 말을 많이 쓰는데, 처음 들었다면 그것이 곧 마케팅 광고판촉비 예산임을 인지하면 된다.

### ③ ATL, BTL & TTL

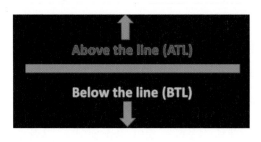

ATL은 Above The Line의 약자이고, BTL은 Below The Line의 약자이다. 즉, 수평선 Line을 하나 긋고, 그 위에Above에 있는 것은 주요 4대 매체인 TV, 라디오, 신문, 잡지에 광고하는 것을 말하며, 선 밑에Below 있는 것은 4대 매체 광고를 제외한 홍보, 판촉, 이벤트 등을 총칭하는 것이다. 그러다 보니 선 위아래가 아닌 그 경계에서 선을 따라 흐른다는 개념의 TTLThrough The Line이란 용어도 나왔다. 온라인 마케팅의 발달과 함께 ATL 및 BTL에 속하지 않는 디지털 마케팅 활동, 즉 SNS 마케팅, 입소문WOM-Word Of Mouth 마케팅 등이 이에 속한다.

### ④ SOV(Share Of Voice)

매출실적에 대한 시장점유율을 MSMarket Share라고 하는 것처럼, SOV

는 광고 점유율을 의미한다. 수많은 경쟁 브랜드들이 광고를 하고 있는 속에서, SOV는 광고횟수 및 효과를 나타내는 중요 지표가 된다.

⑤ KISS(Keep It Simple, Stupid or Short)

소비자에게 구구절절 제품의 장점을 설명하는 것이 아니라, 짧고 단순한 메시지를 개발해야 한다는 의미이다. KISS는 미국의 한 광고 대행사에서 일어난 일화에서 유래되었다고 한다. 어느 날 카피라이터 한 명이 광고 카피를 가지고 상사에게 들어갔다. 카피에는 제품에 대한 좋은 점들이 장황하게 나열되어 있었다. 상사는 그에게 좋은 걸 모두 보여주려는 것보다 중요한 건 소비자의 뇌리에 꽂힐 수 있는 강한 메시지 하나라며 여러 번 힌트를 주었으나, 그는 말투만 좀 다르게 바꾸었을 뿐 나아지지가 않았다. 그러자 참다못한 상사가 화를 내며 소리쳤다.

"이 멍청아, 단순하게 하란 말이야~!!Keep It Simple, Stupid"

15초의 승부라고 할 수 있는 TV광고에서 단순한 하나의 중요한 메시

지에 집중하는 것만큼 강력한 건 없다. 그래서 마케터는 언제나 고객에게 가치를 제공할 수 있는 강력한 하나의 차별점Single value proposition을 찾아야 한다. 바로 USPUnique Selling Point or Proposition가 중요한 이유이다.

⑥ 홍보, PR(Public Relation), Publicity

홍보와 광고는 엄연히 다른 것이지만, 대부분 이를 혼용해서 말하는 경우가 많은데 분명한 구별이 필요하다. 재미있는 것은 홍보와 광고의 한자 의미는 같지만 다른 글자를 쓰고 있다는 것이다. 홍보는 넓을 弘, 알릴 報이고, 광고는 넓을 廣, 알릴 告로서, 둘 다 의미는 널리 알린다는 뜻이지만, 단어가 다른 만큼 실제로 널리 알리는 방법도 다르다. 즉 광고는 기업이라는 주체가 많은 비용을 들여 매체를 통해 대중들에게 직접 알리는 것이고, 홍보는 언론이라는 매개체를 통해 기사화하여 적은 비용 또는 무료로 간접적으로 알리는 것이란 점에서 다르다.

또한 홍보의 영어 단어도 혼동되는 것이 있다. 일반적으로 홍보 하면 PRPublic Relation이라고 하는데, 마케팅에서 홍보는 PR이 아니라 Publicity가 맞다. PR의 Public은 대중이 아니라 공중公衆으로 해석될 수 있으므로, Public Relation은 공중관계를 만들어 가는 활동이다. 공중이란 말이 생소해 보일지 모르겠지만, 공중은 분명 군중이나 대중과 다른 의미로서 구별되어야 한다.

- 군중 : 어느 한 장소에 모인 집단
- 대중 : 불특정 다수의 집단
- 공중 : 비슷한 이해나 관심을 가진 사람의 집합체

불특정 다수인 대중을 상대로 하는 광고나 홍보와 달리 PR은 공중을 상대로 한다는 측면에서 다른 것이다. 따라서 마케팅에서 일반적으로 매체를 통해 대중들에게 제품을 알리는 방법으로서 '홍보=Publicity ≠PR'인 것이다. 그리고 광고와 선전도 혼용해서 쓰는 경우가 많은데, 이것도 다른 개념이므로 구분할 필요가 있다. 사실 선전은 일본식 해석이기도 하지만, '흑색선전'이란 용어에서 알 수 있듯이 다분히 정치적인 내용을 담고 있기 때문이다. 그래서 앞으로 기업이 하는 Advertising은 선전이란 용어보다 광고라고 구분하는 게 좋다.

| 홍보(PR), 광고(AD), 선전(PA)의 비교 | | | |
|---|---|---|---|
| 구분 | 홍보(PR) | 광고(AD) | 선전(PA) |
| 주제 | 노출 불가 | 노출 가능 | 양면성 |
| 내용 | 기업, 단체 | 상품 위주 | 정치, 종교 |
| 방법 | 쌍방 교류 | 일방적 | 일방적 |
| 시기 | 뉴스성 | 필요시 | 수시 |
| 목적 | 이미지 제고 | 판매 촉진 | 이념 주입 |
| 효과 | 시간 경과 후 | 즉시 | 단기간 내 |
| 수단 | 간접적 | 직접적 | 직접적 |
| 개념 | = Love me | = Buy me | = Follow me |

* PA(Public Affairs): 행정PR 또는 공공관계활동. 주로 공공정책에 대하여 국민들의 지지를 획득하려는 활동.

따라서 PR은 대중이 아닌 공중과 지속적 관계를 만들어 가면서 공중의 이해와 협력을 얻어, 기업이 목표를 달성하기 위해 의도적으로 공중과 커뮤니케이션을 하는 경영 활동이라고 정의할 수 있다. PR은 단순히 알리는 것만이 아니라, 피P할 것은 P하고 알R릴 것은 알리는 것이다. 따라서 PR은 대중이 아닌 다음과 같은 이해관계를 가진 집단인 공중과의 관계 맺기가 중요하다.

* 공중: 매체Media, 투자자Investor, 정부Government, 종업원Employee, 소비자Consumer, 지역사회Community, 협력업체Partner 등의 이해관계자

따라서 PR의 업무영역은 BI관리Brand Identity Management, CI관리Corporate Identity Management뿐만 아니라, 공공문제Public Affairs Management, 평판Reputation Management, 쟁점관리Issue Management, 위기관리Crisis Management, 인물 관리 Personal Identity Management 등, 그 영역도 넓고 다양하다.

이처럼 넓은 의미의 PR은 마케팅의 범주를 벗어난 기업경영 전반적인 활동과 연계되어 있다. 그러나 PR의 목적은 궁극적으로 기업성과를 높이기 위한 것이다. 필립 코틀러는 "기업이 공중Public들에게 그 무엇을 제시하든 간에 그것의 궁극적 목표는 판매에 있다. 그렇지 않다면 어떠한 형태의 기업이건 결국 실패할 것이다. 즉, PR 이나 마케팅이나 궁극적으로는 판매를 위한 것이다."라고 말했다.

이후 1999년 토마스 해리스는 Marketing PR에 대해, "MPR이란 마케팅 목표를 달성하기 위해 PR 전략과 전술을 이용하는 것으로서, MPR의 목적은 인지도 증대, 매출증대, 커뮤니케이션의 활성화, 그리고 브랜드와 고객과 회사 간의 관계를 형성하는 것이다. MPR의 주 기능은 신뢰성 있는 정보의 전달, 관련 이벤트의 후원, 그리고 사회에 이익을 환원할 수 있도록 지원하는 것들이다"라고 정의하였다. 따라서 마케팅

에서 흔히 말하는 홍보 또는 PR은 대부분 MPR이라고 할 수 있다.

- PPL(Product Placement): 기업이 협찬을 대가로 영화나 드라마에서 해당 기업의 상품이나 브랜드 이미지를 소도구로 끼워 넣는 홍보기법이다. 기업은 화면 속에 상품을 배치하여 소비자들의 무의식 속에 상품 이미지를 심어주고 소비자들에게 거부감 없이 자연스럽게 상품을 인지시킬 수 있는 장점이 있다. 과거에는 제작사에서 소품이 필요했기 때문에 무료로 소품으로 제공되며 홍보되었지만, 지금은 영화사나 방송사에서 제작비를 충당하기 위해 공공연하게 유료로 활용되면서 홍보보다 광고에 가까워져서, 홍보의 장점인 신뢰성이 많이 떨어지고 있다.

- Advertorial(Advertising & Editorial): 과거의 Publicity는 대부분 매체와의 관계를 통해 무료로 기사화하였으나, 경쟁이 치열해지면서 이 또한 이미 오래전부터 쉽지 않은 일이 되었다. 그래서 이젠 비용을 들여 기사처럼 광고를 한다. 왜냐하면 언론이 쓰는 기사는 기업이 하는 광고보다 소비자들에게 더 큰 신뢰를 줄 수 있기 때문이다. 그래서 애드버

토리얼Advertorial은 기업이 기사성 광고를 만드는 것을 의미한다.

⑦ 디지털 마케팅(Digital Marketing)

디지털 마케팅이란, ICT의 발전과 인터넷/모바일의 보편화로, 기존 마케팅 활동에서 장애요인으로 작용했던 시간과 공간의 장벽이 허물어지고 기업과 고객이 상호 연결되어, 언제 어디서든 디지털 데이터를 통해 소비자들에게 제품과 서비스를 알리고 판매를 할 수 있는 통합형 네트워크 마케팅을 말한다. 따라서 인터넷 마케팅이나 온라인 마케팅은 디지털마케팅보다 협의 개념이라 할 수 있다.

디지털마케팅에는 크게 Pull(유인형)과 Push(강요형), 두 가지 종류가 있다.

Pull(유인형) 디지털마케팅은 소비자가 이메일, 문자 메시지, 뉴스피드 등을 통해 기업의 광고전송을 허가하는 것과 소비자가 직접 인터넷을 통해 자발적으로 검색하는 것이 있다. 웹사이트, 블로그, 유튜브Youtube 들이 Pull 마케팅의 예이다. 특정 목적을 가지고 타깃 고객이 관심을 가질 만한 글과 사진, 동영상 등의 콘텐츠를 포스팅하여 소비자들을 유인할 수가 있다. 그러나 더욱 많은 소비자들에게 콘텐츠를 알리기 위해서는 부가적으로 Push 마케팅 기술이 필요하다.

Push(강요형) 디지털마케팅은 판매자가 수신자의 동의 없이 광고를 보내는 것이라서, 소비자들이 싫어하는 '스팸'이라 불린다. 따라서 대부분의 소비자들이 광고를 주의 깊게 보지 않기 때문에, 큰 효과가 없을 수도 있다. 그래서 철저한 타깃팅 광고를 통해 타깃 고객의 주요 관심사를 저격해야만 한다. 그래야 효율성과 효과성이라는 두 마리 토끼를 모두 잡을 수 있을 것이다.

- SA(Search Advertising, 검색광고): 사용자가 인터넷에서 특정 키워드를 검색할 때, 해당 키워드와 관련된 광고를 노출해 보여주는 인터넷 광고로서, 키워드 광고라고도 한다. 대표적으로 네이버 검색엔진에 키워드를 입력했을 때 상단에 노출되는 광고 목록들이 이에 해당된다. 키워드를 검색한 고객은 해당 상품에 대한 관심이 이미 높은 상태이기 때문에 검색광고는 비교적 전환율이 높아서, 다른 광고에 비해 광고효율이 상대적으로 높은 편이라고 평가된다. 한 키워드에 여러 광고주가 광고 요청을 하게 되면 경쟁 입찰을 통해서 노출 순위가 정해진다.

- 메인 키워드(대표 키워드): 기업 혹은 상품과 관련하여 다양한 수요를 포괄하는 일반적인 의미의 키워드이다. 주로 상품명, 브랜드, 해당 사업 영역과 관련하여 상위 카테고리상에 있는 인지도가 높은 검색어를 사용한다. 그러나 예를 들어 노트북, 부동산, 가전제품, 화장품 등의 대표 키워드는 검색한 사용자들이 모두 회원가입이나 구매전환으로 이어지게 하지는 못한다. 실제로 제품을 구매하고자

검색한 사람도 있지만, 단순히 정보검색을 목적으로 하는 사용자도 섞여있기 때문이며, 보다 관심을 가지는 구체적인 범주로 넘어가지 않기 때문이다. 따라서 대표 키워드는 조회수가 많은 편이지만 전환율이 낮기 때문에 추가로 세부 키워드를 가져가야 한다.

– 세부 키워드: 명확한 범주나 세부적인 검색어가 추가된 키워드로서, 포괄적인 서비스나 상품명에 그치지 않고, 지역명이나 관련 수식어 및 설명 등을 조합해 만든 키워드이다. 예) 가벼운 노트북, 화정동 아파트, AI냉장고, 유산균화장품 등

– 로그분석: 웹사이트에 접속한 사용자의 방문 수, 접속경로, 체류시간, 방문자의 성별과 연령대 등 다양한 정보를 분석하는 서비스이다. 대표적으로 구글 애널리틱스가 있다. 로그분석을 통해, 광고에 의해 유입된 트래픽 중 실제로 제품구매 또는 회원가입 등으로 전환된 비율, 즉 전환율과 같은 광고 효과를 구체적인 수치로 측정할 수 있다.

– 전환(Conversion): 전환은 광고를 통해 사이트로 유입된 방문객이 광고주가 원하는 특정 행위들, 즉 뉴스레터 가입, 어플 다운로드, 회원가입, 장바구니 담기, 제품구매 등의 행동을 하는 것이며, 전환 행동을 한 비율을 전환율Conversion Rate이라 한다. 이때 광고나 메시지를 클릭하고 30분 이내에 전환이 일어나면 '직접전환', 광고나 메시지를 클릭한 사용자가 15일 이내에 전환이 일어나면 '간접전환'이라고 말한다.

– 이탈률(Bounce Rate, Exit Rate) : 소비자가 특정 웹사이트를 방문해서, 어떤 상호작용도 없이 한 페이지만 보고 다른 페이지로의 유입 없이 나가는 수를 이탈률 또는 반송률이라고 한다. 예를 들어 유명 인플루언서의 유튜브 영상을 보고 자사몰에 들어왔지만, 다른 상품을 보거나 회원가입을 하거나, 구매하는 등의 다른 행동 없이 그 페이지에 들어왔다가 바로 나가는 상황에 해당한다. 한편 Exit Rate은 같은 이탈률이지만 Bounce Rate과 다르다. Bounce Rate이 상호작용 없이 웹사이트를 벗어난 것이라면, Exit Rate은 상호작용을 모두 마친 후에 웹사이트를 나간 것을 의미한다.

– 랜딩페이지(Landing Page): 사용자가 광고를 클릭했을 때, 처음 연결되는 카피, 이미지, 폼 등으로 구성된 페이지이다. 즉, 방문 시 맨 처음 보게 되는 페이지를 말한다. 랜딩페이지는 웹사이트 방문객들에게 특정 제안이나 혹은 제품 구매 등을 유도하기 위한 것이다. 잘 키운 랜딩 페이지 하나, 열 영업사원 안 부럽다는 말이 있듯이, 랜딩 페이지가 방문자의 목적에 잘 맞게 되어 있느냐 그렇지 않으냐에 따라 이탈률이 달라질 수 있고, 전환율에도 차이가 발생하기 때문에, 가장 중요한 페이지이다.

– 체류시간(DT, Duration Time): 사용자가 사이트에서 머물다 떠날 때까지의 시간을 의미한다. 체류 시간이 길면 길수록 사용자 활동이 많아지고 원하는 목적이 달성될 확률이 높으므로, 고객 충성도를 살펴볼 수 있는 지표가 되기도 한다. 체류 시간이 짧다면 페이지 내에 어떤 점이 사용자를 충분히 이끌지 못하는지 확인해 볼 필요가 있다.

- PV(Page View): 웹사이트 한 페이지에 사용자가 접속한 수를 의미한다. 웹사이트 내에서 가장 높은 PV를 기록한 페이지가 사이트 내 가장 인기 있는 곳으로, 이를 기준으로 집행하는 광고 위치를 정하는 등 마케팅 전략을 세울 수 있다. 하지만 같은 사람이 페이지를 새로 고치거나 다른 페이지를 탐색하는 경우에도 PV로 기록되기 때문에, PV로는 해당 웹사이트에 얼마나 많은 이용자가 방문하는지 파악하기 어렵다.

- UV(Unique Visitor): 사용자가 특정 웹사이트에 방문한 수를 나타내는데, 중복 방문을 제외한 순 방문 수이다. 실제 방문한 총 이용자 수를 파악하기 어렵고 고의로 숫자를 늘릴 수 있는 PV의 단점을 보완하는 차원에서 쓰인다. PV가 세션이나 IP 주소에 따라 달라진다면 UV는 달라지지 않는다.

- SEO(Search Engine Optimization, 검색엔진 최적화): 네이버, 구글, 다음 등과 같은 검색엔진은 사용자에게 최상의 정보를 전달하기 위해 특정 알고리즘을 통해 정보를 선별한다. 이 알고리즘을 잘 파악해 자신의 웹사이트 또는 콘텐츠가 검색엔진에서 잘 검색되게 하여, 검색 결과가 상위에 랭킹되게 하는 것이다.

- 타깃팅 광고(Targeting Advertising): 불특정 다수에게 광고를 노출하는 것과 달리, 특정 지역, 성별, 나이, 관심사, 구매내역 등 광고주가 원하고 필요한 계층에게만 광고를 맞춤식으로 노출해서, 효율을 높이는 광고를 말한다.

– 리타깃팅 광고(Retargeting Advertising): 특정 웹사이트나 앱을 방문하거나 행동을 취한 적이 있는 사용자를 대상으로 다시 광고를 보여주는 방식의 광고를 말한다. 사용자가 웹이나 앱을 방문하면 쿠키나 광고 아이디와 같은 흔적이 남는다. 이 흔적을 기반으로 다른 웹페이지로 옮겨 가더라도 사용자가 봤던 물품을 기반으로 광고가 나오는 식의 방식이다. 쿠키가 삭제되거나 광고 아이디가 재생성되면 집행하기 어렵다.

– DA(Display Advertising): 웹사이트에서 사용자에게 노출되는 광고를 말한다. 포털 사이트의 메인 화면이나 뉴스 사이트에서 쉽게 볼 수 있다. 온라인 광고의 가장 기본적인 방식으로서, 배너, 이미지, 동영상 등 여러 가지 형태가 있을 수 있다.

– 보상형 광고(Rewarded AD): 사용자에게 상품권, 포인트, 이모티콘 등 어떤 특정 보상을 지급하는 조건으로 앱 설치나 설치 후 행동을 유도하게 하는 광고를 말한다.

– 비보상형 광고(Non-rewarded AD): 보상형 광고와 반대로 특별한 보상 없이 앱 설치나 앱 설치 후 행동을 유도하는 광고다. 이전에는 보상형 광고가 주를 이뤘지만, 보상만 받고 앱을 삭제하거나 사용하지 않고 이탈하는 경우가 많아져, 요즘에는 비보상형 광고로 진성 이용자를 더 끌어들이려는 전략이 많이 쓰이는 추세이다. 검색이나 비보상형 광고를 통해 자연적으로 유입된 사용자를 오가닉 유저Organic User라고 말한다.

– 노출(Impression): 광고가 고객에게 보이는 것으로서, 광고주의 상품과 고객이 처음으로 만나는 그 접점을 말한다. 여기서 노출이 발생한 만큼의 횟수를 노출수라고 말하며, 한 번 노출되면 1 임프레션이라고 말한다. 하나의 웹페이지에는 디자인에 따라 여러 개의 광고가 들어갈 수 있기 때문에, 단위 시간당 웹페이지보다는 단위 시간당 광고 뷰로 더 많이 표기한다.

– 프리퀀시(Frequency): 이용자 한 사람당 같은 광고에 노출되는 광고 노출빈도를 말한다. 프리퀀시에 따라 인지율 및 클릭률이 달라질 수 있다. 프리퀀시가 낮다면 인지율이 떨어져 클릭이 발생하기 어렵다. 반면, 너무 높다면 광고를 보는 이들의 피로도를 상승해 클릭이 적어진다.

– 리드(Lead): 상품에 관심이 있는 소비자, 즉 '관심 고객'을 말한다. 리드를 많이 만들고 유인하는 것이 단순히 노출이나 도달을 높이는 것보다 중요하므로, 꾸준히 가치 있는 콘텐츠를 제공해 웹사이트

방문자들의 인적사항을 확보하여, 리드를 생성Lead Generation하는 과
정이 중요하다. 또한 확보된 리드가 구매를 결정할 때까지 제품에
관한 정보를 지속적으로 제공하고 관리하며, 궁극적으로는 구매하
도록 하는 리드 육성Lead Nurturing도 함께 이루어져야 한다.

## 4) 디지털 마케팅 사례

디지털 마케팅 사례로서 내가 과거 몸담았던 중소기업인 세라젬
H&B와 대기업 수준인 종근당건강을 비교하며 이야기해 보고자 한다.
둘의 차이점은 한마디로 돈이다. 돈이 있어서 할 수 있는 것과 하지 못
한 것의 차이가 크지만, 실제 결과는 별반 다르지 않았다는 점에 주목할
필요가 있다.

과거 4대 매체 중심의 시대에는 돈을 많이 쏟아부을수록 효과가 더
컸다고 할 수 있다면, 지금의 디지털시대의 양상은 매우 다르다. 물론
돈을 많이 쓰면 당연히 효과가 더 좋다. 단지 비용대비 효과, 즉 효율성
측면에선 그렇지 않다는 게 문제다. 그런 점에서 디지털 마케팅에서 광
고, 인플루언서, 퍼블리시티 등 많은 돈을 써서 널리 알리는 것보다 더
중요한 것은 바로 콘텐츠, 즉 공감을 이끌어낼 수 있는 스토리Story이다.

STORY는 Simplicity, Truth, Object, Reality, Youth의 이니셜이 기도 하다. 공감하고 기억하기 쉽게 단순 간결해야 하며, 신뢰할 수 있는 창의적 콘텐츠이어야 한다. 또한 구체적이고 실질적인 이야기의 구성이어야 하며, 젊은이들처럼 생동감 있고 재미와 갈등이 내재된 전파력 있는 이야기가 좋다. 설사 창조된 콘텐츠라도 "그럴 수도 있네"라고 수긍이 되어야 한다. 그래야 고객에게 차별화된 가치를 제공할 수 있고, 스토리에 대한 공감과 흥분을 이끌어 맹목적으로 다른 사람들에게 전이가 될 수 있다.

세라젬H&B의 벨라몬스터 브랜드에는 그런 스토리가 있었고, 종근당건강의 닥터락토 브랜드에는 없었다. 그 차이는 아이러니하게도 돈 때문이다. 돈이 있어 외주 대행업체에게 맡기고 공장에서 기계로 찍어내듯이 콘텐츠를 배포하는 데 급급했던 직원들과 돈이 없어 직접 발로 뛰며 콘티를 만들고 촬영을 하며 콘텐츠를 스스로 제작했던 직원들의 차이일 수도 있다.

그 결과 수억 원을 쓰며 유명한 인플루언서들과 수많은 팔로어를 가진 파워 블로그를 통해 대량으로 노출을 했던 종근당건강 닥터락토이지

만, 그렇지 못한 벨라몬스터에 비해 진정성, 진실성, 공감성, 창의성 등이 떨어졌다고 할 수 있다. 두 회사에서 시도했던 전형적인 디지털마케팅 전략은 같았지만, 한쪽은 많은 돈을 들여 노출량을 늘렸고, 다른 한쪽은 적은 돈을 들였지만 고객의 공감을 끌어내는 양질의 콘텐츠를 만든 결과, 론칭 1년 후 매출은 별반 차이가 없었다. 마켓4.0 시대에 이것이 디지털 마케팅의 매력이기도 하다.

고객의 유입을 위해서는 단순히 홈페이지 하나로만 될 수는 없고, 트리플 미디어Triple Media가 유기적으로 연계되어 고객들과 커뮤니케이션되어야 한다. 트리플 미디어는 ①돈을 지불해서 광고를 하는 페이드Paid 미디어, ②기업이 자체적으로 보유하고 있는 홈페이지와 같은 온드Owned 미디어, 그리고 ③ 블로그나 SNS처럼 소비자를 비롯한 제3자로부터 기업의 신뢰와 평판을 얻을 수 있는 언드Earned 미디어이다. 결국 귀착점은 회사가 보유하고 있는 온드 미디어인 홈페이지나 자사몰로 고객을 유입해서 전환율을 높이는 것이 될 것이다.

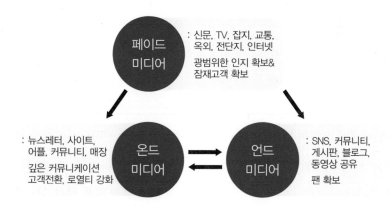

고객유입을 위해 가장 쉽게 할 수 있는 것은 돈을 주고 사는 페이드 미디어이다. 작은 기업에서는 가장 어려운 일일 수도 있겠지만, 굳이 비싼 돈 들여 TV 광고를 하지 않아도 페이스북 등의 디지털 미디어를 통한 타깃팅 광고만 잘 해도 적은 비용으로 좋은 효과를 얻을 수 있다.

그러나 광고의 신뢰성에 민감한 소비자들은 온드 미디어에 들어와서도 쉽게 구매전환이 이루어지지 않는 편이다. 따라서 이럴 때 필요한 것이 언드 미디어를 통한 진실되거나 재미있고 유익한 콘텐츠를 이용하여 신뢰성을 확보하는 것이다. 이 세 가지가 유기적으로 결합되어야 많은 고객유입과 함께 기업이 의도하는 구매전환이 이루어질 것이다.

기업은 디지털마케팅을 단순한 장사수단으로만 활용해서는 안 된다. 기업이 제공하는 소중한 정보와 보상은 고객들로 하여금 공유를 하게 만들고, 오랜 기간 깊은 관계를 바탕으로 신뢰를 구축하게 하며, 궁극적으로 소비자의 삶을 더 향상시킬 수 있는 고객생애가치CLV - Customer Lifetime Value로 제공되어야 한다. 그러면 매출과 수익은 자동으로 따라오게 될 것이다.

## 5) SNS 마케팅

인터넷이 유행하기 시작한 2000년 이후로 온라인 커뮤니케이션은 크게 두 가지로 나뉘어졌다. 하나는 포털 시스템Portal system이고, 또 하나는 SNSSocial Network Service이다. 구글과 네이버 같은 대형 포털은 웹사이트 내 불특정 다수 사용자 간 '1:다수'의 커뮤니케이션 방식을 갖추고 있어서, 어떤 사용자가 쓴 게시물이라도 모든 사용자에게 차별 없이 노출되고,

사용자 대 사용자 간의 직접적인 커뮤니케이션이 제한적이며, 익명성을 토대로 한 악플 문제가 사회적인 부작용으로 부각되고 있다.

반면 SNS는 인터넷을 기반으로 사람과 사람을 연결하고, 정보공유, 인맥관리, 자기표현 등을 통해 타인과의 관계를 형성, 유지, 관리할 수 있는 서비스로서, 모든 참여자가 동등한 지위로 상호작용하는 '다수:다수'의 쌍방향 소통이 원활한 구조로 이루어져 있다. 이러한 SNS는 사용자들이 자신의 평판을 유지해야만 하는 강력한 자정Self-control 기능을 가지게 되고, 모든 참여자 간 직접 커뮤니케이션이 손쉽게 일어나지만, 일정 수준의 인지도가 축적되지 않으면 게시물이 확산되지 않는 구조이다.

따라서 기업은 대중과의 접점이 넓은 SNS 마케팅을 통해 고객과 쌍방향 상호작용을 통해 실시간으로 피드백을 수집 및 파악하여, 긍정적인 피드백을 재확산하는 한편 부정적인 피드백에 대해선 즉시 대응하면, 브랜드 이미지 향상에 도움을 줄 수 있을 것이다.

하지만 아직도 많은 기업들은 어떻게 SNS 마케팅을 활용할지 기존의 전통적인 미디어만큼 정확하게 파악하지를 못하고 있으며, 남들이 하니까 나도 해야 한다는 식으로 준비도 제대로 하지 않은 채, SNS 마케팅을 시작하는 경우가 대부분이다.

삼성경제연구소에 의하면 기업은 아래와 같이 SNS에 대한 4가지 오해를 하고 있다고 한다.

– 의도한 바를 대중이 잘 이해할 것이다.

- 임직원의 자발적 참여가 이루어질 것이다.
- 쉽게 고객관계를 구축할 수 있을 것이다.
- 양방향 소통이 활발할 것이다.

그러나 기대와는 달리 SNS의 실상은 달랐다.

- SNS에는 수많은 팬들보다 1명의 열렬한 반대자가 더 무섭다.

- 고객관계 구축은 소통도구보다 콘텐츠의 진정성을 높이는 것이 중요하다. 따라서 고객에게 필요한 것이 무엇인지를 파악하고 니즈의 충족과 친밀감 등, 어떤 가치를 추구할지를 결정해야 한다.

- 사안에 따라 온라인과 함께 오프라인에서 고객관계를 강화하고 보완해야 한다.

- 기업과 고객 간의 SNS 소통은 대중매체보다도 더 실시간으로 지속적인 방법을 사용하여 접근할 필요가 있다.

최근의 디지털 환경에서 SNS 마케팅은 기업의 생존을 위하여 반드시 해야만 하는 일이 되었다. SNS는 곧 기업이고 사이트이자 어플이며 강력한 미디어가 되었다. 또한 SNS는 여러 사람들을 한곳으로 모으는 플랫폼, 즉 하나의 광장(場, Place)이다. 예로부터 장이 서면 사람들이 모이고, 그 장에 사람들이 많이 모이면 모일수록 돈이 된다. 따라서 SNS라는 사이버 장에서 기업은 고객을 모집하고 가치 있는 정보를 오랜 기간 지속적으로 제공해서 신뢰를 형성하고 많은 팬들을 확보해야 한다. 이는 큰돈을 들여야만 하는 광고비용을 줄여주며, 보다 깊은 관계의 형성을 통해 궁극적으로는 매출로 연결시켜 준다.

SNS 마케팅의 성공사례로 소셜 미디어 콘텐츠 생산기업인 메이크어스가 2015년에 만든 브랜드 딩고Dingo가 있다. 모바일에 최적화된 인터페이스를 사용하여 콘텐츠를 많이 만들었는데 딩고 스토리, 딩고 스타일, 딩고 뷰티, 딩고 트래블, 딩고 뮤직, 딩고 프리스타일 등으로 수천만 명의 구독자들을 확보했다.

플랫폼이란 이렇듯 한 개인 또는 기업이 수천만 명과 연결될 수 있는 힘이 있다. 이를 통해 기업은 원하는 메시지를 고객들에게 전달할 수 있으며, 지속적으로 팔로어 수를 증가시켜 자산 가치를 높일 수도 있다. 특히 지속적인 정보제공을 통해 신뢰성이 쌓이면, 팔로어들은 점차 기업의 팬이 되어 구매 전환율이 높은 충성고객으로 변화될 수도 있다. SNS 플랫폼은 곧 기업과 고객이 함께하는 장이 되는 것이다.

SNS 플랫폼은 상품과 같다. 하나의 상품이라고 생각하고 개발하고, 마케팅 전략과 비용도 당연히 들어간다. 따라서 최소한의 예산 집행은 불가피하다. 특히 초기 시드 구독자를 모으기 위한 효율적인 광고 집행은 필수이다. 그러나 전체 디지털 마케팅에서 SNS는 일부분일 뿐이다. 통합적인 디지털마케팅으로 브랜딩을 하고 랜딩 페이지로 고객을 유입해서 고객을 사로잡고 구매전환을 이끌어내야 한다. 그렇기 위해선 사용할 수 있는 모든 플랫폼을 최대한 활용하여 끝없이 유입시켜야 한다. 네이버, 다음, 구글 키워드 광고, DA 광고, 언론사 홍보, 다양한 SNS의 전반적 운영, 카페, 블로그, 팟캐스트, 유튜브, 어플(앱, Application) 등…. 그러므로 SNS 마케팅에서 플랫폼 론칭 시 다음과 같은 점들을 고려해야 한다.

- 어떤 주제로 할 것인가: 너무 좁고 전문적인 주제, SNS에 안 맞는 주제, 잘 모르는 주제, 꾸준히 할 수 없는 주제는 피하는 것이 좋다.

- 주 플랫폼은 어디로 할 것인가: 한정된 예산과 시간으로 최대 효과를 만들기 위해서, 성별, 나이, 주제에 따라 일단 1~2개의 핵심 플랫폼에 집중하고, 이후 2차 SNS로 확장한다.

- 어떤 콘텐츠로 만들 것인가: 가장 좋은 콘텐츠 형태는 동영상이다. 그러나 물리적으로 어렵다면 음성(팟캐스트), 이미지(카드형), 텍스트 등 콘텐츠 형태를 선정해야 한다. 중요한 것은 공유되지 않는 게시물은 콘텐츠가 아니라는 사실이다.

마지막으로 SNS 플랫폼의 경쟁력을 확보하기 위해서 다음과 같은 일이 필요하다.

- 사전 조사: 주 SNS 채널에 비슷한 주제의 채널이 몇 개나 있고, 어떤 형태로 운영되는지, 콘텐츠 형태, 업로드 주기, 콘텐츠 내용 등

을 조사한다.

– 디자인: 경쟁 채널이 있다면 디자인이 더 우수해야 한다.

– 업로드 횟수: 경쟁채널보다 적어도 같거나 많아야 한다.

– 콘텐츠 내용: 경쟁 채널의 고객 유입 수와 콘텐츠 공유 수를 파악해서, 그보다 높은 수치를 목표로 콘텐츠 고도화 작업을 해야 한다. 콘텐츠에 열광하지 않으면 플랫폼은 망가진다. 플랫폼으로 경쟁하는 게 아니라 콘텐츠로 경쟁해야 한다.

많은 기업들이 SNS를 활용하여 고객들과 직접 또는 간접적으로 소통하고 있다. 특히 유명 브랜드를 보유하고 있는 대기업들은 SNS상에서 각종 이벤트로 고객을 유인하고 참여하게 하는 한편, 오프라인과 연계된 대단위 프로모션까지 병행하는 등 많은 비용을 들여 강력한 IMC를 진행하고 있지만, 중소기업들의 사정은 그렇지 못하다. 그래서 대기업처럼 돈을 들여 광고대행사나 기획사를 이용하지 않고, 아기자기하게 SNS 본연의 취지를 활용하여 저렴하게 실행할 수 있는 SNS마케팅 방안들을 소개해 본다.

① 네이버 블로그
: 파워 블로거(Power Blogger)를 통한 체험과 입소문 마케팅
아직도 한국의 경우 블로그는 소셜 미디어의 대표주자이다. 그래서 영향력 있는 블로거에 대한 신뢰도는 상당히 높기 때문에 브랜드의 노

출 및 확산의 파급효과에 있어, 최적의 입소문 마케팅의 수단으로 활용되고 있다. 그러다 보니 파워 블로거는 이제 수많은 사람들에 대해 인플루언서가 되어, 비용도 상당히 비싸졌다. 많은 기업들이 비싼 돈을 들여 파워 블로그를 통한 마케팅을 하고 있고, 파워 블로거는 마치 기업의 하수인이 되어 본연의 취지에 맞지 않게 돈벌이에 급급한 커머셜Commercial화 되어 비난을 받는 사례도 적지 않다. 따라서 기업은 이제 블로거들을 돈으로 매수하는 방식보다, 다음과 같은 Blogger Relation을 해야 성공적인 파워 블로그 효과를 거둘 수 있을 것이다.

- 인기 블로거가 아닌 관심 테마와 정확히 일치하는 블로거와 관계를 맺는다.
- 기업의 소리는 줄이고 블로거의 목소리를 경청한다.
- 실제로 블로거를 찾아가서Off-Line 만나서 관계를 형성한다.
- 장기적인 릴레이션을 구축한다.

중소기업인 세라젬H&B에서는 수십만이 넘는 회원을 가지고 있는 전문 뷰티 커뮤니티를 찾아가서, 해외 유명 브랜드와 속칭 계급장 떼고 한판 붙겠다며 당돌한 제안을 한 적이 있다. 즉, 브랜드를 모두 가린 블라인드 테스트를 속임 없이 온라인으로 공개하여 브랜드가 아닌 품질로 승부를 걸어 보겠다는 것이었다. 실제 카페 운영자도 진짜 그 정도로 자신 있냐고 반문하며 큰 관심을 표명하여, 카페에 블라인드 테스트하는 실비용만 제공하는 조건으로 진행을 할 수 있었다.

그리고 조사결과 세라젬H&B의 제품이 유명브랜드보다 더 좋은 결과가 나타났고, 이를 활용해 소비자가 직접 사용후기를 사진과 함께 올리게 함으로써 제품의 즉각적인 효과를 눈으로 직접 확인하게 할 수 있게하였다. 이로써 브랜드도 전혀 알려지지 않은 신제품이었지만, 파워 블로그를 통한 품질입증을 통해 입소문이 가능하게 되어 기대 이상의 매출 실적을 올렸다.

② 페이스북(Facebook)

: 원하는 타깃에만 노출하여 집중적인 브랜드 광고 및 홍보

페이스북은 사용자가 가입하면서 성별. 생년월일, 주거지역, 학력, 근무회사 등을 기입한다. 기업들은 이를 토대로 원하는 대상을 선택하여 타깃팅 광고를 할 수 있어, 집중화 전략 및 비용절감을 동시에 이룰 수 있다. 기업은 페이스북 페이지를 만들거나 개인계정을 직접 운영하며, 비용을 들이지 않고 제품을 홍보할 수도 있다. 특히 페이스북 페이지는 5천 명으로 한정되어 있는 개인계정과 달리 무한대로 인원을 늘릴

수 있으며, 페이지명도 브랜드 및 콘셉트와 연관되어 자유롭게 만들 수 있다. 또한 적은 비용의 타깃팅 광고를 통해 팔로어를 빠르게 모을 수 있으며, 무엇보다도 도달률 등 광고효과 분석지표를 확인할 수 있어서, 효율적인 광고가 가능하다.

또한 기업은 페이스북 광고를 통해 광고디자인, 광고방법, 광고범위 설정, 성과 관리 등을 스스로 설계할 수 있으며, 가입자의 프로파일 정보를 통해 타깃팅 광고가 가능하고, 노출 횟수, 클릭 수 등 상세한 광고 실적과 정보를 원하는 시기별로 제공받을 수도 있다. 이러한 구조는 엄청난 확산력을 지니고 있으며, 일회성이 아닌 지속적 노출이 가능하다. 또한, 고객과 기업이 직접 커뮤니케이션을 할 수 있어 쉽고 빠르게 피드백할 수 있다는 장점이 있다.

기존 광고들이 정보, 이미지 전달 기능이 강하다면, 페이스북 광고는 정보와 경험의 공유, 이벤트 참여 등 공유적인 기능이 강하므로, 감성과 재미를 곁들인 메시지를 전달하면, 고객들이 쉽게 받아들일 수 있을 것이다.

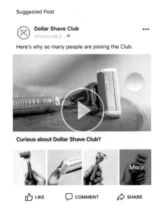

그러나 최근 페이스북은 대중의 신뢰를 잃고 있으며, 이용자들은 페이스북 내 광고에 대해 냉담한 경향이 크다. 실제로 한국방송광고진흥공사가 소비자 1천 명을 대상으로 실시한 기업이미지 광고 인식 조사 결과에 따르면, 광고 채널별로 광고 집행 기업에 믿음이 가는지에 대해 '그렇다'는 응답 비율은 지상파가 36%로 가장 높았던 반면, 페이스북은 8%로 유튜브(13%), 포털 사이트(18%) 등 다른 온라인 채널에 비해서도 최하위를 차지하였다(SBS 뉴스, 2020.10.2)

페이스북의 광고는 기존 매체보다 매우 저렴한 편이지만, 이마저도 쉽지 않은 작은 회사에서는 개인 계정을 적극적으로 활용할 필요가 있다. 그러나 이때도 주의할 점이 있다. 페이스북을 광고, 홍보의 장으로만 이용해서는 안 된다. 일부 사람들은 페이스북에 가입하여 회사의 브랜드나 이벤트 페이지만 올리는 경우가 있는데, 그렇게 하면 외면당하기 십상이다. 페이스북 본연의 순수한 기능인 친구를 맺고 일상생활과 정보를 공유하는 활동을 꾸준히 하면서, 필요에 따라 페이스북으로 맺어진 친구들에게 브랜드를 홍보하는 것을 병행하는 것이 좋다.

③ 유튜브(Youtube)
: 재미있고 참신한 영상으로 브랜드 인지도 상승

유튜브는 원래 누구나 쉽게 영상을 제작해서 글로벌로 공유하게 하는 플랫폼이었다. 하지만 SNS와 결합하면서 폭발적으로 확산되어 지금은 개인이 직접 제작한 동영상을 공유하는 것을 넘어, 2019년 기준 글로벌 20억, 국내 3,000만 명에 달하는 이용자들을 가진 하나의 글로벌 동영상 채널로 급부상하였다. 미국에서 케이블 방송에 국한되었던 MTV나 CNN이 인터넷을 통해 유명한 글로벌 방송사로 성장했던 것처럼, 유튜브는 개인의 개성이 담긴 영상을 인터넷에서 새로운 브랜드로 만들어주는 장場이 되었고, 이른바 유튜버Utuber라는 사람들이 일반 대중을 선도하는 KOL 또는 인플루언서로서 각광을 받는 스타로 등극하게 하였다. 최근 조사에 의하면 국내에서도 한국인이 가장 많이 사용하는 앱으로 유튜브가 1위를 차지했을 정도로, 유튜브는 이제 생활의 일부분이 되었다.

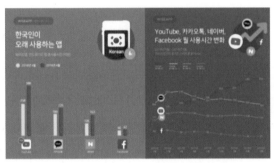

▲ 국내 앱 사용자 체류 시간 및 추이 비교(와이즈앱 페이스북, 2017~2019)

유튜브의 파괴력은 K-POP에서 잘 나타나고 있다. 2012년 싸이의 강남스타일을 보면 쉽게 이해할 수 있다. B급 코미디 요소와 강남을 풍자한 가사를 영상에 담아낸 스토리가 유튜브를 통해 전 세계로 퍼져나가면서 순식간에 6억 건이 넘는 페이지 뷰를 기록하며, 팝뮤직의 변방인 비영어권 한국의 대중가요가 최초로 빌보드 차트 2위에 등극하는 엄청난 사건을 만들었다.

이를 통해 전 세계에 더욱 알려지게 된 K-POP은 최근 BTS가 빌보드 차트 1위를 하면서 그 정점을 찍으며, 빅히트 엔터테인먼트를 일약 세계적인 기업으로 성장시켰다. 이 모든 것은 기업이 일부러 기획한 글로벌 진입전략에 의거한 것이 아니라, 유튜브에 의해 만들어진 일이라 더욱 놀라운 것이다.

그러다 보니 기업들도 이를 놓치지 않고 있다. 국경에 갇혀 있지 않은 글로벌 공간인 유튜브에서는 K-POP처럼 특정 지역에 국한되지 않고 글로벌 브랜드로 바로 성장할 수 있기 때문이다. 스페인 IESE 경영대학원의 판카즈 게마와트 교수는 페이스북의 86~88%, 트위터의 70% 이상은 모두 자국自國 안에서 이뤄지는 반면에, 유튜브는 사용량의 70% 이상이 미국 바깥에서 들어온다고 했다. 유튜브는 언어가 달라도 통할 수 있는 동영상을 매개로 세계인을 하나로 묶고 있기 때문이다.

그래서 애플·코카콜라·맥도널드·삼성전자 같은 글로벌 기업들은 물론, 미국 백악관, 로마 교황청, 청와대 등도 유튜브를 외부와의 소통용도로 필수품처럼 쓰고 있다. 유튜브가 세계인에게 동일한 영상 메시지를 전달하는 가장 효과적이고 광범위한 창구이기 때문이다. 그러나 최근 정치적 목적을 위한 가짜뉴스나 오직 돈벌이에만 급급한 저급 포르노 영상들도 판을 치고 있어, 유튜브에 대한 좋지 않은 인식 또한 증가하고 있는 점은 주의해야 할 것이다.

분명 유튜브를 통한 기업 브랜드와 상품을 홍보하는 것은 대단히 유용한 것임에 틀림없다. 그렇다고 동영상을 만들어 유튜브에 등록하기만 하면 되는 것은 아니다. 전 세계 수많은 사람들이 유튜브에서 동영상을 올리고 시청하고 있기 때문에, 반대급부로 그 거대한 규모로 인해 누구나 혜택을 누리기는 쉽지 않다. 실제로 내가 업로드한 동영상이 몇 번이나 플레이되었는지 확인해 보면 대부분이 실망스러운 숫자로서, 이 일이 생각보다 쉽지 않음을 당장 알 수가 있을 것이다.

지난 20여 년 전부터 한국의 내로라하는 기업들이 무한한 잠재력이 있는 기회의 땅, 중국을 향해 수많은 도전을 해왔지만, 성공적으로 시장에 자리를 잡은 회사는 몇 안 된다. 대부분 수십억 원에서 많게는 수백억 원까지 손해보고 한국으로 돌아가야 했다. 기회가 크다는 것은 확실히 좋은 일이라, 기업은 그 기회를 보고 시장에 뛰어든다. 하지만 무턱대고 불에 뛰어드는 불나방처럼 타 죽지 않으려면, 시장을 정확히 분석하고 차별화된 경쟁력을 갖추어야만 한다. 유튜브도 마찬가지이다. 물론 중국시장에 진입했다가 실패하는 것만큼 큰 타격은 받지 않겠지만, 적잖게 실망하고 포기하는 일이 다반수일 것이다. 따라서 먼저 다음과 같은 유튜브에 대한 이해부터가 필요하다.

① 누구나 동영상을 만들 수 있다
유튜브의 가장 유용한 부분은 많은 비용을 들여 모델을 고용하거나, 고가의 촬영 및 편집 장비와 스튜디오가 있어야 하는 것이 아니라는 점이다. 간단한 휴대폰이나 웹캠으로 촬영하고 아마추어 수준의 편집으로도 가능하다. 그러나 중요한 것은 콘텐츠이다. 기본적으로 유튜브에서 성공적인 동영상이라 할 수 있는 것은 재미있거나 괴상하거나 유용한 컨텐츠이어야 할 것이다.

② 채널을 디자인하고, 키워드를 적절히 배치한다
배경, 색상 및 구성 등으로 나만의 유튜브 채널을 만들어, 내가 누구인지, 왜 유튜브를 하는지를 채널에서 보여 줄 수 있어야 한다. 또한 이를 알리기 위해 제목, 설명 및 태그에 적절한 핵심 키워드를 사용해서, 검색을 통해 시청자들이 유입되도록 해야 한다.
처음엔 다른 성공적인 동영상을 보고 키워드를 참고할 필요도 있다. 유튜브는 화면의 오른쪽에 관련 동영상의 목록이 표시되는데, 이러한 동영상은 태그 관련성을 기준으로 유튜브에 의해 정렬되므로, 추천 목록의 다른 동영상과 같은 태그를 사용하면 노출될 확률이 높아질 수도 있다.

③ 미리보기 썸네일 이미지를 만들고, 주석을 활용한다
대부분의 사람들에겐 첫인상이 중요한 것처럼, 유튜브 동영상도 마찬가지이다. 썸네일 이미지는 책의 표지와 같은 것이다. 동영상을 잘 설명할 수 있는 미리보기 이미지를 잘 만들어야 한다. 또한 동영상을 게시할 때 주석이라는 탭이 있으므로, 주석을 사용해 시청들의 반응을 유도할 수 있다.

④ 댓글에 소통하고, 재생 목록을 만든다
모든 동영상에는 시청자들이 댓글을 남길 수 있다. 이런 댓글에 대응하고 시청자와 소통

함으로써, 더욱 관심과 참여를 이끌어 내야 한다. 또한 동영상에 대한 새로운 재생목록을 만들어, 동영상을 홍보할 수 있다. 재생목록의 이름으로 키워드를 사용하기 때문에 이 또한 중요하다.

⑤ 짧고 간단하게 정기적으로 만든다
시청자의 관심을 유지하고 더 많은 의견을 얻을 수 있도록, 가능하면 동영상을 2분 이내로 만드는 것이 이상적이다. 또한 정기적으로 최소한 일주일에 한 번은 동영상을 업로드하는 것이 중요하다. 유튜브는 방송 채널처럼 정기적으로 나와야 기다리던 시청자들 또한 정기적으로 볼 수 있을 것이다.

⑥ 유튜브를 프로모션한다
채널에 새로운 시청자를 모집하거나 청중의 반응을 유도하기 위해, 경품을 걸고 시청자들의 새로운 아이디어와 창의력을 이끌 수도 있다. 경품은 간단하고 값이 싸더라도 상관없다. 일방적으로 동영상만 보여주는 방송이 아니라 소통하는 채널이 되어야 한다. 또한 유튜브에서만 머물지 말고, 페이스북, 카페, 블로그 등에 유튜브 채널을 홍보해서 새로운 시청자들을 지속적으로 유입시켜야 한다.

⑦ 유튜브는 판매를 하는 곳이 아니다
유튜브는 제품을 판매하는 곳이 아니라, 좋아하는 콘텐츠를 즐기고 열광하는 곳이다. 그러다 보면 자연스럽게 정보를 제공하며 광고홍보가 되는 곳이다. 최근 몇몇 유명 인플루언서들이 기업으로부터 돈을 받고 의도적으로 제품을 홍보하여 신뢰성 문제가 야기되고 있다. 유튜브를 상업적 목적으로 활용하고자 한다면, 당당히 밝히고 진정성 있게 해야 한다. 거짓말을 했다가 들키면 유튜버는 물론 기업이나 브랜드 이미지에도 더욱 안 좋은 결과가 나올 수 있다.

따라서 기업은 콘텐츠가 될 이야깃거리에 대한 고민이 더욱 필요하다. 기업이 홍보하고자 하는 제품에 대해 유튜버들이 떠들도록 해야 하는데, 단순히 제품정보를 소개하는 것만으로는 부족하다. 유튜버들에게 제품을 스토리텔링 할 좋은 소재를 제공해야만, 지속적으로 인터넷에서 재생산될 것이다. 따라서 가능하면 상업성을 배제한 흥미와 재미를 끌기 위해 동영상이 만들어져야 한다. 기업은 직접적인 기업 홍보보다는 PPL처럼 제품이 자연스럽게 노출되도록 함으로써, 은연중에 제품을 홍보하는 방법을 활용해야 한다.

물론 직접 동영상을 만들기도 힘들고 아이디어도 없다면, 콘셉트에 맞는 유명 유튜버를 통해 동영상을 제작해서 업로드되도록 하는 것이 가장 빠른 일이다. 그러나 최근에는 이 또한 만만치 않은 비용이 든다. 최근 나도 종근당건강에서 닥터락토 브랜드 홍보를 위해 유명 뷰티 유튜버들에게 생각보다 많은 비용을 들여야 했다. 그런 만큼 자사몰에 유입된 인원들도 많았고, 전환율도 급상승했으나 단점은 한시적이었다는 것이다. 그래서 또 다른 유튜버를 활용하기를 반복하며 상당히 많은 비용을 써야만 했다.

결국 중요한 것은 콘텐츠의 진정성과 재미이다. 가만히 있어도 계속 검색되고 재생될 수 있는 콘텐츠만이 오랜 기간 살아남을 수 있으며, 지속적인 고객의 유입을 가져올 수 있을 것이다.

## 6) 통합적 디지털 마케팅 전략

디지털 마케팅은 블로그나 페이스북 같은 SNS 채널 하나만 잘하려고 해서 되는 건 아니다. 온라인상의 수많은 채널들을 모두 다 할 수는 없겠지만, 주요 채널이 유기적으로 연결되어서 시너지를 창출해야만 성공 가능성이 높아진다. 앞서 설명했던 페이드Paid 미디어, 온드Owned 미디어, 언드Earned 미디어는 반드시 하나의 시스템처럼 연결되어 진행되어야 할 것이다.

일단 가장 기본적으로 온드 미디어로서 자사몰 또는 홈페이지는 반드시 필요하다. 만약 그럴 여력이 없다면 네이버 스마트스토어를 랜딩페이지로 하는 자사몰 개념으로 활용해도 좋을 것이다. 네이버 스마트스토어는 누구나 쉽게 만들 수 있어서, 굳이 시간과 비용을 들여 자사몰을 만들 필요는 없다. 다만 기업 또는 브랜드마다 독특한 콘셉트를 활용한 자신만의 고유의 이미지를 구축하고 싶다면 자사몰을 만들 필요는 있을 것이다.

다음으로 가능한 다양한 온라인 쇼핑 채널에 입점하는 것이 좋다. 오픈마켓(G마켓, 11번가, 옥션, 인터파크), 소셜 커머스(쿠팡, 위메프, 티몰), 종합몰(GS Shop, CJ Mall, 현대몰), 그리고 기타 기획 및 프로모션을 통한 카테고리 킬러 베스트몰들을 선정해서 입점을 추진한다.

그런데 이런 쇼핑몰에 일일이 입점하는 것도 보통 일이 아니다. 매월 각 채널에 맞는 이벤트 프로모션을 하려면 MD와 상의해야 하고 많은 영업력도 필요하다. 그러나 이런 영업활동은 차치하더라도 일단 검색하면 여러 채널에서 자사의 브랜드가 노출되게 하는 것이 중요하다. 그런 점에선 카페24 같은 이미 만들어져 있는 전자상거래 플랫폼을 활용하면 좋을 것이다. 이를 이용하면 자사몰을 만들 때도 많은 비용이 들지 않으며, 고객관리는 물론 여러 쇼핑몰에 기업의 제품을 업로드하거나 내리는 등 관리자 한 명이 쉽게 관리할 수 있다.

그래서 난 디지털마케팅의 핵심 키워드를 'Only One, but Every-where'라고 말한다. 모든 채널에서 제품이 다 팔릴 수는 없다. 주력 채널 몇 곳에서만 프로모션을 통해 매출을 활성화한다 해도, 제품은 모든 채널에서 노출될 필요가 있다. 이는 온라인 검색이란 환경에서 매우 유리한 고지를 점령하는 것이며, 또한 검색한 고객에게 신뢰성을 주기도 한다.

이렇게 Everywhere가 준비되었다면, 이제부터 페이드 미디어와 언드 미디어를 활용하여, 자사의 랜딩페이지로 고객을 유입할 때가 왔다. 수많은 브랜드의 홍수 속에서 고객의 주목을 끌기 위해서는 온라인에서 자신만의 장점을 부각시키며 이슈화해야 한다. 가능하면 가장 강력한 매체인 유튜브, 페이스북, 인스타그램, 네이버(검색광고, 파워블로그, 카페)에 집중하는 것이 좋겠다. 특히 인플루언서를 통해서 화제성을 극대화한다면, 단기적으로 브랜드 인지도를 확대하고 고객의 유입을 증대시킬 수도 있다.

| 플랫폼 사전 셋팅(바이럴) | 인플루언서 화제성 극대화 | 브랜드 인지도 제고 |
|---|---|---|
| • 트래픽 상승 후 이루어질 각종 플랫폼 후기 검색을 대비<br>• 네이버(검색광고, 지식인, 블로그)<br>• 인스타그램(인플루언서, 일반인 후기) | • 크리에이터들과 지속적 관계 유지(배너 발신 및 각종 이벤트 진행)<br>• 크리에이터 제품 시딩 | • 크리에이터 콘텐츠 제작 및 타깃팅 광고 집행 (유튜브)<br>• 배너 및 타깃팅 광고 집행 (페이스북) |
| NAVER<br>Instagram | YouTube | YouTube<br>facebook |

그러나 디지털마케팅에서 가장 중요한 것은 콘텐츠이다. 콘텐츠의 중요성은 이미 여러 번 강조하였음에도 불구하고, 아무리 강조해도 지나치지가 않다. 콘텐츠가 단순한 정보제공에서 끝난다면 고객이 일부러 한 번 더 클릭을 하는 수고를 하며 랜딩 페이지까지 가지 않는다. 중요한 것은 타깃 고객들에게 관심과 호기심, 재미를 이끌어낼 수 있어야만 한 번 더 클릭을 이끌어낼 수 있다는 것이다. 그리고 일단 랜딩페이지까지 유입시키는 데 성공을 했다면, 이제부터는 구매전환을 유도하기 위한 매력적인 랜딩페이지와 자사몰의 각종 이벤트 프로모션의 역할이 중요할 것이다.

온라인은 비대면 마케팅이기 때문에 소홀해질 수 있는 것이 있다. 그것은 바로 고객의 경험이다. 현대는 체험의 시대다. 제품이나 브랜드를 통해 얻을 수 있는 독특한 체험이 가장 확실한 차별화 요소가 될 수도 있다. 따라서 디지털 마케팅에 있어서도 소비자가 단순한 물리적인 체험 이외에도 감성적, 지적, 정신적인 가치를 경험할 수 있도록 하는 노력이 필요하다. 지금까지 대부분의 기업들은 고객을 구매하도록 설득하는 일에 중점을 둘 뿐, 구매 후에 일어나는 소비경험에 대해 거의 신경을 쓰지 않았다. 그러나 이젠 고객에게 가치 있는 경험을 제공하는 것이 더욱 중요해졌다. 그러기 위해서는 자사몰에 들어온다거나 구매전환을 한다는 것이 고객에게 어떤 의미를 주는지를 철저히 분석해야 한다. 이렇게 소비자가 다양한 상황에 참여하고 겪는 과정에서 자연적으로 발생하는 경험은 세밀한 관찰과 분석 없이는 정의하기 힘들다.

화장품 시장처럼 샘플링 및 체험후기 등을 활용하여, 고객체험을 유도하는 경우에 유의할 점은, 이것이 엄밀한 의미의 체험이라기보다 고객의 평판을 활용하려는 판촉의 일환으로 지속성이 떨어지는 반짝 이벤트성 성향이 크다는 것이다. 따라서 고객의 후기를 온라인에 퍼뜨려서 판매를 증대시키려는 목적이 아니라, 고객의 체험을 목적으로 하면서 자연적으로 바이럴 효과도 커지고 매출도 증가하는 방향이 더욱 바람직하다.

마지막으로 디지털 마케팅에서 염두해야 할 점은 조급해하면 안 된다는 것이다. 모든 마케팅이 나무를 보는 것이 아니라 숲을 보는 것이지만, 유독 디지털 마케팅에 대해서만 빠른 성과를 기대하는 경우가 많다. 아무래도 고객과 쌍방향 커뮤니케이션을 하며 즉각적인 응답이 오가는 분야이기 때문이겠지만, 유입된 고객들이 충성고객이 될 때까지는 마찬가지로 많은 시간이 필요하다.

제품이나 아이디어가 도약하는 것은 소수의 전파, 메시지의 영향력, 상황의 힘 때문이라고 한다. 따라서 먼저 변화를 일으키는 소수에게 어필할 수 있도록 매력적인 메시지와 상황을 만들어야 한다. 즉, 다수의 소비자에게 호응도를 높일 수 있도록 하기 위해서는 여러 가지 여건을 조성해 가는 시간과 노력이 요구되는 것이다.

밭에 씨를 뿌리고 바로 추수할 수는 없는 일이다. 조급하면 할수록 실패할 확률이 높다. 씨가 뿌리를 내려 잎을 내고 풍성한 열매를 맺을 때까지 꾸준히 인내하며 가꾸어져야만 된다. 그러면 어느 순간 티핑 포인트 같은 폭발적인 기회가 나타날 것이다.

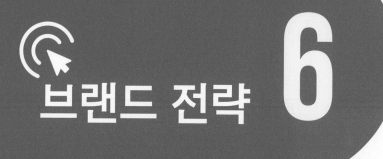

# 브랜드 전략

**6**

우리가 지금까지 환경 분석을 통해 차별화를 위한 STP 전략을 수립해서 4P 믹스를 실행한 이유는 오직 하나, 브랜드 빌딩Brand Building을 위해서다. 소비자의 이성적 요소인 제품과 가격적인 측면에서 볼 때, 경쟁력 있는 가격과 고품질의 제품은 시장에서 가장 기본적인 전제 조건일 뿐이다. 최소한 기업은 이성적 요소들이 경쟁력 측면에서 불리한 요인이 되지 않게 해야만 한다. 혁신적인 제품은 강력한 차별화가 될 수 있지만, 유사제품의 출현, 품질의 평준화 등으로 점차 비차별적 요소로 되어 가고 있고, 가격으로 경쟁하는 것을 장기적으로 지속하게 되면 결국 이익의 심각한 감소를 초래할 수 있기 때문에, 이러한 이성적 요소에 계속된 의존은 제품과 서비스를 범용화할 위험이 있다.

따라서 마케팅에는 이성적 요소와 대변되는 감성적 요소도 필요하다. Daniel Goleman은 『Emotional Intelligence』에서, "감성은 행동을 유발하는 근원적 충동, 삶에 대처하는 순간적인 계획이다. 따라서 과거의 마케팅 패러다임이 감성이 배제된 이성이었다면, 새로운 패러다임은 머리와 감성의 조화를 요구한다"고 말했다.

감성은 자율 신경계를 통해 신체와 직접적으로 연결되는 반면, 이성적 사고는 신체의 기능과 간접적으로 연결되기 때문에, 감성이 마음에 영향을 미치는 속도는 이성적 사고에 비해 3,000배나 빠르다고 한다. 따라서 합리적 사고가 미처 따라잡기도 전에 감성이 행동을 유발시키는 경우가 적지 않다. 그리고 한편으로는 이성적 판단이 내려지고 나면 감성적 반응을 거쳐 최종적인 결정에 도달하듯이, 감성은 신중한 의사결정 과정에서도 일정한 역할을 수행한다. 월스트리트 저널은 "지금으로부터 천 년 뒤에 모든 것이 변하더라도, 우리 모두를 연결하는 감성은 거의 변함이 없을 것"이라고 말했으며, Rolf Jenson은 『Dream Society』에서 "감성의 영향을 받은 의사결정은 이성적 사고만으로 내린 결정보다 더 깊게 더 오랫동안 지속된다. 그래서 미래의 제품은 머리가 아닌 가슴에 호소할 수 있어야 한다"라고 했다.

그리고 이런 감성에 가장 큰 호소를 할 수 있는 장기적 장치가 바로 브랜드이다. 알 리스와 잭 트라우트Al Ries & Jack Trout도 브랜드 전략Branding 에 대해 다음과 같이 말했다.

"마케팅의 요체는 브랜딩Branding이다. 성공적인 브랜딩 계획은 단순성 개념에 바탕을 두고 있다. 그것은 시장에서 당신 제품과 똑같은 제품이 없다는 인식을 잠재고객의 기억 속에 만들어 놓는 것이다."

경영학의 대가인 톰 피터스Tom Peters도 "바보들이나 가격으로 경쟁하려 든다. 승리자는 고객 마음속에 브랜드 가치를 지속적으로 인식시킬 방법을 찾는다."라고 말했으며, 마케팅 전문가인 예스퍼 쿤데Jesper Kunde는 "브랜드를 통한 고객과의 약속은 우리의 전부다. 모든 비즈니스 프로세스는 브랜드 가치 창출과 연계되어야 한다"고 말했다. 결국 모든 마케팅의 귀착점은 브랜드를 구축해서 충성도를 강화하고, 결국은 브랜드 자산을 더욱 강하게 형성하는 것이다.

그러나 김난도 교수팀이 매년 발행하는 2016년 트렌드 코리아에 의하면, 브랜드의 몰락시대가 왔다는 주장도 있다. 구매의 나침반이던 브랜드의 역할이 흔들리고, 소비자들은 점점 브랜드가 약속하는 환상을 믿지 않으며, 소비자끼리 소통하면서 자신만의 가치를 추구한다. 탄탄한 정보력으로 무장한 소비자들이 브랜드보다는 제품의 질을 더 따지는 가성비로 기울고, 브랜드 명성과 사치의 시대는 갔다고 한다. 그래서 복면을 쓰고 실력만으로 승부를 거는 복면가왕처럼, 소비시장에서도 중소기업의 이름 없는 제품이 히트 상품으로 팔려나가고 있는 것이다.

저비용으로 소비자들을 직접 만나서 판매를 할 수 있는 디지털 채널들의 증대로, 소비자들은 이전보다 더 많은 브랜드를 접하게 되었고, 다양해진 커뮤니케이션 채널로 직간접 경험을 공유하고 확산함으로써, 새로운 제품을 구입하는 시도가 이전보다 훨씬 쉬워졌다. 그러다 보니 기존 브랜드에 대한 충성도는 점점 낮아지고, 반짝이는 아이디어와 가성비 넘치는 제품들이 반짝 튀어나왔다 사라지기를 반복하고 있다.

실제로 소비자 조사기관 닐슨에서, 기존 구매하던 브랜드가 아닌 새로운 브랜드를 선택을 하는 경우 어떤 요인들이 '브랜드 스위칭'에 영향을 미치는지 조사해 본 결과, 국내 소비자들의 경우, 가성비가 뛰어난 경우(27.1%), 가격 인하 및 프로모션(25.1%), 사용의 편의성(23.7%), 품질이나 성능이 향상되었거나 우월한 경우(21.2%), 지인이나 가족의 추천(15.2%) 등의 요인에 영향을 받아 브랜드 스위칭이 일어나는 것으로 나타났다(매드타임스, 2019.07). 따라서 기업들은 많은 비용을 들여, 과연 브랜드를 구축해야 하는지에 대한 의구심도 증폭되고 있다.

하지만 그런 가성비 제품에도 이름이 있고 콘셉트가 있는 것처럼, 노 브랜드에도 브랜드는 있다. 단지 소비자들에게 알려지기 전까지, 그동안 잘 알려지지 않았을 뿐이었다. 아무리 가성비가 좋고 참신한 아이디어로 만들어진 차별화된 제품이라도, 세렌디피티Serendipity 같은 우연한 계기가 없었으면 수많은 상품들의 범람 속에서 히트상품이 되기는 쉽지 않다. 사실 유명 브랜드에는 항상 결정적 터닝 포인트가 된 세렌디피티가 있었다.

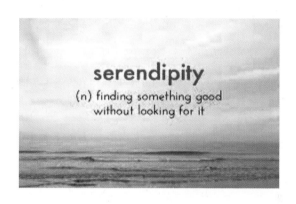

세렌디피티처럼 어쩌다 운 좋게도 소비자들에게 회자되는 제품이 되었다 하더라도 브랜드로 자리 잡지 못하면, 또 다른 경쟁적 가성비의 신제품에 밀려나 다시 소비자 기억에서 잊혀지고 말 것이다. 그래서 또 브랜드가 중요하고, 브랜드가 주는 감성이 필요하다.

소비자가 브랜드에 대해 호의적인 태도를 가지게 되면, 제품의 성능과 관련된 기능적 편익Functional Benefit 이외에, 좀 더 광범위한 제품관련 문제들뿐만 아니라 브랜드에 반영된 상징성Symbolic Benefit이나 개성과 같은 감성적인 요소Emotional Benefit에 의해 고객가치가 만들어진다. 이로 인하여 소비자들이 특정 브랜드에 대해 느끼는 가치는 실질적인 제품의 마케팅 및 판매비용보다 높으며, 브랜드 구축활동의 비용보다 더 높게 형성된 소비자 가치에 의해 프리미엄 가격책정도 가능하게 된다. 이는 브랜드가 하나의 물체로 존재하는 제품에 생명과 영혼을 불어넣어 새로운 가치를 탄생시켜 주기 때문이다.

좋은 브랜드는 철학과 역사를 가지고 자신만의 자기다움(정체성)을 가지고 있다. 그것이 하나로 표현되는 것이 브랜드이고, 기업은 이러한 브랜드의 포지셔닝을 통해 소비자 마인드 속에 만족할 만한 가치를 심어주는 작업을 한다. 그래서 남들과 비슷하게 흉내 내는 브랜드는 제대로 된 포지셔닝을 하지 못하게 된다. 설령 성공한다 해도 오래가지는 못한다. 사람의 일생은 길어야 100년 정도이지만, 파워 브랜드들이 100년이 넘는 오랜 세월 동안 계속 자리하고 있는 이유는 그들이 대대로 철학을 유지해 오며, 남들과 비슷해지려고 하기보다 다르게 가고자 하는 정체성을 찾아, 소비자들에게 오랜 기간 동안 뿌리 깊게 브랜드를 심었기 때문이다.

이렇게 포지셔닝된 브랜드는 많은 설명이 필요 없다. 브랜드 그 자체가 모든 것을 대변하며 한 번에 말하게 한다. 그래서 브랜드가 가지고 있는 힘은 엄청나다. 굳이 브랜드 가치를 돈으로 환산하지 않더라도, 브랜드가 사람들의 구매패턴에 미치는 영향은 지대하기 때문이다. 또한 브랜드는 팜므파탈처럼 그 화려한 외모 속에 많은 치명적인 요소를 담고 있다. 그래서 브랜드는 사람들이 만들어 낸 집단환상이라는 말도 있다. 마치 종교처럼 사람의 이성적이고 객관적인 비교검증과 분석을 불가능하게 하는 것이 바로 브랜드이며, 때론 잘못된 만남처럼 소비자를 특정 브랜드에 미치게 하고 환상 속에서 헤어 나오지 못하게도 한다.

그래서 기업은 가성비와 특정 기능을 한 순간 팔고 빠지는 단기적 한 탕주의에서 벗어나야 한다. 초기 소자본 창업에서부터 지속적으로 조금씩이라도 브랜드를 키우는 일을 해야만 한다. 그래야만 장기적으로 지속가능한 기업이 될 수 있을 것이다.

일본의 무인양품無印良品은 미니멀리즘을 추구하며, '상표가 없는 좋은 물건'이라는 뜻으로 제품 외관에 브랜드 로고가 없는 것으로도 유명하다. 원래 중저가의 의류, 가정용품, 문구류 등을 중심으로 판매하던 무인양품은 최근 슈퍼마켓의 식품영역으로 확장하며 일본 유통업계에 큰 바람을 일으키고 있다. 참으로 아이러니한 것은 브랜드 로고가 없는 무인양품도 바로 소비자들이 기억하고 찾아가는 브랜드라는 것이다.

## 브랜드란 무엇인가?

　브랜드 강의를 할 때마다, 제일 먼저 보여주는 시 한 수가 있다. 바로 시인 김춘수님의 '꽃'이란 시이다.

　내가 그의 이름을 불러주기 전에는
　그는 다만 하나의 몸짓에 지나지 않았다.
　내가 그의 이름을 불러주었을 때
　그는 나에게로 와서 꽃이 되었다
　내가 그의 이름을 불러준 것처럼
　나의 이 빛깔과 향기에 알맞는 누가
　나의 이름을 불러다오.

　지구에는 엄청나게 많은 꽃들이 있고, 그 꽃들에겐 나름 우리가 알지 못하는 이름들이 있다. 그러나 장미나 국화처럼 우리가 쉽게 알고 있는 이름들이 있는가 하면, 전문가가 아니면 알지 못하는 수많은 이름들이 더 많다. 사람의 인식 속에 들어온 꽃들은 브랜드 네임을 가지게 된 것이고, 밀려난 꽃들은 그저 쉽게 조용필의 노래 가사처럼 '이름 모를 들꽃'

또는 나훈아가 노래한 '아무도 찾지 않는 이름 없는 잡초'가 된 것이다.

이름을 불러주어서 비로소 그는 꽃이 되었다는 것처럼, 불리지 않으면 브랜드가 아니다. 그리고 이름이 불리어진다는 것은 어떤 존재의 의미가 포함되어 있다는 것을 뜻한다. 즉, 브랜드가 있어야만 그 어디에도 같은 것이 존재하지 않는 나만의 'Only One'으로 생존할 수 있게 되는 것이다.

그럼 도대체 브랜드란 것이 무엇이길래, 이렇게 남에게 불리어져서 비로소 꽃이 되는 것일까?

브랜드Brand의 어원은 노르웨이어의 '달구어 지지다'라는 의미를 가진 'brandr'라는 단어에서 유래되었다고 한다. 그 당시에 목장주들은 가축 등에 자신의 소유를 표시하기 위하여 낙인을 찍었는데, 여기에서 브랜드가 시작된 것이다. 바로 소유 자산에 대한 식별체계로 사용되기 시작한 것이다. 또한 중세 봉건시대, 귀족들의 가문을 표시하는 로고, 도안, 인장 등도 하나의 식별 가능한 아이덴티티Identity의 일종으로서, 브랜드라 할 수가 있다. 이는 곧 대중들이 여러 영주들을 구별하고 신뢰할 수 있는 상징이기도 했다.

그러다가 산업혁명 이후, 대량생산과 소비가 이루어지면서 소비재 기

업들이 품질을 보장하는 차별화 수단으로서 브랜드를 추구하게 되었다. 1851년 양초 브랜드 스타Star를 시작으로, 1879년 비누 브랜드 아이보리Ivory가 탄생하였으며, 코카콜라 등의 100년도 넘은 빅 브랜드들이 탄생하게 되었다.

그 후, 1980년대 후반에는 브랜드가 기업의 주요 핵심 자산(무형자산)으로 인식되게 되었다. 필립모리스Philip Morris는 크래프트Kraft를 인수했을 때 11억 달러의 브랜드 가치를 지불하였고, 한국 존슨은 우리나라가 IMF로 어려웠던 1998년, 삼성제약의 에프킬러를 387억 원에 인수하였는데, 이 중 에프킬러의 상표권이 297억 원이나 되었다.

그러므로 브랜드 파워는 기업의 매출과 수익창출 및 자산으로서 더욱 중요성이 강조되고 있다. 나이키는 신발 하나로 시작하여, 일관성 있는 브랜드 아이덴티티Brand Identity를 구축하여, 전 세계 사람들이 다 아는 '정통 스포츠 브랜드'로 포지셔닝하는 데 성공하여 강력한 파워 브랜드가 되었다. 터키 여행을 갔을 때 에페소라는 유적지에서 승리의 여신 니케NIKE의 석상을 봤는데, 그 모습에서 나이키의 스워시Swoosh 로고가 바로 연상될 정도였다.

세계적인 광고대행사인 WPP Group의 스테판 킹은 '제품과 브랜드의
차이'를 다음과 같이 말했다.

"공장에서 제조되는 것은 제품이지만, 소비자가 사는 것은 브랜드
이다. 제품은 경쟁 회사가 복제할 수 있지만, 브랜드는 유일무이하다.
제품은 쉽사리 시대에 뒤질 수 있지만, 성공적인 브랜드는 영원하다."

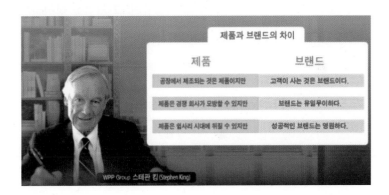

1991년 AMAAmerican Marketing Association는 "브랜드란 판매자가 자신의 제
품이나 서비스를 식별하고, 다른 경쟁자와 구별하기 위해 사용하는 이
름Name, 용어Term, 심벌Symbol, 디자인Design 또는 그 결합체Combination이다"

라고 브랜드에 대해 정의를 했었다. 그러나 이는 브랜드를 포괄적인 하나의 개념으로 인식하기보다 단순한 등록 상표, 마크 또는 브랜드 네임만으로 인식하는 과거의 잘못된 경향이었다.

현재의 브랜드 개념은 과거부터 발전해 온 브랜드가 가지고 있는 모든 의미를 다 포함해야 할 것이다. 즉, 브랜드는 아래와 같이 보다 큰 개념으로 정리되어야 한다.

- 브랜드는 제품을 구별시키는 이미지와 경험의 집합이다.

- 브랜드는 좁게는 어떤 상품이나 회사를 나타내는 상표, 표지, 숫자, 글자, 글자체, 간략화된 이미지, 로고, 색상, 슬로건을 모두 포함한다.

- 브랜드는 기업의 무형자산으로서 시장에서 그 기업을 상징하는 가치를 나타낸다.

그래서 브랜드의 대가인 데이비드 아커David A. Aaker는 그의 저서 『브랜드 경영』에서 브랜드는 제품을 구별하여, 브랜드 개성, 상징, 고객관계, 자아 표현적 편익, 정서적 편익, 사용자 이미지, 생산지, 그리고 조직과 연결된 이미지 등으로 설명하였다. 따라서 지금까지 내용을 종합한 브랜드의 정의는 다음과 같다.

"브랜드란 기업의 제품이나 서비스를 식별하며, 경쟁사에 대해 제품이나 서비스를 차별화하고, 소비자의 마음속에 가치를 부여하기 위한 경험적 상징체계 또는 소비자들의 총체적 인식을 포함하는 가치 높은 무형자산이다."

# 브랜드 아이덴티티(BI, Brand Identity)

마케팅 4P 믹스에서 Product, 즉 제품에 대한 이야기를 해왔지만 제품과 브랜드는 같으면서도 매우 다르다. 그 다른 점은 소비자 관점의 차이라는 점에서 궁극적으로 이해할 필요가 있다. 왜냐하면 기업에서 만들어진 제품을 최종적으로 소비자가 구입할 때 선택의 기준은 결국 브랜드가 되기 때문이다. 이미 100년이 넘은 장수 브랜드들을 보면, 오랜 기간 동안 브랜드는 변함이 없었어도, 제품은 시대의 트렌드에 따라 디자인이나 내용이 계속 바뀌어 왔음을 알 수 있다. 이처럼 기업의 승패를 좌우하는 가장 중요한 것이 브랜드이다.

| 구분 | 제품 | 브랜드 |
|------|------|--------|
| 개념의 정의 | 기업에서 만든 유·무형의 상품 | 소비자 최종 선택 수단 |
| 제조되는 곳 | 공장이나 기업 내부 | 소비자 마음속 |
| 자산가치 | 특허, 기술 외 가치 없음 | 가장 큰 무형의 가치 |
| 주요 관리점 | 품질 및 제조원가 | Brand Loyalty |
| 마케팅 범위 | 4P 중 1P | IMC 총체적 접근 |
| 변경 가능성 | 리뉴얼, 형태, 원료 | 수정 불가 |

파워 브랜드는 소비자와 긴밀한 관계가 형성되어 있어, 소비자 스스로가 그 브랜드를 차별적이라고 인식한다는 데 강점이 있다. 그래서 성공적인 브랜드는 소비자가 쉽게 기억하고, 가격경쟁으로부터 자유로우며, 소비자들이 다른 브랜드로 전환되지 않을 만큼 충성도가 높다. 이는 제품의 기능적인 가치 이상의 정서적인 가치, 자기 표현적인 가치를 더해 줌으로써, 사용자와의 긴밀한 공감대를 만들어서 지속적으로 좋아하게 만드는 브랜드이기 때문이다.

이처럼 브랜드 전략의 목표는 브랜드를 차별화해서 소비자들에게 알리고 강력한 파워 브랜드로 만들어, 궁극적으로는 브랜드자산Equity의 가치를 높이기 위한 것이다. 이러한 브랜드 목표 달성을 위하여, 기업이 소비자들에게 브랜드를 인지시키려고 하는 일련의 활동들이 BI, 즉 브랜드 아이덴티티Brand Identity이다.

브랜드 아이덴티티란 기업의 관점에서 소비자들에게 브랜드를 입력Input시키고자 하는 브랜드에 대한 기획된 연상 및 의미의 집합이다. BI와 고객의 인식에 대해, 스타벅스Starbucks의 하워드 슐츠Howard Schultz는 다음과 같이 말했다.

"당신이 무엇을 상징하고 있는가를 고객들이 인식해야만 한다."

사람의 아이덴티티와 비교해 보면 BI에 대해 이해하기 쉽다. 한 사람의 아이덴티티는 그 사람이 갖고 있는 성향, 인생에서 추구하는 목표와 의미를 명확하게 전달해 주는 개념이라고 할 수 있다. 아이덴티티, 즉 자아의 정체성을 갖고 있는 사람은 남과 비교하여 개성이 뚜렷할 것이고, 목표의식을 갖고 성실하게 삶을 살아가는 사람으로서, 사회에서 성공하는 경우가 많다. 이런 아이덴티티를 성공적으로 구축하기 위해서던져야 할 질문은 다음과 같다.

- 내가 추구하는 핵심가치는 무엇인가?
- 나는 무엇을 상징하는가?
- 나는 주위 사람들에게 어떻게 여겨지길 원하는가?
- 나는 어떤 개인적인 특징을 갖고 싶은가?
- 내 인생에서 가장 중요한 관계는 무엇인가?

브랜드 아이덴티티BI도 마찬가지로 브랜드가 추구하는 성향과 목표를 명확히 제시해 주고, 브랜드가 존재하는 의미를 설명해 준다는 측면에서 한 개인이 보유하고 개발하려고 하는 아이덴티티와 유사성을 갖고있다. 따라서 BI를 효과적으로 개발하기 위해서는 다음과 같이 브랜드아이덴티티의 4가지 관점에서 해당 브랜드를 규정하고 설명할 수 있어야 한다.

- 제품으로서의 브랜드(상품의 범위, 특징, 품질, 가치, 사용법, 원산지)
- 조직으로서의 브랜드(회사의 특징, 지역 vs 글로벌)
- 사람으로서의 브랜드(브랜드의 특성, 브랜드–고객 간의 관계)
- 상징으로서의 브랜드(시각적 이미지, 은유와 전통)

이와 같이 브랜드는 제품으로서의 브랜드라는 한정된 개념이 아니라,

조직, 사람, 심벌 등 다양한 차원에서 제품 이상의 것을 의미하고, 이를 체계적으로 정리한 개념이 바로 BI이다. 결국 경쟁 브랜드들이 공통으로 이야기하는 제품의 특장점이 아니라, 제품 속에 담겨 있는 차별적인 브랜드 이미지가 바로 BI인 것이다.

그러나 아무리 기업이 마케팅 활동을 통해 고객의 인식 속에 브랜드를 심어 넣으려고 BI에 많은 돈을 쏟아부어도, 기업이 의도한 대로 정확하고 뚜렷하게 잘 전달되지는 않는다. 기업의 BI 활동의 결과로, 소비자는 또 다른 BI, 즉 브랜드 이미지Brand Image를 형성하게 되는데, 소비자가 어떤 브랜드에 대해 떠올리는 브랜드 이미지는 기업의 의도와는 달리 다양한 매체나, 주변 사람들의 평가, 권유, 그리고 무엇보다도 중요한 개인적인 경험을 통해 형성되기 때문이다. 따라서 브랜드 이미지란 기업의 BI 활동에 대해, 소비자가 연상작용을 해서 형성한 브랜드에 대한 전체적인 인상의 집합이다.

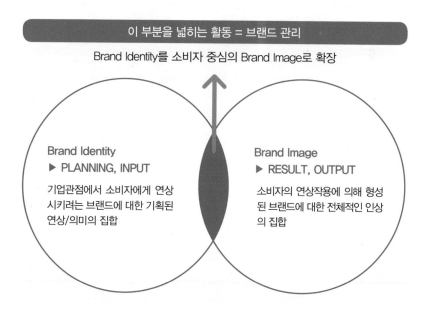

BI는 눈에 보이는 실재의 모습What It Is이 아닌, 이를 받아들이는 소비자의 인식What They Perceive이란 관점에 따라 다른 결과를 초래한다. 아래 그림에서 잘생기고 이지적이며 세련된 왼쪽 그림은 부모가 아이들에게 보이기를 바라는 자신들의 모습이지만, 아이들의 눈에는 그들이 오른쪽 그림처럼 평범한 이웃집 아줌마 아저씨와 별반 다름없이 보이고 있을 수도 있다. 이렇듯 부모와 자식 사이에서도 큰 관점의 차이가 있는데, 하물며 생판 모르는 기업과 고객 사이에는 얼마나 많은 차이가 있겠는가?

부모가 생각하는 자신의 모습　　아이들이 생각하는 부모의 모습
* 스콧 로비넷(Scott Robinette)이 공저한 『감성 마케팅』에서 발췌

따라서 기업의 관점으로만 소비자들에게 BIBrand Identity를 푸시Push한다면, 오히려 소비자들의 긍정적인 BIBrand Image 형성에 큰 낭패를 당할 우려도 있음에 주의해야 한다. 실제로 한 담배회사에서 소비자들에게 브랜드를 가린 상태에서 담배를 피우게 하고 7점 만점으로 평가를 하게 하였다. 조사결과 그리 좋지 않은 3.97을 받으며 독한 맛이라는 평가를 받은 X 브랜드는 다름 아닌 마일드세븐이었다. 그러나 마일드세븐은 브

랜드 네임에서 풍기는 의미처럼 부드러운 담배로 소비자에게 인식되어 있기 때문에, 나중에 브랜드를 보여주며 다시 조사했을 때는 역시 부드럽다는 평가와 함께 4.53의 높은 평점을 받는 재미난 결과가 나왔다. 반면 원래부터 독하다는 이미지를 가지고 있었던 Y 브랜드는 켄트였는데, 켄트는 블라인드 테스트 때나 브랜드를 보여 줬을 때나 결과에 큰 차이가 없음에 주목해야 한다.

참고로 마일드세븐은 세계보건기구WHO로부터 고객에게 담배를 부드럽다고 오인하게 하여 흡연을 조장한다는 지적을 받아 브랜드 네임을 '뫼비우스'로 바꾸었다. 이는 브랜드 이미지가 가지는 강력한 영향력 때문이다. 바로 브랜드는 제품이라는 실제What It Is가 아닌, 고객의 인식What They Perceive의 문제라는 것을 입증하는 사례이다.

이처럼 기업은 막대한 비용과 노력을 들여, 브랜드를 소비자의 인식 속에 의도하는 대로 가장 가깝게 일치시키려고 하는 BI 활동들을 하지만, 그리 되기가 쉽지가 않다. 파워 브랜드인 코카콜라조차도 더 맛있는

콜라를 제공하겠다는 기업의 관점으로, 코카콜라의 맛을 바꿨다가New Coke 전통적인 맛을 선호하는 소비자들의 반대에 부딪쳐 결국 큰 실패를 겪지 않았는가? 그래서 기업관점이 아닌 고객 관점으로 생각의 틀을 바꿔야만 그동안 보지 못했던 것을 볼 수가 있을 것이다. 바로 소비자의 인식이라는 깊은 심연과도 같은 마음속 어딘가이다. 그것이 진정한 브랜드 아이덴티티 전략의 시작점이자 목적지가 될 것이다.

따라서 강력한 브랜드가 된다는 것은 소비자들의 머릿속에 특정 브랜드만의 명확하고 강력한 이미지라 할 수 있는 독특한 연상을 인식하게 하는 것이며, 이렇게 연상된 브랜드에 관한 모든 생각과 느낌, 이미지를 총칭하여 브랜드 연상 이미지Brand Association Image라 한다. 데이비드 아커는 BI를 다음과 같이 브랜드 연상과 연관 지어 설명하였다.

"브랜드 아이덴티티는 브랜드 전략가들이 창조하고 유지하기 위해 개발하는 독특한 일련의 브랜드와 관련된 연상이다. 이런 연상은 브랜드가 상징하는 것을 나타내고, 그것을 만든 기업이 제공하는 고객에 대한 약속을 포함한다."

BI 활동은 고객들이 해당 브랜드를 차별적으로 인식하는 데 도움을 줄 뿐만 아니라, 기업의 의사결정과 실행에 일관성을 부여하는 역할을 한다. 즉, BI는 브랜드와 관련된 정책을 판단하거나 평가할 때의 근거가 되며, BI에 대한 적합하거나 부적합한 활동에 대해 조직원들의 공통된 인식을 확립하게 한다. 그리하여 브랜드가 강한 회사일수록 모든 경영 활동이 BI를 구현하는 데 초점이 맞추어지게 된다.

예를 들어 맥도널드의 BI를 보면, 단순히 맥도널드가 햄버거만을 파는 곳이라고 생각이 들지 않는다. 그것은 맥도널드라는 브랜드가 제공하는 혜택Benefit이 그들의 BI에 녹아들어 있기 때문이다. 즉, 맥도널드 브랜드는 빅맥, 해피밀, 감자튀김, 쉐이크 등의 제품속성과 관련된 연상뿐만 아니라, 골든아치 로고와 "I'm lovin' it"이라는 브랜드 슬로건 속에 담겨있는 '즐거움'이라는 브랜드 에센스를 중심으로, 재미, 아이들, 가족, 청결함, 빠른 서비스, 전 세계 균등한 메뉴와 맛, 생일파티, 각종 이벤트 등을 통해 브랜드가 전달되고 있다.

맥도널드 브랜드는 패스트푸드라는 제품속성과 관련되지 않은 다양한 브랜드 이미지를 포함하고 있는데, 이러한 많은 연상들이 하나의 네트워크로 조직화된 지각상태가 '브랜드 연상'이다. 이러한 BI 전략이 바탕이 되어, 맥도널드가 세계적인 브랜드로 자리 잡게 된 것인 만큼, BI는 브랜드 전략의 가장 기본이 되는 활동이라고 할 수 있다.

따라서 브랜드는 소비자 관점의 브랜드 이미지를 세우기 위한 것이지, 절대로 기업이 밀어붙이는 식으로 고객에게 강요해서는 안 된다.

## ●● 브랜드 아이덴티티(Brand Identity) 성공 및 실패사례

### ① P&G 크레스트 치약의 실패사례

1955년 미국 P&G는 최초의 불소 함유 치약인 크레스트 치약을 출시하였다. 당시 콜게이트 치약이 시장을 지배하고 있었지만, P&G는 '크레스트에 함유된 불소가 기적처럼 충치를 예방해 준다'는 연구 결과를 발표하였으며, 더불어 미국 치과 협회로부터 품질 보증까지 받음에 따라, 출시된 지 얼마 지나지 않아 선두 브랜드가 될 수 있었다.

그러나 1980년대에 이르러 치약시장에 분열이 일어나기 시작했는데, 갑자기 새로운 브랜드들이 나타나면서 소비자들의 선택의 폭이 넓어지게 된 것이다. 흡연자를 위한 브랜드, 미백효과를 강조하는 브랜드, 천연소재의 브랜드, 아이를 위한 브랜드 등, 수많은 브랜드가 등장함에 따라 P&G의 불소함유 치약은 장점이 떨어지게 되었다. 이에 따라 P&G는 다양한 제품군을 만들어 모든 소비자들을 끌어들이려고 했다. 치석억제 치약 등 기본은 같으면서 약간씩만 변형한 제품을 내놓기 시작하여 52개까지 브랜드를 만들어 내기 시작하였으나 결과는 참담했다.

크레스트는 한 가지 제품만을 판매했을 때 시장 점유율이 50% 이상
이었으나, 38가지로 늘리자 36%, 50가지였을 때는 25%로 떨어졌다.
그러나 이와는 반대로 경쟁사인 콜게이트는 불소, 치석 억제, 잇몸보호
기능까지 총 망라한 '콜게이트 토탈'을 출시하여 선두자리를 다시 차지
하였다.

그 이유는 당시 크레스트의 아이덴티티가 '치료효과가 있는 치약'이었
으나, 고유의 정체성과 브랜드의 일관성을 잃어버림으로써, 소비자들은
크레스트라는 브랜드가 무엇인지 잃고 헤매게 되었고, 브랜드에 대해
갖고 있던 이미지도 사라져 버렸기 때문이다.

### ② 제록스 사업 확장 실패사례

누구나 알다시피 제록스는 복사기의
대명사로 인식되고 있지만, 1970년대
복사기 분야에서 컴퓨터 및 정보처리
분야로 사업을 확대하여, 1975년 '제록
스 데이터 시스템즈'라고 불리는 컴퓨터
를 시판하였다. 그러나 이 제품은 결국
실패하여 제록스는 당시 8,500만 달러
의 손실을 입었다. 그럼에도 불구하고 4년 후 제록스는 또 한 번 도전하
여, 초기 단계의 팩스인 '텔레카피어'를 만들어 냈는데, 이 제품도 실패
하고 말았다.

이 같은 실패의 근본 원인은 브랜드 아이덴티티에 있다. 모든 소비자
의 인식 속 깊이에 제록스는 단지 복사기를 만드는 회사의 이름일 뿐만

아니라, 복사기 그 자체라는 이미지가 강하게 주입되어 있기 때문이다. 1999년 내가 미국에서 어학연수를 하였을 때 미국 선생이 자료를 나눠 주며 복사하라는 말을 '제록스 하라'고, 마치 하나의 동사처럼 사용하는 것을 여러 번 들은 바가 있을 정도였다. 우리나라에서 화장지 대표 브랜드인 크리넥스의 강한 브랜드 파워는 모나리자나 다른 화장지도 크리넥스라 부르게 하였으며, 한때 사륜구동 자동차를 모두 특정 브랜드명에서 따온 찝차Jeep라고 불렀던 것도 모두 강한 브랜드 아이덴티티의 영향이었다.

그러나 이는 반대로 소비자들이 근본적으로 성격이 다른 복사기와 컴퓨터, 팩스 사이에서 제록스라는 아이덴티티에 혼란을 가지게 했다. 이러한 사실을 감지한 제록스는 이후 잡지광고를 통해 '이것은 복사기에 관한 내용이 아니다'라는 문구를 넣었으나 결국 고객들에게 더욱 혼란만 가중시키는 결과를 낳았다. 만약 제록스가 다른 사업 부문으로 확대하고 싶었다면 분명 다른 독립적인 브랜드를 도입하는 것이 효과적이었을 텐데, 제록스는 1등 브랜드의 파워를 등에 업고 너무도 쉽게 다른 사업으로 확장하려다가 큰 낭패를 당하게 된 것이다. 브랜드 아이덴티티는 하루아침에 이루어지지도 않지만, 하루아침에 그 속성이 바뀌지도 않음을 명심해야 할 것이다.

### ③ 애플 아이팟 성공사례

지금의 애플의 대명사는 아이폰iPhone이지만, 사실 아이폰이라는 브랜드 아이덴티티를 만들게 된 결정적 계기는 아이팟iPod에 있다. 과거 혁신적인 컴퓨터라는 강력한 아이덴티티를 가진 애플은 아이팟에서 새로운 브랜드 아이덴티티를 구축할 수 있었기에, 지금의 아이폰을 탄생시킬 수 있었기 때문이다.

과거 애플은 새로운 MP3 시장에 진출을 계획했으나, 강력한 장벽에 직면해야만 했다. 애플이라는 브랜드 아이덴티티가 지나치게 강했을 뿐만 아니라, MP3 플레이어가 가진 속성은 컴퓨터가 가진 속성과 많이 달랐기 때문이다. 애플은 이런 점에서 제록스와 같은 실패를 답습하지 않았다. 분명 브랜드가 달라져야 함을 인식한 것이다. 그리하여 애플은 앞서가는 제품을 생산한다는 기업 아이덴티티와 혁신적인 디자인으로 주목을 끈 아이맥의 정체성을 적절히 끌어들여서, 새롭게 아이팟이라는 브랜드를 만들었다. 아이팟 브랜드는 감각적인 디자인으로 젊고 유행을 선도하는 이미지를 부각시키는 동시에, 온라인 아이튠즈iTunes에서 다양한 음악을 다운로드 받을 수 있도록 연결함으로써, 세계적인 히트상품이 되었다.

아이팟은 MP3 플레이어라는 제품의 속성을 뛰어넘어 하나의 패션의 아이콘이 되어, 당시 아이팟과 연계된 하얀색 이어폰조차 다른 MP3플레이어와 구분되는 상징이 되었다. 그리하여 아이팟은 MP3 플레이어라는 기술에 애플 아이팟이라는 브랜드 아이덴티티로 차별화된 로열티를 형성하며, 세계적인 신드롬을 만들었다. 그 후 아이팟이 휴대폰과 결합되어 나타난 아이폰은 아이팟의 브랜드 아이덴티티를 그대로 계승하는 한편 더욱 강력한 브랜드 아이덴티티를 형성해서 애플을 수년간 브랜드 자산 순위 1위에 등극할 수 있도록 하였다.

결국 BI의 결과는 사업의 성패를 좌우하는 매우 중요한 요인이 된다. 따라서 사업 확장을 할 때는 반드시 확장되는 사업과 기존 사업의 속성을 신중히 파악하는 것이 중요하며, 두 사업의 속성이 동일하다면 기존의 핵심 BI를 레버리지Leverage로 활용하여 소비자들이 쉽고 빠르게 받아들일 수 있도록 유도하고, 상이하다면 새로운 브랜드를 창조하거나 기존 BI의 일부만을 활용하는 것이 좋다. 이에 자칫 소홀하거나 자만하게 되면, 그동안 쌓아온 브랜드가 순식간에 물거품이 된다는 점을 분명히 명심해야 한다.

# 브랜드 네이밍(Brand Naming)

　브랜딩에서 가장 중요한 의사결정은 어떤 제품과 서비스에 이름을 붙이는 일, 즉 브랜드 네이밍Brand Naming이다. 브랜드가 단기적으로 성공하기 위해서는 독특한 아이디어나 콘셉트가 필요하지만, 장기적으로는 그런 반짝이던 아이디어나 콘셉트는 점차 사라지고 '이름Name'만 남게 되기 때문이다.

　세라젬H&B 대표이사 시절에 직원들에게 신제품 콘셉트의 중요성에 대한 이야기를 했을 때, 한 직원이 물었다. 아모레퍼시픽의 '라네즈'의 콘셉트가 무엇이냐는 질문이었다. 라네즈는 1994년에 출시된 브랜드이다. 당시만 해도 깨끗하고 깔끔한 콘셉트의 젊은 층을 타깃으로 하는 기초화장품으로 출시되었다.

　그러나 수십 년이 지난 지금 라네즈의 콘셉트는 과연 무엇일까? 기초, 색조, 바디, 심지어는 남성용까지, 하나의 브랜드 안에 다양한 콘셉트의 화장품들이 혼재해 있는 종합화장품 브랜드가 되었다. 따라서 라네즈 브랜드의 콘셉트가 무엇이냐고 물어본다면, 그냥 아모레에서 만든 유명한 브랜드 네임 그 자체이다. 결국 오랜 시간이 지나고 남는 것은 기업의 브랜드와 경쟁 브랜드의 이름, 그 차이일 뿐이다.

브랜드 네임은 브랜드 로고, 심벌, 캐릭터, 슬로건, 패키지, 도메인, 컬러 등과 함께 브랜드 아이덴티티 요소 중의 하나이다. 그러나 브랜드는 이름 없이 어느 것도 존재할 수 없기 때문에, 브랜드 네임은 브랜드의 심장이라 할 만큼 가장 중요하다. 브랜드 네임은 기업, 제품, 서비스, 공공기관, 심지어 국가, 도시 등 장소의 핵심 가치와 연상을 대중들에게 전달하는 기본적인 커뮤니케이션 툴Tool이다.

브랜드 네임을 듣는 순간, 소비자들은 즉시 제품이나 기업을 연상할 수 있게 된다. 따라서 브랜드 정체성은 브랜드 네임으로부터 나오게 된다. 다른 BI 요소들은 시장 환경이나 소비자의 라이프 스타일에 따라 변경할 수 있으나, 브랜드 네임은 영원히 변하지 않는다. 또한 브랜드 네임은 상표권을 취득함으로써 기업의 지적재산이 되기 때문에, 브랜드 경영은 결국 브랜드 네임 경영이나 다름없을 만큼 이름이 중요하다.

지금도 많은 회사에서 브랜드 네임은 중요하지 않고 뛰어난 제품의 성능이나 품질이 중요하다고 믿는 사람들이 존재한다. 그렇다면 묻고 싶다.

- 롤렉스Rolex가 스와치Swatch 시계보다 더 정확한가?
- 몽블랑Montblanc이 모나미보다 글씨가 더 잘 써지는가?
- 코카콜라가 펩시콜라보다 더 맛이 좋은가?

물론 품질이란 가장 기본적으로 이루어져야 하는 당연한 일이지만, 품질이 좋아서 제품이 더 잘 팔리고 브랜드가 더 유명해지는 것이 아니다. 중요한 것은 품질 그 자체가 아니라 '지각된 품질Perceived Quality', 즉 어떤 브랜드에 대한 소비자들의 품질 인식Quality Perception in Mind이 중요한 것이다. 그래서 세월이 지나 그 제품의 성능이 떨어지면, 제품은 사라지거나 성능이 개선되거나 다른 콘셉트로 바뀔 수도 있지만, 브랜드는 계속 살아남는 것이다. 과거 가정용 PC로 시작한 애플이 지금은 PC보다 아이폰에 주력하고 있어도 여전히 애플로 살아 있는 이유이다.

### ① 일반명사 브랜드 네임

이처럼 중요한 브랜드 네임을 지금도 일반 명사로 짓는 경우가 허다하다. 알 리스와 로라 리스 부녀가 공저한 『22가지 브랜딩 불변의 법칙』에서는 "브랜드를 가장 빨리 망치고 싶다면, 그 브랜드에 일반명사 이름을 붙여라"라고 하였다.

웅진식품의 히트 브랜드인 초록매실의 성공 이후 거대유통을 보유하고 있는 해태와 롯데에서 비슷한 디자인의 참매실, 모매존 매실을 출시하자, 초록매실의 브랜드 파워는 할인 및 덤으로 무장한 대형 유통회사에 밀리게 되었다.

재미있는 것은 같은 오류를 롯데도 피하지 못했다. 롯데 자일리톨 껌은 수많은 자일리톨 아류작을 창출했고, 뒤늦게 롯데가 원조라고 주장했지만 소비자의 인식 속에 자리 잡은 브랜드는 롯데라는 회사가 아니라 자일리톨이라는 일반명사로서, 누구나 마음만 먹으면 쉽게 자일리톨 껌을 출시할 수 있게 된 후였다.

　비타민C 음료인 광동제약의 비타500은 처음 시장에 나왔을 때만 해도 엄청난 판매를 기록하였지만, 비타700, 비타1000 등의 카피제품이 나오자 시장을 상당부분 나눠줘야 했다. 바로 비타500이라는 브랜드가 누구나 쉽게 따라 할 수 있는 보호받지 못하는 일반 명사이기 때문이다.

　따라서 소비자의 기억 속에 자리 잡게 해야 할 브랜드는 그 이름도 반드시 다른 이들이 흉내 낼 수 없도록 독창적이고 독보적이어야만 한다. 보호받지 못하는 브랜드는 이름 없는 브랜드와 다름이 없다. 조선시대 알려지지 않은 많은 아이들이 '개똥이'라고 불렸듯이, 보호받지 못하는 브랜드 네임은 지금도 '개똥이'나 다름없다. 이미 박카스의 성공사례에서 이야기했듯이, 내용물이나 디자인도 비슷한 수많은 자양강장제 아류 제품들이 나왔음에도, 박카스가 여전히 탁월한 빅 브랜드로 시장을 석권할 수 있는 것은 누구도 따라할 수 없는 박카스라는 브랜드 네임이 있기 때문이다.

　1997년 내가 애경산업에서 에이솔루션을 기획했을 때는 프랑스 라이선스 브랜드인 마리끌레르 화장품이 고성장을 하고 있었을 때였다. 나는 당시 마리끌레르 마케팅 팀장이었지만, 로열티Royalty를 지급하는 외국 브랜드가 아닌 국산 브랜드로서 경쟁력을 가진 브랜드를 준비해야 한다는 생각에 깊은 고민을 하였다. 그 결과 여드름 화장품 시장의 기회를 발견하였으나, 담당하고 있던 마리끌레르는 이름 그대로 패션 화장품의 콘셉트다 보니 여드름 화장품을 마리끌레르 브랜드에 포함시키기에는 적합하지 않았다.

그러던 중, 아주대 피부과 이 교수와 산학협동을 하게 되면서, 이 교수의 여드름 치료처방 이름인 B솔루션에 힌트를 얻어, 여드름을 뜻하는 영문 Acne를 치료하는 Solution이란 의미로, 브랜드 네임을 마리끌레르와 완전히 다른 별도의 브랜드로서 에이솔루션aSolution으로 만들었다. 그러나 에이솔루션 브랜드 네임은 사실 상표권으로 보호받지 못하는 일반명사의 조합으로서, 상표로 쓰기에는 부적합한 것이었다. 이것을 브랜드 네임으로 결정한다는 것은 마케터로서는 절대 해서는 안 될 일이었지만, 에이솔루션이란 이름이 여드름 콘셉트를 매우 잘 전달하고 있었기 때문에, 브랜드가 성공하면 경쟁사도 따라 할 수 있다는 위험에도 불구하고 결국 에이솔루션으로 결정했다. 그 대신 브랜드를 보호하기 위해 택한 방법은 브랜드 로고 디자인에 대한 의장권을 a-Solution부터 z-Solution까지 모두 등록하여 다른 회사에서 비슷하게 따라 하기 힘들게 안전장치를 만든 것이다.

그리고 당시에는 마리끌레르-에이솔루션, 포인트-에이솔루션 등도 고민하지 않은 건 아니었다. 성공적인 모브랜드의 후광도 받을 수 있다는 가장 큰 장점에도 불구하고, 고객의 마인드 속에 여드름 전문화장품으로 강하게 인식시키기 위해서는 모브랜드가 없어야 한다고 최종 마음을 먹고 결국 에이솔루션이라는 독자적인 개별 브랜드로 론칭하여, 한국에서 최초의 전문 여드름 화장품 브랜드로 큰 성공을 하였다.

에이솔루션 브랜드는 독창적인 콘셉트에 딱 맞는 브랜드 네임과 여드름 치료효과에 대한 신뢰성을 부여하는 한편, 모델로는 콘셉트와 알맞게 당시 고등학교 3학년이었던 송혜교를 전격적으로 발탁하였고, 여드름을 상징하는 멍게와 '피부 사춘기'라는 단어를 통해 브랜드의 콘셉트와 아이덴티티를 고객에게 성공적으로 전달하여, 출시 전부터 센세이션을 일으키며 대단한 성공을 이루었다. 바로 브랜드 네임이 소비자에게 브랜드 아이덴티티를 명확하게 전달하였기 때문에 이루어진 결과였다.

② 하나의 시장엔 하나의 브랜드만

회사 이름을 그대로 브랜드로 사용하는 기업들도 많다. 그러나 브랜드는 브랜드이고, 회사는 회사이다. 소비자가 사는 것은 브랜드이지 회사가 아니다. 물론 회사 이름이 주는 강한 신뢰성을 담보로 브랜드가 성공하는 경우가 많다. 우리나라에서 특히 삼성이라는 회사 이름이 가지고 있는 파워는 갤럭시라는 브랜드보다 앞서고 있을 정도이다. 세계적으로도 애플의 스마트폰은 애플폰이 아닌 아이폰이라고 부르는데, 삼성은 여전히 갤럭시가 아닌 삼성폰으로 불리운다. 그러다 보니, 삼성이란 이름은 회사명이자 동시에 여기저기 다 붙여 쓰는 애매모호한 종합 브랜드가 되었다. 그렇기 때문에 삼성에서 최근에 나온 혁신적인 폴더블폰 이름도 소비자의 입장에선 갤럭시 폴더블 폰을 넘어, 그냥 삼성폰이 되고 만다.

이는 한 시장 내에서 강력한 브랜드 파워를 만들기 위한 브랜드 아이덴티티에도 문제가 있으며, 브랜드 포트폴리오 전략상 매우 위험한 일이기도 하다. 만약 스마트폰이 아닌 다른 사업영역에서 삼성의 이미지가 실추된다면, 스마트폰 사업에도 악영향을 미칠 우려가 크기 때문이다.

그래서 소비자에게 있어서 브랜드는 회사 이름보다 앞서야 한다. 도요타 자동차는 미국에서 저가 일본차였지만, 고가의 자동차를 포지셔닝하기 위해 도요타라는 이름을 버림으로써 성공할 수 있었다. 고급 자동차 구매 고객은 도요타라는 회사보다 렉서스Lexus를 사게 된 것이다. 그러므로 브랜드 네임은 '한 시장에 한 브랜드a single brand for a single market' 전략이 가장 바람직하다. 만약 별도의 시장을 타깃으로 브랜드를 출시해야 한다면 이름을 달리하는 것이 좋다.

유명한 저널인 타임TIME사는 Time, Fortune, LIFE, Sports Illustrated, Money, People, Entertainment Weekly처럼, 시장과 타깃에 따라 모두 다른 이름의 독자적인 브랜드를 만들었다. 만약 모두 타임이라는 이름을 앞에 붙이는 서브 브랜드였다면, 과연 성공적이었을까? 아마도 타임이라는 강력한 브랜드 아이덴티티 때문에, 각 전문 영역의 독자적인 정체성을 잃고 실패했을지도 모른다.

P&G도 아이보리(비누), 타이드(세탁세제), 조이(주방세제), 헤드&숄더(샴푸), 크레스트(치약), 펨퍼스(기저귀) 등, 각기 다른 시장에서 제품의 종류와 특성에 따라 브랜드를 달리하고 있다.

그러나 이런 전략은 각 브랜드마다 막대한 마케팅 비용이 들기 때문에 시장의 리더가 할 수 있는 전략이라서, 후발주자나 중소기업들은 쉽게 따라 할 수가 없다. 그런데 모든 대기업이 처음부터 여러 브랜드를 보유한 대기업으로 시작했을까? 누구나 처음엔 하나의 시장에 하나의 브랜드로 작게 시작한 스타트업들이었다. 아마존은 온라인 서적을 판매하는 회사로 시작하였고, 애플은 가정용 PC로 시작했으며, 구글은 야후보다도 훨씬 작은 온라인 검색 회사였을 뿐이었다.

그래서 전문 마케터였던 나도 중국에서 세라젬 화장품을 경영했을 때, 10개의 다른 브랜드를 운영하였다. 한국산 수입품 필란, 제주한방화장품 시로미, 미백전문 에델린, 진정효과가 좋은 천연발효화장품 뷰티끄, 모공전문 포어큐어, 고보습 하이스킨, 온라인 전용 화장품 라시에 등등…. 라네즈처럼 모두 하나의 대표 브랜드에 포함시킬 수도 있었지만, 콘셉트와 타깃에 따라 브랜드 네임과 디자인을 달리 가는 것이 소비자의 입장에서 보다 명확하게 그 브랜드를 인식시키는 힘을 주기 때문이다.

이처럼 브랜드 네임은 마케팅 전략을 확 바꿀 정도로 가장 중요한 부분을 차지한다. 그런데 이렇게 중요한 브랜드에, 기업이 오랜 시간 동안 힘들게 노력해서 탄생시킨 아이에게 아무나 쓰던 이름처럼 개똥이라고 이름 짓고 싶은가? 절대 안 될 일이다. 소비자가 미칠 정도로 좋아하는 강력한 브랜드를 만들고 싶다면, 먼저 Only One이 될 수 있는 제대로 된 이름부터 만들어야 한다.

### ③ 브랜드 확장의 실수

하나의 브랜드로 너무 많은 버전을 만들면 소비자 마인드에 각인된 브랜드의 요소를 분산시키게 된다. 그래서 브랜드를 확장했을 때는 단기적인 후광효과Halo Effect로 매출이 성장할 수 있으나, 장기적으론 그 브랜드의 강력한 힘을 잃게 만든다. 소비자들은 콘셉트가 뚜렷하고 범위가 작으면서 구별이 용이한 브랜드를 오래 기억하기 때문이다. 그래서 『브랜딩 불변의 법칙』에서는 다음과 같은 말을 했다.

"브랜드를 가장 쉽게 망치고 싶다면 온갖 것에 그 이름을 갖다 붙여라."

한 브랜드로 모든 걸 다 하려 하면 안 된다. 만약 시장 자체가 달라진다면 일단 기존의 자리에 머물면서 '제2 브랜드'를 만들어야 한다.

70년대 3대 미국 맥주시장의 브랜드인 밀러Miller, 버드와이저Budweiser, 쿠어스Coors는 브랜드 라인 확장을 통해 90년대에 16개 브랜드가 되었으나, 결국 25년간 맥주 소비량은 그대로인 데 반하여, 코카콜라와 펩시콜라가 지배하는 콜라 소비량은 2배나 성장하였다. 특히 밀러맥주는 공사장 인부들이 힘든 노동 후 마시는 '밀러타임Miller Time'이란 콘셉트로 대히트를 한 후, 밀러 라이트로 브랜드를 연장하여 큰 성공을 거두었다. 그러자 밀러는 더 큰 욕심을 내어 밀러 제뉴인 드래프트Miller Genuine Draft 라는 차가운 생맥주를 시판하여 역시 성공을 거두었다. 그러나 문제는 그 다음부터였다. 드래프트는 성공하였지만, 그동안 효자 상품이었던 레귤러와 라이트 제품의 매출이 감소한 것이다.

마케팅에선 이를 카니발라이제이션Cannibalization, '제 살 깎아먹기'라고 부르며 가장 경계하고 있는 현상이다. 그럼에도 불구하고 밀러맥주는 지속적으로 수도 없이 많은 종류의 제품들을 한 브랜드에 담으면서, 브랜드의 타깃과 콘셉트가 모호해지기 시작하여 브랜드 아이덴티티가 무너져 버렸다.

GM자동차의 셰보레 브랜드에도 저가에서 고가, 소형차에서 중형차, 심지어는 트럭까지 한 브랜드에 총 10여 종의 차가 있다. 그렇다면 셰보레의 브랜드 아덴티티는 과연 무엇인가? 각각 다른 종류의 셰보레를 소유하고 있는 소비자의 셰보레에 대한 브랜드 이미지는 같을 수 있을까? 각자 다른 브랜드 이미지를 형성하고 있는 소비자들에게 셰보레는 다른 콘셉트의 자동차일 것이고, 이런 식의 라인 확장은 이미 형성된 강력한 브랜드 파워조차도 약화시키는 지름길이 된다.

우리나라의 재벌그룹인 삼성의 경우는 어떤가? 삼성이란 기업 브랜드 하나를 전자, 아파트, 중공업 등 안 붙이는 곳이 없다. 삼성이 가전에 하우젠, 핸드폰에 애니콜, 갤럭시, 그리고 아파트에 래미안이란 차별적 브랜드를 붙인 것도 사실 그리 오래전 일이 아니다. 삼성도 영향력 있는 한국형 재벌의 강력한 힘 때문에 그동안 국내에서 성공이 가능했지만, 글로벌 경쟁 시대에선 제품에 독자적인 브랜드가 없으면 더 이상 진전이 불가능하다는 것을 인지하기 때문이다.

반면, 데이비드 아커는 그의 저서『브랜드 포트폴리오 전략』에서 이를 브랜드 레버리지Leverage 효과라고 하며, 이미 강력한 힘을 가진 기업 브랜드가 있다면 이를 활용하여 후원을 받거나 모브랜드의 지원을 받는 것이 브랜드 포트폴리오 전략의 중요한 부분이라고 했다.

이 점을 흑백론처럼 브랜드 확장이 '옳다'거나 '잘못됐다'라고 단순히 생각하면 안 된다. 그만큼 브랜드 전략은 여러 기업환경에 따라 다른 양상을 띠는 복잡한 일이라서, 장기적인 안목으로 진행해야 하기 때문이다.

장기적으로 보면, 분명 하나의 브랜드로 여러 제품에 쓰는 것은 좋지 않다. 우리가 기억해야 할 점은 삼성도 처음엔 하나의 가전 브랜드였다는 것이다. 지금의 삼성을 보고 따라 하는 것이 아니라, 삼성이 지금이 되기 이전에 어떤 일을 하였는가를 살펴보고 따라 해야 할 것이다. 삼성도 처음엔 한 가지에 초점을 좁혀서 성장했다는 사실이다.

브랜드는 초점을 좁힐수록 강해진다. 예전에는 레스토랑에서 식사도 팔고 커피도 함께 팔았지만, 하워드 슐츠는 커피만을 특화한 전문 커피숍을 차리면서, 스타벅스라는 브랜드를 탄생시켰다. 이렇게 음식과 술과 음료를 다 취급했던 레스토랑에서 커피라는 하나에 초점을 좁혀서 집중한 결과, 소비자의 마인드 속에 '커피=스타벅스'라는 공식의 강력한 브랜드를 심게 되었다.

짐 콜린스는 저서『좋은 기업을 넘어 위대한 기업으로Good to Great』에서 위대한 기업이 되기 위해서는 다음과 같이 비울 줄 알아야 한다고 말했는데, 이는 브랜드 네이밍 전략과도 일맥상통한다.

"모든 것을 잘한다는 것은 애초부터 불가능하다. 그리고 전략적으로 무엇을 선택한다는 것은 무언가를 버리는 것과 같은 의미다. 위대한 기업이 되기 위해서는 해야 할 목록보다 버려야 할 목록이 훨씬 더 중요하다."

④ 글로벌 이름과 로고, 색상(Global Name, Logo, Color)

브랜드에는 경계가 없다. 먼저 국내에서 브랜드의 역량을 강하게 집중하여 성공을 한 후, 그 브랜드의 힘을 글로벌에도 활용해야 한다. 한 나라에서 성공한 브랜드는 전 세계적으로도 성공할 가능성이 높다. 카테고리 측면에서도 스위스 시계, 프랑스 와인, 독일 자동차 등을 보면 국내의 성공이 세계적 성공을 가져옴을 알 수 있다.

그런 점에서 하이네켄Heineken 맥주는 네덜란드 제품임에도 불구하고, 맥주로 유명한 독일적인 이미지와 감성을 브랜드에 담기 위해 독일식으로 이름을 지어 큰 성공을 거두었다. 대부분의 소비자들은 처음엔 하이네켄이 정통 독일맥주인 것으로 착각하며 마셨다가, 그 후에 네덜란드 맥주임을 알게 되었어도 그때는 이미 하이네켄이란 브랜드 자체에 매혹당한 뒤였다.

그래서 글로벌화를 대비하여 브랜드 네임은 영어식으로 짓는 게 유리하다. 일본의 소니SONY는 일본식 이름을 버리고 모험적으로 이름을 바꾸면서, 일본에서 벗어나 글로벌한 기업으로 재탄생하게 되었다. 또한 한국의 대기업도 글로벌을 위해 럭키금성은 LG, 선경은 SK, 제일제당은 CJ, 그리고 태평양은 아모레퍼시픽으로 이름을 바꾸었다.

# AMOREPACIFIC
## CORPORATION

또한 소비자들에게 가시적으로 보여주는 브랜드 로고도 세계적으로 통용되는 이미지로 형상화하는 것이 좋다. 브랜드 로고Logo란, 브랜드의 시각적 심볼인 트레이드마크Trademark와 브랜드 이름을 차별적인 글자체로 조합한 것이다. 브랜드 로고는 인간의 눈이 두 개인 것에 맞게 수평적으로 가로로 넓은 모양이 좋으며, 보통 양쪽 눈에 맞추어 가로세로 비율이 2.25:1 정도로 디자인되면 좋다. 세로로 길쭉한 로고타입은 가로로 된 것보다 가독성이 떨어져서 불리하다. 그런 점에서 글자체도 제품의 콘셉트를 아름답게 표현하기 위해, 가독성을 떨어뜨리는 무리수를 두면 안 된다. 중요한 건 고객들이 쉽게 인식해야 한다는 것이다.

나이키는 스워시Swoosh 심벌을 인지시키기 위해 매년 1억 달러 이상을 10여 년간 퍼부었다. 그 결과 나이키 하면 떠오르는 너무도 유명한 브랜드 심벌이 되었고, 지금은 나이키라는 브랜드를 넘어 스포츠 용품이라는 카테고리의 심벌로 자리 잡을 정도가 되었다.

그리고 소비자에게 직접 판매를 하지 않고, 컴퓨터 CPU를 기업에 납품 판매하는 B2B 기업인 인텔은 브랜드 로고를 활용한 고객 관점의 전환으로 큰 성공을 거두었다. 인텔은 1991년부터 세계 여러 나라의 컴퓨터에 '인텔 인사이드'라는 로고를 부착하도록 하고, 컴퓨터 회사들에게 CPU 금액의 6%를 환불하는 방식으로 대대적인 공동 광고를 실시하였다. 그 결과 소비자들은 인텔 칩이 내장된 컴퓨터를 더욱 선호하게 되었고, 인텔은 CPU시장에서 강력한 일등이 되었다.

마지막으로 브랜드를 표현하는 색상도 중요하다. 코카콜라는 130여 년 동안 브랜드 고유의 컬러인 '빨간색'을 꾸준히 사용해 왔다. 그래서 사람들은 코카콜라를 마시고 싶을 때마다 코카콜라의 빨간색을 찾았고, 지금도 수백 개 음료가 진열된 마트에서 빨간색 캔을 찾으면 쉽게 코카콜라를 발견할 수 있다.

우리에게 익숙한 산타클로스의 이미지도 1931년 코카콜라에 의해 만들어졌다. 당시만 해도 코카콜라는 더울 때 마시는 음료라는 인식이 매우 강했다. 이러한 고정관념을 깨고 '겨울에도 상쾌하게 마실 수 있는 음료'라는 인식을 만들기 위해 산타클로스를 광고에 활용했다. 그때 코카콜라는 산타클로스에 고유의 색상인 빨간 옷을 입혀서, 지금도 여전히 빨간색은 산타클로스의 상징이자 코카콜라의 상징이 되었다. 이렇게 무의식중에 각인되는 색의 상징성은 브랜드의 이미지를 소비자들에게 각인시키는 데 큰 효과를 준다.

브랜드는 주요 경쟁자와 정반대인 색을 써야 하지만, 펩시콜라는 후발주자임에도 경쟁자인 코카콜라의 빨간색이 가미된 색을 사용하여, 코카콜라의 이미지와 비슷한 아류작처럼 여겨졌다. 과거 펩시콜라가 코카콜라를 극복하기 어려웠던 이유에는 여러 가지가 있었지만, 그중에 하나는 펩시의 빨강과 파랑이 섞인 색상 이미지가 코카콜라의 강력한 빨간색에 가려져, BI가 퇴색되었기 때문이다.

그리하여 펩시는 빨간색과 정반대로 파란색으로 이미지를 전면 수정해서, BI를 강화하였다. 브랜드에 하나의 색을 지속적으로 사용한다면, 브랜드를 소비자의 마음속에 인식시키는 데 더욱 효과적이게 된다.

일반적으로 붉은색은 힘과 열정을 나타내며, 반대로 파란색은 차가움, 안정성을 나타낸다. 그런 점에서 전 세계 국기의 45%가 빨간색을 쓰며, 20%가 파란색을 사용하고 있다고 한다. 우리나라의 경우도 전자업계의 두 맞수인 LG가 빨간색을 사용하는 반면, 삼성은 파란색을 사용하고 있다. 그리고 네이버에서 초록색을 사용하고 있는데, 초록은 환경과 건강에 좋은 이미지를 가지고 있기 때문에, 많은 환경단체에서도 선호하는 색상이다.

# 브랜드 에쿼티(Brand Equity)

　강력한 브랜드 파워는 해당 브랜드가 어느 정도의 가치가 있는가를 결정짓고 궁극적으로는 브랜드 자산을 형성하기 때문에, 기업은 브랜드를 단순히 제품을 많이 팔기 위한 마케팅 수단이 아닌, 수익창출을 보장하는 전사적 무형자산으로 인식하고 장기적으로 구축해야만 한다. 즉, 상품명, 심벌 수준을 넘어선 전사 전략으로 브랜드를 관리하여, 브랜드 자산의 가치를 높이는 것이 기업이 장기적으로 성장하는 길이다.

　브랜드 자산은 영어로 브랜드 에쿼티Brand Equity를 번역한 말인데, 한국어로 번역된 말이 원어와 완전히 동일한 의미를 가지고 있지는 않다. 브랜드 에쿼티Brand Equity에 대해서, 데이비드 아커David Aaker는 "브랜드의 가치를 구성하는 브랜드 에쿼티는 브랜드와 관련된 자산들과 회사나 고객의 부가적 가치를 상징하는 브랜드 네임과 심벌에 대해, 제품이나 서비스에 부가된 자산과 부채의 집합"이라고 하였다. 또한 브랜드 전문가 캐퍼러Kapferer도 브랜드 에쿼티를 재무적 관점과 마케팅적 관점의 결합이라고 하며 자산과 부채로 이루어졌다고 하였다.

　그렇다면 왜 브랜드 자산과 부채의 집합인 브랜드 에쿼티Brand Equity를 한글로 브랜드 '자산' 하나만으로 번역했을까? 재무적 관점에서 아래의 브랜드 대차대조표에서 보는 바와 같이, 브랜드 에쿼티는 브랜드의 지식과 인식을 통해 나타나는 브랜드의 총 가치에서 불만이나 부정적 인식 등과 같은 마이너스 요인들, 즉 부채를 제외한 나머지 부분인데 말이다.

| 브랜드 자산 (Asset)<br>브랜드에 대한 총체적 인식과 지식 | 브랜드 부채 (Liabilities)<br>브랜드에 대한 부정적 인식과 지식 |
| --- | --- |
| | 브랜드 에쿼티 (Equity) |

재무적으로 바람직한 상태라면, 브랜드 부채를 줄이고 '브랜드 자산= 브랜드 에쿼티'가 되도록 만드는 것이 바람직한 일이지만, 수많은 소비자들의 다양한 선호도가 현실적으로 이를 가능하게 할 수는 없다. 즉, 마케팅 노력을 통해 소비자에게 브랜드에 대한 긍정적 인식을 증가시켜 자산적 가치를 확보해야지, 부정적인 인식이 늘어나 브랜드 부채가 증가해서 경제적 부가가치를 창출하지 못한다면, 브랜드는 쓸모없는 것이 되는 것이다. 그런 점에서 한국브랜드경영협회는 브랜드 자산이라는 잘못된 해석보다, 영어발음 그대로 브랜드 에쿼티로 표현하기를 권고하고 있다.

데이비드 아커는 브랜드 에쿼티Brand Equity를 구성하는 주요 영역을 다음과 같은 네 가지로 나누었다.

① 브랜드 인지도(Brand Awareness): 소비자가 한 제품 카테고리에 속한 특정 브랜드를 인식하거나 회상할 수 있는 능력으로서, 브랜드에 대한 소비자의 태도의 강도를 의미한다.

② 지각된 품질(Perceived Quality): 경쟁 브랜드 대비 가격 프리미엄이나 고품질 이미지를 창출하여 마케팅 활동의 효율성을 증대시켜준다.

③ 브랜드 연상 이미지(Brand Association): 브랜드 연상 이미지는 제품의 의미와 브랜드의 의미를 일체화시켜 소비자들에게 특정 제품의 카테고리에서 하나의 브랜드 네임을 떠오르게 한다. 향수 하면 샤넬 No5, 안전한 승용차 볼보처럼, 제품 관련 이미지보다 강력한 소비자와 브랜드 관계를 형성시켜, 브랜드 로열티로 진화하게 하는 요소이다.

④ 브랜드 충성도(Brand Loyalty): 궁극적으로 모든 브랜드가 도달하려는 최종 목표는 브랜드 충성도가 높은 파워 브랜드가 되는 것이다. 브랜드 충성도를 높이려면 기능적 편익Functional Benefit이나 정서적 편익Emotional Benefit보다, 한 차원 높은 자아표현적인 편익을 통해서, 브랜드와 고객의 브랜드 이미지가 동일시되도록 브랜드 아이덴티티를 발전시켜야 한다.

브랜드 에쿼티의 형성을 통하여 기업은 경쟁 우위를 달성하고, 브랜드의 독특한 연상 수단을 통해 보다 용이하게 소비자와 커뮤니케이션을 하며, 소비자에게 인식된 브랜드 이미지로 품질과 서비스에 대한 신뢰를 제공한다. 오늘날 기업에서 강력한 파워 브랜드를 형성하기 위한 제반 활동이 바로 브랜드 에쿼티를 키우기 위한 목적인 이유이다.

매년 브랜드 파이낸스에서는 브랜드의 재무적 가치(무형자산에서 발생한 수익)와 브랜드 공헌도(순수하게 브랜드 때문에 발생한 수익)를 계산하여, 브랜드 에쿼티를 측정하여 발표한다. 2020년 글로벌 탑10 브랜드 가치 순위는 다음과 같다.

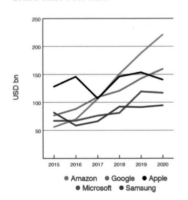

**글로벌 브랜드 가치 순위** (단위=억달러)

| 순위 | 기업 | 브랜드 가치 |
|---|---|---|
| 1 | 아마존 | 2.207 |
| 2 | 구글 | 1.597 |
| 3 | 애플 | 1.405 |
| 4 | 마이크로소프트 | 1.170 |
| 5 | 삼성전자 | 945 |
| 6 | 중국공상은행 | 807 |
| 7 | 페이스북 | 798 |
| 8 | 월마트 | 775 |
| 9 | 핑안보험 | 690 |
| 10 | 화웨이 | 650 |

※ 자료=브랜드파이낸스

Brand Value over Time

● Amazon ● Google ● Apple ● Microsoft ● Samsung

아마존과 구글의 약진이 두드러지며, 우리나라의 삼성도 5위를 차지하였다. 놀라운 건 중국의 공상은행, 평안보험, 화웨이가 높은 순위를 차지하고 있어 내수용으로 평가받았던 중국기업의 글로벌 위상도 알 수가 있으며, 전통적인 기업들의 하락과 함께 새로운 디지털, ICT 혁신기업들의 브랜드가 높은 가치를 평가받고 있음을 알 수 있다.

그러나 브랜드 에쿼티는 측정하는 기관의 조사척도와 방법에 따라 상이한 결과를 나타내므로, 이 하나만 보고 브랜드 가치를 평가할 수는 없다. 다만 아마존의 브랜드 가치가 2,207억 달러라는 어마어마한 숫자라는 사실을 통해, 브랜드 에쿼티의 중요성을 강조해 본다.

## 1) 브랜드 인지도(Brand Awareness)

아무리 좋은 제품이라도 소비자가 알지 못하면 소용이 없다. 꽃이 장미나 국화처럼 사람들에게 이름이 불리지 않으면, 그저 이름 모를 들꽃으로 전락할 뿐인 것이다. 브랜드는 커뮤니케이션을 통해 소비자들에게 널리 알려줘야 그 명을 이어 갈 수가 있다. 소비자가 모르는 브랜드는 이름은 있어도 살아 있는 것이라 할 수 없다. 그래서 브랜드 전략의 시작은 소비자들이 이름을 알 수 있도록 브랜드 인지도Brand Awareness를 높이는 일이다.

브랜드 인지도란, 소비자가 한 제품 카테고리에 속한 특정 브랜드를 인식하거나 회상할 수 있는 능력으로서, 브랜드에 대한 소비자 태도의 강도를 의미한다.

그렇기 때문에 기업은 수많은 비용을 들여 브랜드를 광고하고 홍보하고 있다. 그러다 보니 소비자들은 수많은 마케팅 정보에 공격을 당하고 있기 때문에 어떤 브랜드를 선택해야 할지 혼란스럽게 되었고, 기업은 포지셔닝과 브랜드 아이덴티티 전략을 통해 자신만의 브랜드를 소비자들의 인식 속에 깊이 심음으로써, 브랜드 인지도를 높이려는 노력을 하는 것이다. 높은 인지도가 있는 브랜드는 파워 브랜드가 되어 넓은 판매망을 확보하는 데 유리하고 소비자들의 브랜드 충성도가 강해져서, 이는 기업의 무형의 자산이 된다.

브랜드 인지도를 높이기 위해, 처음 신규 브랜드의 탄생을 알리는 것은 광고보다 홍보의 힘이 중요하다. 지금 세계적인 브랜드들은 유명 매체에 의한 창조물들이나 다름없다. 왜냐하면 뉴스 매체는 '더 좋은 것' 보다는 '새로운 것'을 중심으로 뉴스화하기 때문에, 브랜드의 탄생은 광고가 아닌 홍보에 의해 크게 이루어진다. 그런 점에서 최근엔 디지털 매체나 SNS를 통한 홍보 또한 매우 중요한 부분을 차지하고 있다.

홍보가 광고보다 중요한 이유는 바로 신뢰성 때문이다. 신뢰성은 브랜드의 우수성을 보장한다. 그렇기 때문에 유명 4대 매체뿐만 아니라, 온라인에서 인플루언서의 추천이나 소비자들의 체험기 또한 많은 신뢰성을 부여하고 있다. 특히 온라인 언택트Untact 시대인 최근 소비자들은 광고보다 온라인 검색을 통해서 신뢰성을 검증한 후에 지갑을 여는 경우가 증가하고 있다. 그러다 보니 기업으로부터 돈을 받고 광고성 홍보를 하는 인플루언서의 거짓된 행위가 소비자들에게 드러나게 될 경우, 신뢰성은 순식간에 무너진다. 그래서 내 돈으로 직접 돈을 주고 사서 사용한 체험기라는 의미로 '내돈내산'이란 신조어도 탄생할 정도가 되었다. 신뢰성은 소비자들이 맛집을 찾아가서 오랜 시간을 줄 서서 기다리게 해도 괜찮을 만큼, 브랜드 인지도 확대에 매우 중요한 밑거름이 된다.

브랜드 인지도를 더욱 확장하려면 광고가 필요하다. 홍보를 통해 브랜드가 탄생되었음을 충분히 알렸으면, 새로운 콘셉트를 더욱 강조하고 파워 브랜드가 되기 위해 광고에 투자하여 포지셔닝을 강화해야 한다. 브랜드 인지도를 확대하기 위해서 일관되고 지속적인 광고를 통해 소비자에게 BI를 심어주어야만 하는 것이다.

이렇게 하여 형성된 브랜드 인지도는 소비자들이 기억해 낼 수 있는 브랜드들의 회상 범위에 따라, 다음과 같은 브랜드 피라미드를 구성하게 된다.

① 보조상기(Brand Recognition): 어떤 제품 카테고리 내에서 여러 브랜드 이름들이 제시된 상태에서, 특정 브랜드 이름을 들어본 적이 있는 경우이다.

② 비보조상기(Brand Recall): 여러 회사들의 브랜드 이름들이 제시되지 않은 상태에서, 소비자가 자유롭게 생각나는 브랜드 이름을 열

거할 때, 특정 브랜드가 그중에 속한 경우이다.

③ 최초상기(Top Of Mind): 비보조상기에서 가장 처음으로 상기된 브랜드를 말한다. 최초 상기 브랜드는 타사 브랜드들에 비해 경쟁우위를 점유하고 있으며, 소비자의 마음속에 특별한 위치를 점유하고 있다.

다시 요약하면, 소비자는 구매 결정 시 한 제품 카테고리 내에서 여러 가지의 브랜드들을 기억 속에서 인출하고, 그중에서 하나의 브랜드를 선택하게 되는데, 그중 가장 먼저 인출된 브랜드를 최초상기TOM-Top Of Mind 브랜드라고 한다. Top Of Mind는 가장 강력한 인지도를 가진 브랜드로서 시장에서 상당한 경쟁우위를 차지하고 있다. 특히 저관여 제품의 경우 Top Of Mind는 즉각적인 구매결정에 아주 중요한 역할을 담당한다.

그래서 강력한 브랜드를 구축하기 위해서는 일반적인 인지가 아니라 전략적 인지가 필요하다. 즉, 소비자가 오직 바람직한 이미지만을 인지할 수 있도록 만들어야 한다는 것이다. 이렇게 기업들은 전략적으로 성공적인 브랜드 인지도 구축을 위하여, 매체 광고뿐만 아니라, SNS, 바이럴, 샘플링, 판촉, 홍보 등의 모든 경로를 이용하여 IMCintegrated Marketing Communication를 통해 집중적인 마케팅 활동을 해야 하는 것이다.


## 2) 지각된 품질(Perceived quality)

마케팅에서 말하는 품질에는 객관적 품질objective quality과 지각된 품질 perceived quality이 있다. 객관적 품질은 제품의 기능, 성능, 효능 등 숫자로 표현할 수 있는 물리적인 특성을 말한다. 반면 지각된 품질은 가성비, 디자인, 사용 편리성, 브랜드 이미지, 평판 등까지 포함해 소비자의 주관적인 판단에 의해 인식되는 요소들로 구성된다. 브랜드 에쿼티Brand Equity에 있어서도 지각된 품질Perceived quality이란, 제품 그 자체의 품질이 아니라 소비자가 브랜드 이미지를 통해 인식하는 품질을 의미한다.

브랜드의 지각된 품질은 한 브랜드가 소비자들에게 어떻게 인식되는지를 나타내는 중요한 지표로서, 모든 브랜드 이미지 중 지각된 품질만이 재무적인 성과로 측정될 수 있다. 따라서 지각된 품질은 기업의 중요한 전략적 무기로도 활용되고, 자산으로서의 가치를 인정받을 수 있다.

기업은 소비자들이 중요하지 않다고 생각하는 부분에서 실질적인 품질을 추구하는 잘못된 경우가 있다. 중요한 것은 소비자 관점의 지각된 품질이다. 지각된 품질은 소비자들이 인식하는 품질이기 때문에, 전사적 품질관리 프로그램이 지향하는 목표가 되어야 하며, 광범위한 제품군을 포함하고 있는 브랜드의 경우에도 제품의 기능적 편익에만 초점을 맞추기보다, 소비자 관점에서 지각된 품질로 관점을 전환해야 전체적인 품질 관리가 이루어질 수 있다. 소비자가 인식하는 품질이 높아지면 소비자들이 브랜드를 인식하는 수준도 높아지기 때문에, 지각된 품질은 브랜드의 우수성을 측정하는 수단이자, 소비자 구매동기의 핵심이 된다. 따라서 지각된 품질은 시장 환경에서 경쟁 상황을 정의하고 브랜드 포지셔닝의 중요한 판단의 근거가 될 수 있다.

그러나 소비자들도 합리적이고 구체적인 품질을 평가하는 데 필요한 충분한 정보를 보유하고 있지 않기 때문에, 소비자들이 품질을 평가할 때 기초로 삼는 사소한 단서들을 이해하는 것이 중요하다. 예를 들어 타이어의 견고성을 평가하려고 발로 타이어를 친다면, 타이어는 딱딱할수록 좋은 품질이 되는 것이다. 소비자들은 어떻게 품질을 판단하는 것이 최선의 방법인지 몰라서 잘못된 단서를 찾을 수도 있는 것이다. 이렇듯 소비자가 인식하는 품질이 실제의 품질과는 다를 수도 있기 때문에, 기업은 품질에 대한 소비자의 인식을 창출하는 노력을 해야 한다. 소비자들은 이전의 좋지 않은 품질에 대한 이미지에 영향을 받아, 실제 품질을 왜곡시키는 경향이 있다.

  폭스바겐이 값싼 소형차의 이미지에서 벗어나기 위해 폭스바겐을 버리고 고급 승용차로서 아우디를 별도의 브랜드로 만들어 성공하였듯이, 한번 지각된 품질을 다시 바꾸는 것은 상당히 어려운 일이다. 따라서 강하게 형성, 지각된 품질 이미지를 바꾸고 싶다면 브랜드를 바꾸는 것도 좋은 전략이 될 수 있다.

이미 앞선 사례에서 마일드세븐 담배가 순할 것이라는 소비자들의 인식과 코카콜라의 뉴코크New Coke 사례를 통해서도 지각된 품질을 알 수가 있다. 소비자 조사 결과 맛이 더 좋다고 나왔던 뉴코크가 기존의 코크를 대체하자 많은 소비자들이 격렬히 반발한 것도 소비자의 지각된 품질과 실제의 품질이 다를 수 있다는 것을 적나라하게 보여 주는 사례이다.

중국의 샤오미 스마트폰이 처음 출시되었을 때, 중국의 소비자들은 트렌디한 디자인과 가성비 넘치는 저렴한 가격에 열광하였다. 특히 샤오미가 소비자의 의견을 경청하고 즉각적으로 제품에 반영하는 자세는 강한 팬덤을 형성하여 SNS에 적극적인 홍보로 연결되고 샤오미의 성장에 큰 도움이 됐다. 그러나 더욱 우수한 품질의 화웨이, 오포 등의 경쟁제품들이 등장하면서, 값싼 제품이라는 샤오미의 이미지로 인한 지각된 품질은 오히려 샤오미의 성장에 발목을 잡고 말았다.

그래서 지속적인 혁신을 통해 객관적 품질을 향상시키는 것은 당연히 중요한 일이지만, 브랜드 이미지를 바꾸기 위해 전략적 마케팅 커뮤니케이션 활동을 통해 지각된 품질을 잘 관리하는 것은 더욱 더 중요한 일이다. 그렇기 때문에 또다시, 마케팅의 핵심은 제품이 아니라 브랜드이다.

## 3) 브랜드 연상 이미지(Brand Association Image)

기업은 BI를 소비자에게 전달하고, 소비자는 메시지를 재해석하고 창조하여 자신들만의 브랜드 이미지Brand Image를 형성한다고 이미 앞서 BI를 설명하며 이야기한 바가 있다. 이때 소비자들의 머릿속에 떠오르는 브랜드에 관한 모든 생각과 느낌, 이미지를 총칭하여 브랜드 연상Brand Association이라고 한다. 여기서는 브랜드 에쿼티Brand Equity 관점에서 브랜드 연상이미지와 브랜드 개성Brand Personality을 연관해서 이야기해 보겠다.

브랜드와 관련된 여러 가지 연상Association들은 소비자에게 브랜드의 차별적 가치를 전달하여 다소 추상적이고 모호하지만 호의적인 태도와 느낌을 만들어 준다. 브랜드 연상의 총체적인 집합체로서 형성된 브랜드 이미지는 보다 구체적이고 명확하지만, 일반적으로 브랜드 연상과 따로 구분하지 않고 서로 혼용되어 사용되고 있다. 데이비드 아커도 브랜드 에쿼티Brand Equity의 주요 요소로서, 이를 총칭하여 브랜드 연상 이미지라고 하였다.

제품수명주기상에서 성숙기에 들어선 대부분의 제품들은 기능이나 품질수준이 거의 비슷해지기 때문에, 제품의 기능보다 브랜드 이미지가 중요해진다. 브랜드 이미지는 소비자의 심리와 인식과 연결되어 있어, 소비자는 자연스럽게 브랜드에 좋거나 나쁜 감정을 가지게 된다. 시간이 지나면 제품의 기능적 특성조차도 나중엔 소비자의 정서적 감정에 따라 점차 추상화되어, 소비자의 심리에 하나의 가치인 브랜드 이미지로 체계화된다.

브랜드 이미지는 제품의 일반적 특성에 대한 소비자의 감정 또는 인상, 제품에 대한 인식, 신념과 태도, 브랜드 개성, 특성과 감정의 연결 등 다차원에 의해 형성된다. 따라서 더 이상 제품의 기능적 차별화가 어렵게 된다면, 소비자의 긍정적 감정과 인식을 확보할 수 있는 브랜드 이미지를 차별화하여, 가장 중요한 목표인 브랜드 에쿼티 가치를 증대시키도록 하는 것이 바람직하다.

특히 소비자는 브랜드에서 긴박감, 흥분 또는 즐거움과 같은 감성으로 연결되어, 사람의 개성과 마찬가지로 브랜드 개성Brand Personality을 만들어낸다. 그래서 브랜드 개성을 표현하는 단어들은 '친절한, 따뜻한, 밝은, 달콤한, 즐거운' 등 사람의 개성을 표현하는 데 쓰이는 것들과 같다. 이렇게 소비자들은 브랜드에 사람의 특징인 개성을 부여함으로써 브랜드를 친밀하게 받아들이기 때문에, 브랜드 개성은 소비자와 브랜드의 관계를 형성하고 강화하는 매개체 역할을 하게 된다.

브랜드 개성은 소비자가 브랜드를 소비할 때 만들고 전달하는 감정으로서, 소비자가 타인과 커뮤니케이션할 때 자신을 묘사하기 위한 브랜드의 실제적 표현 항목이 된다. 그래서 많은 마케터들은 브랜드 아이덴티티를 만드는 작업을 할 때, 브랜드를 소비자로 의인화하여 가장 적합한 브랜드 개성을 찾는 방법을 사용하고 있다.

소비자는 브랜드에서 기능적, 상징적 그리고 경험적 혜택을 찾지만,

브랜드는 점점 기능적 차이보다 이미지의 차별화를 추구하게 된다. 이 때 브랜드 개성이 유사 브랜드들에 비해 브랜드 이미지 차별화를 효율적으로 촉진시켜 강력한 브랜드 아이덴티티를 구축하는 데 전략적 요소로 작용한다. 대부분의 소비자는 브랜드 연상 이미지를 통해, 개인이 가지고 있는 개성을 브랜드에 적용해서 브랜드를 선택하기 때문이다. 따라서 브랜드 개성은 브랜드 에퀴티를 형성하는 직접적인 요인은 아니더라도, 브랜드 에퀴티에서 중요한 브랜드 연상 이미지를 구축하는 핵심 요소라 할 수 있다.

고객기반의 브랜드 에퀴티 모델CBBE- Customer Based Brand Equity Model로 유명한 켈러Kevin Lane Keller는 브랜드 개성을 브랜드 이미지를 구성하는 연상들 가운데 제품과 관련되지 않은 가장 영향력 있는 브랜드 자산이라고 보았다. 브랜드 개성은 소비자와 브랜드의 감성적 유대관계를 강화하고 브랜드가 무엇을 상징하는지를 명확히 설명함으로써, 경쟁 브랜드와 기술적 차이가 거의 없을 때, 브랜드 간 유일한 차이를 제공한다. 따라서 기업이 소비자에게 호감을 주는 브랜드 개성을 창출하게 되면, 시장 점유율을 높이거나 높은 가격을 책정할 수 있다. 브랜드 개성이 브랜드 선호도와 반복 구매에 영향을 미치기 때문이다. 브랜드 개성은 브랜드에 관련된 호의적인 연상을 하고 소비자들이 원하는 브랜드 이미지를 강화시키는 역할을 하므로, 독특한 브랜드 개성은 경쟁 기업의 모방에서 벗어날 수 있게 한다.

그러나 소비자는 기업의 마케팅 노력과는 상관없이 자기 나름대로의 브랜드 연상 이미지를 만들어 내므로, 마케터가 설정한 브랜드 이미지가 반드시 소비자의 주관적 인식과 일치하지 않을 수도 있다. 브랜드 개성이 형성되는 과정에서 소비자는 광고와 같은 커뮤니케이션 활동에 참여하게 되고, 이때 소비자는 브랜드 이미지의 의미를 주관적으로 해독할 뿐만 아니라 동시에 창출하기 때문이다. 즉, 소비자는 개인의 준거 기준에 따라 메시지를 선별적으로 기억하고, 주관적 의미를 생성하며 정보를 재생산함으로써, 기업의 의도와는 다른 독특한 브랜드 이미지를 형성하게 되는 점에 유의해서, 브랜드 관리를 해야 한다.

## 4) 브랜드 충성도(Brand Loyalty)

2019년 락토핏이 2천억 원을 돌파하였을 때, 종근당건강에 다니던 당시 나는 이런 말로 축하의 메시지를 보냈다.

"세상에 수많은 프로바이오틱스 제품들이 있어도, 락토핏만이 유일한 브랜드입니다."

지금까지 건강식품 시장은 종합비타민, 오메가3, 프로폴리스, 루테인, 프로바이오틱스 등 브랜드가 아닌 성분명으로 알려져 왔다. 그래서 다들 고만고만 비슷비슷하며 차별점이 없다. 특히 트렌드에 따라 한 성분시장이 히트하면, 너도나도 다 뛰어들어 치열한 경쟁상황이 벌어졌고, 끝내는 가격의 폭락과 시장의 종말을 야기해 왔다. 그런데 락토핏은 달랐다. 프로바이오틱스란 어려운 용어가 필요없이, 그냥 락토핏이다. 소비자에게도 회사직원들에게도 락토핏은 그냥 락토핏이다.

브랜드 인지도 조사에서 가장 중요한 것이 TOMTop Of Mind, 최초상기 인지도인데, 2019년 종근당건강이 세계적 리서치 회사인 칸타KANTAR를 통해 조사한 바에 의하면, 락토핏의 TOM은 2위와 무려 7배가 넘는 차이가 나는 완벽한 1등이었다.

SOURCE: 건강기능식품 소비자 조사 / 종근당건강& TNS칸타월드패널 / 2018.11

| 브랜드 인지도 (TOM) [응답자 N =263] | | 브랜드 인지도 (TOM+비보조상기) [응답자 N =263] | | 브랜드 인지도 (보조상기) [응답자 N =263] | |
|---|---|---|---|---|---|
| 락토핏 | 43.7 | 락토핏 | 67.3 | 락토핏 | 87.8 |
| CJ | 6.1 | 여예스더 유산균 | 22.8 | 셀바이오텍 (듀오락) | 56.3 |
| 암웨이 | 5.7 | CJ | 20.2 | 여예스더 유산균 | 53.2 |
| 여예스더 유산균 | 5.3 | 애터미 | 13.7 | 애터미 | 44.5 |
| 한국야쿠르트 | 4.6 | 암웨이 | 13.3 | 세노비스 (수퍼바이오틱스) | 44.1 |
| 애터미 | 3.8 | 셀바이오텍 (듀오락) | 12.2 | 암웨이 | 41.1 |
| 남양유업 | 3.8 | 세노비스 (수퍼바이오틱스) | 10.6 | 유산균이야기 | 34.2 |
| 셀바이오텍 (듀오락) | 3.0 | 한국야쿠르트 | 9.5 | CJ | 33.8 |
| 세노비스 (수퍼바이오틱스) | 1.9 | 남양유업 | 9.1 | 함소아 바이오락토 | 28.1 |

프로바이오틱스 시장에서 락토핏이 후발주자임에도 불구하고, 짧은 기간 내에 경이적인 성장을 이루고 있는 저변에는, 무엇보다도 브랜드 파워가 있다고 나는 생각한다. 그래서 나는 미팅 중에 락토핏 BM Brand Manager에게 이런 칭찬의 말을 하기도 했다.

"락토핏처럼 브랜드 파워를 가지고 있는 영업부는 얼마나 좋을까요? 사실 소비자에게 제품을 판매하게 하는 원동력은 브랜드의 힘이지 영업은 아닙니다. 영업은 모든 채널에 제품을 유통하는 능력으로 물론 중요하지만, 소비자의 브랜드 선택이란 마케팅에 의해 결정 나는 것이죠."

그래서 궁극적으로 모든 브랜드가 도달하려는 최종 목표는 파워 브랜드가 되는 것이고, 그 뒤에는 브랜드 에쿼티를 구성하는 피라미드의 최상층을 차지하고 있는 브랜드 충성도 Brand Loyalty가 있다. 브랜드 충성도란 소비자의 감성적 측면에서 소비자가 특정 브랜드에 집착하고 타 브랜드에 비해 애용하는 정도가 증가하는 것으로서, 제품 구매에 나타나는 일종의 편견된 행동반응이다.

따라서 브랜드 충성도가 강하게 형성되면 경쟁사가 소비행동의 전환을 야기시킬 수 있는 마케팅 노력과 시장 상황적 영향에도 불구하고, 소비자는 지속적으로 선호하는 상품이나 서비스를 재구매하는 일관된 구매 행위를 지속한다. 프레데릭 라이히헬드는 『로열티 경영』에서 은행업, 유통업, 생명보험업 등의 경우 고객의 충

성도는 이익에 큰 영향을 미치며, 고객 보유율이 5% 증가하면 이익은 95% 증가한다고 했다. 또한 매 5년마다 기존 고객이 절반씩 이탈하는 요즘 같은 상황에서 100대 기업 경영자 150명을 설문한 결과 '고객 충성도 강화 및 고객 서비스 강화가 중요하다'고 응답한 것이 91%로 1위를 차지했다.

브랜드 충성도가 강한 기존고객의 유지가 신규고객의 유치보다 더 적은 비용이 들며, 충성고객은 신규고객보다 구매 규모도 크고, 교차판매 Cross-selling에 거부감이 적다. 충성고객은 긍정적 구전 효과를 일으키는 한편, 더 싼 물건을 찾아 브랜드를 쉽게 바꾸지 않기 때문이다. 따라서 기업의 장기적 수익성과 상관관계를 갖는 것은 다름 아닌 고객의 충성도인 것이다.

### ① 할리 데이비슨(Harley Davidson) 브랜드 충성도 사례

브랜드 충성도의 성공사례로 열광적인 이미지로 충성고객층을 조직화한 할리 데이비슨Harley Davidson이 있다. 할리 데이비슨은 미국 오토바이 시장에서 1970년대까지 75%의 시장점유율을 차지했었으나, 80년대 들어와 25%로 급락하게 되었다. 미국 소비자들이 값싸고 품질 좋은 일본의 혼다로 방향을 선회하였기 때문이다. 그 결과, 할리 데이비슨은 한때 부도위기까지 몰렸으나, 기존 임직원들이 회사를 인수한 이후에 브랜드 촉진활동을 기본으로 한 리스트럭처링 계획을 통해 간신히 기사회생하였다.

그 후, 할리 데이비슨은 일본산 오토바이를 구입하는 소비자가 기능성을 중시하는 반면, 할리 데이비슨 소비층은 감성을 중시하는 부류임을 발견하고, 감성적 소비자에 대응하기 위해서 브랜드이미지를 강화하는 데 주력하여, 그 유명한 충성을 넘어 열광적 동호회인 HOGHarley Owners Group가 만들어졌다. 할리 데이비슨은 HOG 활동을 통해, 제품 기능에 대한 토론과 제안을 수렴해서 즉시 제품에 반영하였다. 또한 오토바이가 크게 개조되어 사용된다는 사실을 발견하고 고객이 원하는 대로 디자인한 제품을 출시하는 등, 획일적이지 않고 자유로운 할리 데이비슨만의 감성코드를 형성하는 데 성공하였다.

할리 데이비슨은 이렇게 브랜드 구축에 성공한 후, 이제는 단순히 오토바이를 파는 기업이 아니라 '할리 문화'를 파는 기업으로 변신하여 주변사업에도 성공적으로 진출하였다. 지금 할리 데이비슨은 오토바이 전문 의류로 출발하여 여성용 패션, 테마 카페까지 아이템을 확장했으며, 향수, 인형 등 수백 종의 상품에서 할리 데이비슨 브랜드의 로열티Royalty를 받고 있다.

### ② 브랜드 충성도와 감성 마케팅

브랜드는 3가지 혜택Benefit, 소비자의 이성적 측면인 기능적 편익Functional Benefit뿐만 아니라, 감성적 측면인 감성적 편익Emotional Benefit 및 상징적 편익Symbolic Benefit을 제공해야 한다. 소비자의 이성적 요소인 가격과 제품적인 측면에서, 경쟁력 있는 가격과 고품질의 제품은 시장에서 가장 기본적인 전제 조건이다. 최소한 기업은 이성적 요소들이 경쟁력 측면에서 불리한 요인이 되지 않게 해야 한다. 그러나 혁신적인 기능의 제품은 강력한 차별화 요소가 될 수 있지만, 카피Copy제품의 출현, 품질 평준화 등으로 점차 비차별적 요소로 되어 가고 있고, 가격으로 경쟁하는 것을 장기적으로 지속하게 되면 결국 이익의 심각한 감소를 초래할 수 있기 때문에, 이러한 이성적 요소에 계속된 의존은 제품과 서비스를 범용화할 위험이 있다.

이성적 편익과 대변되는 감성적 편익은 브랜드 경험과 충성도 형성을 통한 브랜드 에쿼티의 구축에 있다. 브랜드 에쿼티는 브랜드 아이덴티티에 신뢰성이 쌓여서 구축되는 것인 만큼, 브랜드 경험을 통해 소비자와 브랜드 사이의 상호작용, 즉 매장과 홈페이지 방문, 직원과의 접촉, 커뮤니케이션, 제품과 서비스의 사용, A/S, C/S 등 브랜드에 대한 소비자의 태도를 형성해 나가는 것이 중요하다.

그럼 과연 이성적 요소와 감성적 요소들 중에 뇌 속의 구매 버튼은 과연 어디에 있을까? 인간의 뇌는 좌뇌와 우뇌로 이루어져 있다. 흔히들 좌뇌는 이성적, 논리적, 합리적인 생각을, 우뇌는 감성적, 관계지향적인 생각을 담당한다고 한다. 스티브 잡스를 디지털 IT의 좌뇌적 이성에 아날로그적인 우뇌적 감성이 결합된 성공사례로 이야기하는 경우도, 최근 디지털 시대에 점점 약해지고 있는 감성의 중요성을 말하는 것이라 할 수 있다.

한편, 최근 뇌 과학에서는 우뇌-좌뇌의 양분법적인 측면보다 이성을 지배하는 전전두엽(前前頭葉, Prefrontal cortex)에 주목하고 있다. 일반적으로 뇌의 변연계는 생존을 관장하는 영역으로서, 감정적인 상황에서 더 위력을 발휘하여 이성적인 판단을 어렵게 하는데, 이 변

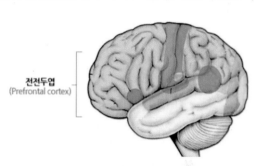

연계를 조정하는 것이 전전두엽이기 때문이다. 즉, 소비자가 매우 좋아하는 브랜드를 봤을 때, 전전두엽은 지금 이 브랜드를 사지 않으면, 마치 생존을 위협받는 위기상황인 양 착각하여, 이를 극복하기 위해 변연계를 움직인다. 그 브랜드를 구입해야만 하게 만드는 것이다. 브랜드를 구입하면 뇌는 위기상황을 극복하게 되어 쾌락을 느끼게 하는 도파민을 분비하기 때문에, 다음에도 또 그 브랜드를 재구매하게 만든다. 따라서 뇌 과학적인 관점에서 브랜드 충성도와 매우 밀접한 관련이 있는 것은 바로 이성적 측면을 무력화시키는 감성적 욕구임을 알 수가 있다. 그래

서 세계적인 석학들도 감성에 대한 다음과 같은 명언들을 남긴 바 있다.

"제품 선택에서 가장 결정적 역할을 하는 것은 기억(감성적 측면)이다."
 (런던경영대학원 Steven Role)


"브랜드 충성도의 원천은 기억과 감정이다."
(워싱턴대학교 James Bailey)


"감정이 소비자의 효과적 사고와 의사결정을 중요하게 결정한다."
(아이오와대학교 Antonio Damasio)


브랜드 충성도는 어떤 한 가지를 매우 좋아하고 따르는 감정적인 표현을 브랜드에 함께 붙여 쓰는 것이다. 따라서 소비자가 브랜드에 대해 충성적인 태도를 가지게 되면, 제품의 성능과 관련된 기능적 편익 이외에, 좀 더 광범위한 제품관련 문제들뿐만 아니라 브랜드에 반영된 상징성이나 개성과 같은 감성적인 요소에 의해 고객가치가 만들어진다.

특히 디지털 시대를 살아가고 있는 지금의 세상은 디지털이란 바탕 위에 아날로그적인 감성이 더욱 부각되고 있는데, 이어령은 이를 디지로그 시대라고 언급한 바가 있다. 즉, 첨단 기술이 없는 아날로그는 구식이지만, 첨단과 지식 위에 아날로그를 덧대게 되면 새로운 경쟁력이 생기는 것이다. 디지털이 문명이고, 자연이 아날로그라면, 디지로그는 문화이기 때문이다. 그래서 매체의 중심도 TV에서 인터넷으로 변했다가 이제는 다시 유튜브라는 아날로그적인 디지털 개인 방송 시대로 변화해 가는 것도, 바로 인터넷이라는 디지털에 사람들의 참여와 감성이 결합된 형태이기 때문이다.

어떠한 방식이든 이런 융합 또는 통섭적인 문화 현상은 새로운 패러다임으로 부각되며 리더십, 인재상, 소비자 트렌드에 변화를 가져왔고, 마케팅에서도 감성이라는 코드가 매우 중요한 이슈가 되었다. 이는 인간의 모든 행동의 바탕에는 기본적인 욕구Needs가 있기 때문이다.

매덕과 펄턴Maddock & Fulton은 『의식을 향한 마케팅Marketing To The Mind』에서 인간의 기본적 욕구의 강약도를 단계적으로 나열하여, 감성이 행동에 미치는 영향을 분석하였는데, 욕구가 강할수록 행동에 미치는 영향도 크다고 했다. 그러므로 마케터는 개인의 욕구가 구매결정에 어떤 영향을 미치는지를 이해해야 하며, 기업은 감성 마케팅을 통해 고객과의 지속적 유대를 추구하고, 고객 자신이 소중하게 여겨지고 배려받는다고 느끼게 하여, 브랜드 로열티Brand Loyalty를 강화하여야 한다. 즉, 브랜드 아이덴티티에 고객의 경험Experience을 더하여, 전략적으로 감성을 끌어 올려야 하는 것이다.

다음으로 B2B 기업임에도 불구하고, 기술우위를 바탕으로 감성적인 브랜드 이미지를 강화한 인텔Intel의 성공사례를 살펴보겠다.

과거 인텔이 사용했던 80286, 80386, 80486 등의 명칭은 CPU가 업그레이드될 때마다 새롭게 부여된 이름이었으나, 일반적인 숫자였기 때문에 브랜드로서 법적인 보호를 받지 못했다. 당시 후발주자였던 AMD나 Cyrix 등의 경쟁사들은 인텔과 같은 CPU를 출시하며, 똑같은 386, 486 숫자를 사용하면서 인텔보다 저가로 판매하여 인텔의 아성을 위협하였다. 486같은 숫자는 어느 누구도 따라할 수 없는 인텔만의 독보적인 브랜드가 아니기 때문이다.

이에 인텔은 1991년 IBM, 컴팩 등에서 판매하는 컴퓨터에 '인텔 인사이드Intel Inside'라는 로고를 부착하도록 하고, 공동 광고 프로그램에 참여하는 PC 메이커들에게 CPU 금액의 6%를 환불하는 방식으로, 하나의 메시지를 전달하기 위해 8년간 총 34억 달러의 비용을 지출하는 등 대대적인 광고 캠페인을 실시하여, CPU 시장에서 강력한 브랜드 이미지를 구축하였다.

캠페인 초기, 한 광고대행사에선 '컴퓨터를 구입하는 사람은 성능에만 관심이 있지, 그 속에 어느 회사의 칩이 있는지는 관심이 없을 것'이라고 혹평하였지만, 소비자들은 폭발적인 반응을 보였다. 그러자 인텔은 586부터 일반명사화 된 숫자를 버리고 펜티엄, 셀러론, 코어 등의 브랜드 네임을 붙여, 전략적으로 브랜드 포트폴리오 관리를 하면서, 소비자들이 자신의 니즈에 맞게 CPU 특성과 사양을 선택할 수 있도록 하였다. 그 결과 인텔은 CPU를 컴퓨터 회사에 납품하는 전형적인 B2B 사업을 하는 기업이지만, 브랜드 이미지 관리를 통하여, 경쟁이 극심한 CPU 업계에서 90% 이상의 인지율과 80% 이상의 시장점유율을 기록하였다. 바로 인텔 인사이드 로고가 소비자들에게 감성적으로 강한 신뢰감을 주었기 때문이다.

1998년 스위스 다보스에서 열린 세계경제포럼에서 하버드 대학 모스캔터 교수는 "인텔은 컴퓨터 칩을 감자칩처럼 파는 회사이다. 대중과는 거리가 먼 반도체에 인텔 인사이드라는 이름을 붙인 것은 B2B 제조업의 패러다임을 변화시킨 우수한 사례"라고 극찬하였다. 그 결과, 과거 인텔과 경쟁하였던 AMD, Cyrix는 현재 CPU 시장에서 거의 찾아볼 수가 없게 되었고, 인텔은 여전히 CPU 시장에서 가장 강력한 브랜드 충성도를 가지고 있는 독보적인 존재로 남아있다.

### ③ 로열티 세분화

데이비드 아커는 소비자의 브랜드 충성도Brand Loyalty에 따라 다음과 같이 로열티 세분화Loyalty Segmentation를 통해, 브랜드를 구축하기 위한 전략과 전술에 반영할 수 있다고 했다.

- 비고객 집단: 경쟁사 브랜드를 구입하는 고객 또는 해당 제품군을 사용하지 않는 고객
- 가격 민감 집단: 가격의 변화에 예민한 소비자 집단
- 소극적 구매 집단: 브랜드 충성도가 있는 것이 아니라, 습관적으로 특정 브랜드를 구매하는 집단
- 방관자 집단: 몇 개의 브랜드 사이에서 아무런 관심을 보이지 않는 집단
- 위임자 집단: 자신의 의지보다는 남의 주도하에 브랜드를 선택하는 집단

이렇게 고객의 로열티 세분화를 통해, 가격에 민감하지 않은 고객의 수를 늘리고, 방관자, 위임자 집단을 브랜드에 친숙하게 만들며, 소극적 구매 집단이 다른 브랜드로 옮기지 못하도록 전략적으로 관리할 수가 있다. 고객이라는 한 단어에 속해 있는 사람들은 그 구매 패턴이 각양각색이기 때문에, 똑같은 전략이나 전술을 천편일률적으로 적용한다는 것은 비효과적인 일이다. 기업은 고객 DB를 분석하여 고객을 세분화해서, 어떤 고객들이 어느 위치에 자리 잡고 있는지를 파악하고 각 고객별 점유율을 분석하고 전략적 방향을 가시적으로 나타낼 수가 있다. 따라서 기업은 다음과 같은 로열티 세분화 전략에 따라 상품 또는 서비스

를 고객이 원하는 형태로 맞춤화Customization하여, 고객들과 지속적인 양
방향 커뮤니케이션을 해나가야 한다.

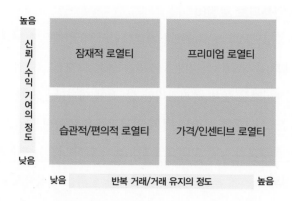

## * 습관적/편의적 로열티

브랜드 충성도도 부족하고 제품도 자주 구매하지 않는 소극적 구매집
단인 이들은, 필요할 때 편의에 따라 그때그때 제품을 구입하는 고객들
로서, 방관자나 위임자 집단과 같은 유형의 고객들과 유사하다. 이들처
럼 브랜드에 큰 관심이 없는 고객들에게는 브랜드에 대한 관계를 발전
시켜 나가기 위한 노력이 필요하다. 우선 브랜드에 관심과 행동을 유발
하기 위한 직접적이고 가시적인 프로그램으로서, 항공사의 마일리지제
도, 카드사의 할인 혜택 등과 같은 고객유인 프로그램을 운영하여, 그들
을 특정 브랜드에 대한 관심 속으로 데려와서 고객 DB 속에 합류시키는
것이 중요하다.

하지만 명심해야 할 것은 이 고객집단에게 너무 큰 기대를 하고 많
은 투자를 할 필요는 없다. 상기와 같은 노력에도 불구하고 따라오지 않
는 고객은 과감하게 버려야 한다. 기업의 자원은 한정되어 있으므로, 더

중요한 고객을 위해 시간과 비용과 노력을 쏟는 것이 더욱 생산적인 일이다.

## * 가격/인센티브 로열티

브랜드 충성도보다 인센티브나 가격할인의 매력 때문에 고객이 된 이들은, 브랜드 충성도는 낮지만 구매력은 높은 고객집단이다. 따라서 지속적인 인센티브를 통해 유지관리만 할 것이 아니라, 스토리텔링 등의 감성적 코드로 고객과 브랜드 간의 인과관계를 만들어 나감으로써, 점차 브랜드 충성도가 높은 고객으로 확보해야 한다. 특히, 제품과 서비스에 대한 체험을 통해 브랜드에 대한 만족과 신뢰를 형성하게 하고 브랜드의 가치를 재정립할 수 있도록 브랜드 아이덴티티를 강화하여, 단순히 가격 때문이 아닌 브랜드 때문에 구매를 할 수 있는 프리미엄 로열티 고객으로 확보해 나가야 한다.

## * 잠재적 로열티

브랜드에 대한 충성도는 매우 높은 반면에 브랜드의 재구매가 지속적으로 유지되지 않는 이 범주의 고객들은 구매동기를 자극만 하면 얼마든지 충성도 높은 브랜드를 구매할 수 있는 잠재고객 집단이다. 이는 반드시 브랜드 충성도가 높은 고객이 구매를 많이 한다는 공식과는 위배되지만, 충성도가 없는 고객들에 비해 적은 비용으로 구매를 일으킬 수 있는 집단이기 때문에, 기업에 있어서는 매우 중요한 고객들이다. 따라서 신제품의 출시 및 체험을 통해 브랜드와 관계를 형성시키면, 잠재적 로열티 집단을 프리미엄 로열티 집단으로 확보해 나갈 수 있을 것이다.

하지만 구매력이 낮은 이들은 기업의 많은 노력에도 프리미엄 로열티 집단으로 발전하지 못할 수가 있다. 그러므로 기업 상황에 맞게 한정된 투자로 고객유지만 하거나 또는 과감한 투자로 프리미엄 집단으로 발전시키려는 선택과 집중 전략이 필요할 것이다.

**\* 프리미엄 로열티**

기업은 이 충성스런 고객집단에 대해 너무 큰 자신감이 자만심이 되어, 때로는 이들을 소홀하게 대하여 낭패를 당하는 경우도 있다. 이런 프리미엄 로열티 집단은 단지 한 브랜드에 국한된 근시안적 생각에서 벗어나, 사업을 다각화하고 확장하기 위한 미래의 잠재력 있는 고객으로 중요하게 관리해야 한다.

이들은 VVIP 회원제도를 통해 각종 혜택을 주는 한편, 그들이 그 누구보다도 특별한 존재로서 취급받고 있다는 것을 느끼게 해야 한다. 그런 점에서 이들에게 무엇보다도 중요한 것은 감성 마케팅이다. 기업은 이들에 대해 마음을 나누는 친구, 인생의 동반자 관계를 구축하기 위해 노력해야 한다.

## 5) 브랜드 에쿼티 성공사례

### ① 스와치(SWATCH): 스위스 시계정밀 고급기술로 대중지향적인 패션 시계라는 차별적인 브랜드 에쿼티 구축

스위스 시계는 정밀기술을 기반으로 1970년대 중반까지만 해도 세계 시계시장의 3분의 1을 점유하였으나, 저렴한 노동력과 대량생산 방식의 일본과 홍콩이 70년대 후반 시장을 급속히 잠식하자, 급격하게 경쟁력을 상실하게 되었다. 1969년 일본 세이코가 첫 쿼츠 시계를 출시하여,

저렴한 인건비와 대량생산 기술로 쿼츠의 시대를 만들기 전까지, 스위스의 기계식 시계는 전 세계 시계 산업을 주도했었다.

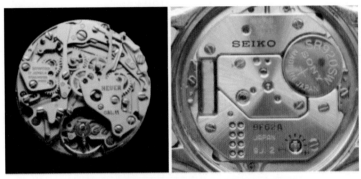

기계식 오토매틱 무브먼트(좌) VS 전자식 쿼츠(우)

보통 수작업으로 만든 기계식 시계는 쿼츠 시계에 비해 가격경쟁력이 떨어졌다. 스위스 시계 회사들은 저가 시장을 포기하고 중간 가격대 시장에 주력했지만, 이조차 일본·대만 등 아시아 국가에 밀렸다. 세계적으로 시계 시장은 커졌지만 스위스 시계 점유율(생산 물량기준)은 1977년 43%에서 1983년 15%로 추락하고 말았다.

그러자 컨설팅 회사였던 하이에크 엔지니어링은 전체 시계 매출의 90%를 차지하는 저가 제품을 공략해야 한다는 주장을 하였지만, 고급스런 스위스 시계 이미지와 맞지 않다는 이유로 반대에 부딪치자, 직접 투자자를 찾아 1983년 3월 스와치 시계를 처음 출시하였다. 이때 가격은 일본 쿼츠 시계(70~80달러)보다 훨씬 저렴한 40달러에 충격 방지 기능과 30m 방수기능을 갖춘 제품으로 큰 반향을 일으켰다. 이후 하이에크는 회사명도 스와치로 변경하였다.

하이에크는 시계 부품 수를 이전 평균 91개에서 51개로 최소화하고, 새로운 조립공정을 창안하여 원가를 대폭 절감함으로써, 고가에서 중

저가 제품으로 옮겨갈 수 있는 기반을 구축하였다. 그 후 '시계는 패션이다'라는 전략으로, 스와치를 젊음, 스포티, 세련, 클래식의 4종류로 재정의하고, 시계 디자인으로는 파격적인 색상들을 도입하는 과감한 패션성을 선보이며, 끊임없이 새로운 제품을 출시함과 동시에, 수명이 지난 제품은 매장에서 바로 철수시켰다.

이후 스와치는 키키 피카소, 키스 해링, 백남준 등 예술가는 물론, 디자이너 비비안 웨스트우드와 협업해 예술품 같은 제품을 만들었다. 영화감독 구로자와 아키라, 페드로 알모도바르 등은 물론 유엔과 자동차 회사와도 손잡았으며, 기계식 시계, 크로노그래프, 다이빙 워치에도 도전하며 정체성에 제한을 두지 않았다.

스와치는 지속적으로 일관성 있는 브랜드 전략을 구사하여 패션시계의 대명사로 정착하게 되어, 세계 시계시장의 25%를 차지하였고, 매년 1,000개 이상의 시계를 생산한다. 스와치 시계의 성공으로 오메가·티쏘 등 스와치그룹에 속해 있던 전통 브랜드를 살릴 수 있었으며, 1992년 블랑팡, 1999년 브레게, 2000년 자케 드로를 인수하면서 소비자들의 니즈에 맞게 고가, 중가, 저가 시장을 각각 브랜드에 따라 포트폴리오

구성을 완성하였다.

그리하여 처음에 'Swatch'는 저렴한 'Second Watch'라는 의미였지만, 후에는 Swiss(Made) Watch라는 의미에서 'Swatch'라는 이름으로 바뀌었고, 지금 스와치그룹은 19개 시계 브랜드와 무브먼트를 제작하는 에타ETA 등 시계 부품업체를 거느린 거대 기업으로 성장했다.

## ② 브랜드 에쿼티 시사점
### - CEO 주도의 전사적 브랜드 전략

브랜드 육성은 마케팅 부서나 판매부서의 하위 업무가 아닌 CEO가 중시해야 하는 본연의 업무 중 하나이다. CEO가 브랜드 비전과 프로그램을 강조하고 진두지휘하는 것은 강력한 파워 브랜드를 보유한 회사들의 공통된 모습이다. 브랜드 전략을 마케팅 부서의 영역에서 전사적 차원으로 끌어올릴 때 브랜드라는 무형자산이 창출될 확률이 그만큼 높아진다.

### - 일관된 브랜드 이미지

브랜드 에쿼티 구축의 핵심요소는 일관성을 유지하는 것이다. 시장은 달라질 수 있으나, 브랜드가 변해서는 안 된다. 브랜드에 새로운 경향을 입힐 수는 있으나, 소비자 마인드 속에 자리 잡고 있는 브랜드의 본질적 성격을 바꾸어서는 안 된다. 어렸을 때, 칠성 사이다를 마셨다가 어른이 되면서 테라 맥주를 찾는다고, '칠성 맥주'를 만들 수는 없다. 내가 애경산업을 떠난 후 성공에 심취한 애경의 마케팅은 매우 큰 실수를 저질렀다. 에이솔루션 어덜트Adult라는 제품 라인을 만든 것이다. 에이솔루션은 10대 제품이 아니었다. 여드름 전문 브랜드였다. 하지만 어느 순간 10대용 브랜드가 된 것은 그들이 스스로 어른용 라인을 출시했기 때문일 것이다. 이로 인해 브랜드의 타깃과 콘셉트가 애매모호해지기 시작하여 브랜드 아이덴티티가 무너져 버렸고, 수백억대 매출을 했던 에이솔루션은 이제 그 브랜드의 존재조차 희미해지고 말았다.

반면, P&G의 세탁세제인 타이드Tide는 1956년 출시된 이래 70번의 제품 개량이 있었지만, "다른 어떤 세제보다 깨끗이"라는 초기 브랜드 콘셉트를 지금까지 유지하고 있다. P&G에는 이른바 3C로 불리는 브랜드 전략이 있는데, 바로 "Consistency, Consistency, Consistency!"이다. P&G는 일관성을 3번이나 반복함으로써 파워 브랜드 구축의 요체가 무엇인지 종업원들이 깨달을 수 있도록 크게 강조하고 있다.

브랜드 자산을 구축하기 위해서는 일관된 원칙으로 꾸준히 계속해서 마케팅에 투자하여 브랜드 파워를 형성해야 한다. 따라서 경영실적 악화 등의 이유로 원칙 없이 광고비를 삭감하는 것은 장기적인 브랜드 에퀴티 구축의 관점에서 볼 때 바람직하지 못한 행태이다. 코카콜라의 피에르 페라리는 "광고는 기차를 끌고 가는 엔진과 같다. 기차에서 엔진을 떼어내면 당분간은 그대로 굴러갈지 모르지만, 결국 기차는 멈추게 된다"고 말한 점을 명심해야 한다.

### — 브랜드 위기에 적극적으로 대처

브랜드 자산은 구축하기도 힘들지만 일순간에 무너질 수도 있다. 부도, 감원, 공장의 화재나 폭발사고, 소비자 불매운동 등 경영활동 과정에서 직면하는 위기는 대다수가 브랜드 위기로 연결된다. 따라서 위기대처능력에 따라 브랜드의 운명이 바뀐 사례는 비일비재하다.

두산의 페놀사건은 맥주시장 1위 자리를 하이트 맥주에게 내주었고, 삼양라면의 우지수프 사건 또한 농심이 라면시장의 부동의 1위 자리를 빼앗게 한 결정적 요인이 되었다. 또한 최근에는 일본의 수출규제를 통한 압력으로 한국에서 일본제품 불매운동이 전개되면서, 유니클로 같은 세계적인 브랜드도 한국매출이 급감하고 있다.

따라서 브랜드 에쿼티가 형성된 글로벌 기업들은 각 국가마다 정치, 경제, 사회, 문화적 환경에 맞는 브랜드 위기관리 매뉴얼을 만들어서 행동요령과 절차를 숙지하고, 평소에 브랜드 위기대처 능력을 배양하여 유사시에 대비해야 한다.

### – 고객 네트워크를 조직

기업이 만드는 것은 제품이지만 고객이 구매하는 것은 브랜드이다. 브랜드는 소비자와 제품 간에 관계를 형성시켜 주므로, 기업은 고객 네트워크를 조직하고 브랜드에 열광하는 층을 전략적으로 관리해야 한다. 최근에는 다양한 SNS 마케팅을 통해 커뮤니티를 쉽게 형성하여, 효율적이면서도 효과적인 입소문 마케팅도 가능해졌으므로, 고객 충성도를 관리하는 네트워크 구축도 큰 비용과 노력이 들지 않는다.

이상으로 마케팅의 시작점인 환경 분석을 통해 콘셉트와 차별화, 포지셔닝 전략에 따라 상품을 만들고 가격을 정해서 커뮤니케이션을 통해 소비자들에게 알리고 유통도 하였다. 그리고 마케팅의 궁극적인 목표인 브랜드 에쿼티를 구축함으로써, 긴 마케팅 이야기를 마무리하게 되었다. 오랜 시간 끝까지 읽어 주신 독자들에게 깊은 감사를 표하며, 부디 이 책이 업무나 사업에 작은 도움이 되기를 바란다.

나는 1983년 한양대학교에서 경영학을 전공했으며, 50이 넘어 뒤늦게 MBA 석사 및 마케팅 전공의 박사과정을 수료하였다. 또한 약 30여 년간의 직장생활 동안 여러 마케팅 및 경영서적, 그리고 인문학 서적들을 읽으며, 다방면에서 지식을 습득했다. 이 책은 내가 학업과 독서를 통해 배웠던 지식과 경험과 생각을 적은 것이다. 그러다 보니 책 중간에 가능한 인용들을 표시하긴 했지만, 전체적으로 책의 내용에 대한 자세한 인용을 일일이 하지 못하였다. 다만 대부분의 주요 내용은 다음과 같은 서적과 문헌들을 참조했음을 밝힌다.

# 참고문헌 ······················································

**| 참고서적 |**

1. 필립 코틀러, 『마케팅 원리』

2. 잭 트라우트/알 리스, 『포지셔닝』, 『22가지 마케팅 불변의 법칙』

3. 알 리스/로라 리스, 『22가지 브랜딩 불변의 법칙』

4. 스콧 로비넷 외, 『감성 마케팅』

5. 데이비드 아커, 『브랜드 경영』, 『브랜드 포트폴리오 전략』

6. 케빈 레인 켈러, 『브랜드 매니지먼트』

7. 피터 드러커, 『경영바이블』

8. 짐 콜린스, 『좋은 기업을 넘어 위대한 기업으로』

9. 세스 고딘, 『보랏빛 소가 온다』

10. 콘스탄티노스 마르키데스, 『패스트 세컨드』

11. 서용구, 『마켓4.0 시대의 브랜드 마케팅』, 『마켓4.0 시대의 유통원론』

12. 최원주, 『브랜드 커뮤니케이션』

13. 한상린, 『B2B 마케팅』

14. 코넬리스 클뤼버/존 피어스 2세, 『전략이란 무엇인가?』

15. 최낙삼, 『저성장시대에 상품기획을 잘하는 10가지 방법』

16. 마이클포터, 「마이클포터의 경쟁전략」

17. 신호창, 「행정PR원론 이론과 전략」

18. 로버트 F. 하틀리, 「Marketing is ... War – 피말리는 마케팅 전쟁 이야기」

19. 이외수, 「하악하악」

20. 김난도 외, 「트렌드코리아 2016」

21. 이어령, 「디지로그」

| 참고논문 |

- Richard P. Bagozzi(1974), "Marketing as an Organized Behavioral System of Exchange", The Journal of Marketing, Vol. 38, No. 4, pp. 77-81

- Richard P. Bagozzi(1975), "Marketing as Exchange", The Journal of Marketing, Vol. 39, No 4, pp. 32-39

- F. Robert Dwyer 외(1987), "Developing Buyer-Seller Relationships", Joumml of Marketing, Vol. 51, 11-27.

- 박승배(1998), "소비자의 지식과 관여도가 소비자의 준거가격에 미치는 영향에 관한 연구", 한국외국어대학교

- 신윤창 & 한상린(2019), "공유가치 창출의 진정성이 기업 이미지와 소비자 구매의도에 미치는 영향", 상품학 연구회, Vol. 37, No. 5

- 신윤창 외(2019), "블록체인 스마트 계약에 대한 고객의 기술 준비도 분석," 한국창업학회, Vol. 14, No. 5

- 김기형 외(2020), "럭셔리 브랜드 소비가치가 컬트 의도에 미치는 영향", 한국산업경영시스템학회, Vol. 43, No.2

- 김기형 외(2020), "The Effects of the Antecedents of "Buy-Online-Pick-up-in-Store" (BOPIS) Services on Consumers' BOPIS Choice Behaviors", MDPI Journals, Sustainability

**| 온라인 검색 |**

– 이상규, 〈히트상품의 성공학〉, LG주간경제

– 김강일, 2007, LG주간경제

– 백혜진, 2013, 소셜 마케팅

– 휴넷 경영지식제공사업부, 관리회계 시리즈(2) 〈Target Costing〉, http://www.hunet.co.kr

– DMC 미디어 〈소셜 시장과 소비자에 대한 이해〉

– MezzoMedia Inc. 〈SNS Marketing〉

– Dave Chaffey, "The difference between paid owned and earned media"

https://www.smartinsights.com/digital-marketing-strategy/customer-acquisition-strategy/new-media-options/

– 기타 온라인 검색 등

## '행복에너지'의 해피 대한민국 프로젝트!
# 〈모교 책 보내기 운동〉

대한민국의 뿌리, 대한민국의 미래 **청소년·청년**들에게 **책**을 보내주세요.

많은 학교의 도서관이 가난해지고 있습니다. 그만큼 많은 학생들의 마음 또한 가난해지고 있습니다. 학교 도서관에는 색이 바래고 찢어진 책들이 나뒹굽니다. 더럽고 먼지만 앉은 책을 과연 누가 읽고 싶어 할까요?
게임과 스마트폰에 중독된 초·중고생들. 입시의 문턱 앞에서 문제집에만 매달리는 고등학생들. 험난한 취업 준비에 책 읽을 시간조차 없는 대학생들. 아무런 꿈도 없이 정해진 길을 따라서만 가는 젊은이들이 과연 대한민국을 이끌 수 있을까요?

한 권의 책은 한 사람의 인생을 바꾸는 힘을 가지고 있습니다. 한 사람의 인생이 바뀌면 한 나라의 국운이 바뀝니다. **저희 행복에너지에서는 베스트셀러와 각종 기관에서 우수도서로 선정된 도서를 중심으로 〈모교 책 보내기 운동〉을 펼치고 있습니다.** 대한민국의 미래, 젊은이들에게 좋은 책을 보내주십시오. 독자 여러분의 자랑스러운 모교에 보내진 한 권의 책은 더 크게 성장할 대한민국의 발판이 될 것입니다.

도서출판 행복에너지를 성원해주시는 독자 여러분의 많은 관심과 참여 부탁드리겠습니다.

**도서출판 행복에너지** 임직원 일동

# 이 책이 마케팅을 준비하고 있는 모든 분들에게
# 청사진을 제시하길 희망합니다!

**권선복**(도서출판 행복에너지 대표이사)

현대 산업은 마케팅의 산업으로 불릴 정도로 마케팅의 비중은 엄청납니다. 제조기술이 고도로 발달하면서 실질적인 제품 품질이 큰 차이가 없어졌으며, 승자독식 현상이 강해지면서 뛰어난 마케팅으로 먼저 고지를 선점한 기업들과 그렇지 못한 기업들의 점유율 차이가 계속해서 벌어지고 있는 추세입니다.

이 책 『Back to Basics- 지금 중요한 것은 마케팅이다』의 저자 신윤창 님은 1988년 첫 직장으로 금성사(지금의 LG전자)에 입사하여 전자기기 영업으로 사회생활을 시작했으며 LG생명과학, 애경산업, 종근당건강, 미니골드주얼리 등 여러 인지도 있는 기업에서 마케팅 관련 기획과 총괄을 한 바 있는 베테랑입니다.

저자 신윤창 님이 이 책을 통해 가장 강조하고 있는 부분은 마케팅은 단순히 제품을 판매하거나 영업하는 것과는 차원을 달리하는 영역이며, 단순히 광고, 영업, 판촉 등으로 상징되는 일반적인 마케팅에 대한 생각과는 다르게 소비자의 니즈(Needs)와 원츠(Wants)를 예리하게 파악하여 시장 트렌드를 짚어내고, 제한된 자원과 현재의 환경을 분석하여 미래의 가능성을 예측하며, 경쟁업체들보다 항상 더 우위에 서 있을 수 있는 대응전략을 상시 확립하는 것이 마케팅이라는 것입니다. 즉 단순히 눈앞의 판매량에 일희일비할 것이 아니라 총체적인 관점과 장기적인 계획을 세워 기업의 모든 부문이 협력해야만 하는 활동이라는 점이 핵심입니다.

이를 위해 책은 마케팅의 기본적인 개념에서부터 시작해서 환경 분석, 마케팅 조사, STP 전략, 4P Mix, 브랜딩 전략 등 다양한 마케팅의 원칙과 전략 이론을 제시합니다. 특히 저자의 경험에서 우러나온 실제 기업의 관련 사례와 함께 이해하기 편하게 정리된 풍부한 시각적 자료는 일견 어렵게 느껴지는 마케팅 이론을 쉽고 재미있게 이해해 나가는 데에 큰 도움이 될 것입니다.

마케팅에 대한 기본적인 시각을 넓혀 주는 이 책 『Back to Basics- 지금 중요한 것은 마케팅이다』가 미래 마케팅을 준비하고 있는 모든 분들의 앞길에 청사진이 되어 주기를 희망합니다!

하루 5분, 나를 바꾸는 긍정훈련

# 행복에너지

'긍정훈련' 당신의 삶을
행복으로 인도할
최고의, 최후의 '멘토'

'행복에너지
권선복 대표이사'가 전하는
행복과 긍정의 에너지,
그 삶의 이야기!

인터파크
자기계발 분야 주간
**베스트 1위**

권선복 지음 | 20,000원

**권선복**

도서출판 행복에너지 대표
영상고등학교 운영위원장
대통령직속 지역발전위원회
문화복지 전문위원
새마을문고 서울시 강서구 회장
전) 팔팔컴퓨터 전산학원장
전) 강서구의회(도시건설위원장)
아주대학교 공공정책대학원 졸업
충남 논산 출생

책 『하루 5분, 나를 바꾸는 긍정훈련 - 행복에너지』는 '긍정훈련' 과정을 통해 삶을 업그레이드하고 행복을 찾아 나설 것을 독자에게 독려한다.
긍정훈련 과정은 [예행연습] [워밍업] [실전] [강화] [숨고르기] [마무리] 등 총 6단계로 나뉘어 각 단계별 사례를 바탕으로 독자 스스로가 느끼고 배운 것을 직접 실천할 수 있게 하는 데 그 목적을 두고 있다.
그동안 우리가 숱하게 '긍정하는 방법'에 대해 배워왔으면서도 정작 삶에 적용시키지 못했던 것은, 머리로만 이해하고 실천으로는 옮기지 않았기 때문이다. 이제 삶을 행복하고 아름답게 가꿀 긍정과의 여정, 그 시작을 책과 함께해 보자.